全国中等职业技术学校电子商务专业教材

电子商务数据库
（第三版）

陆伟宇　主编
人力资源社会保障部教材办公室　组织编写

中国劳动社会保障出版社

简介

本书为国家级职业教育规划教材，由人力资源社会保障部教材办公室组织编写。

本书根据中等职业技术学校电子商务专业的教学实际，系统讲解了数据库的基础知识、操作技巧和管理方法，主要内容包括：认识数据库、Access 2010 概述、数据库的创建、数据表的基本操作、查询的创建与应用、窗体的创建与应用、报表的创建与应用、宏的创建与应用、数据库安全等。

本书由陆伟宇任主编，何山、陆强任副主编，臧勇参加编写，饶培康审稿。

图书在版编目(CIP)数据

电子商务数据库 / 陆伟宇主编. —3版. —北京：中国劳动社会保障出版社，2017
全国中等职业技术学校电子商务专业教材
ISBN 978-7-5167-3117-8

Ⅰ.①电… Ⅱ.①陆… Ⅲ.①电子商务-关系数据库系统-中等专业学校-教材 Ⅳ.①F713.36②TP311.138

中国版本图书馆CIP数据核字(2017)第203579号

中国劳动社会保障出版社出版发行
（北京市惠新东街 1 号　邮政编码：100029）

*

北京市艺辉印刷有限公司印刷装订　新华书店经销
787 毫米 ×1092 毫米　16 开本　13.75 印张　285 千字
2017 年 8 月第 3 版　　2021 年12月第 7 次印刷
定价：26.00 元

读者服务部电话：（010）64929211/84209101/64921644
营销中心电话：（010）64962347
出版社网址：http://www.class.com.cn
http://jg.class.com.cn

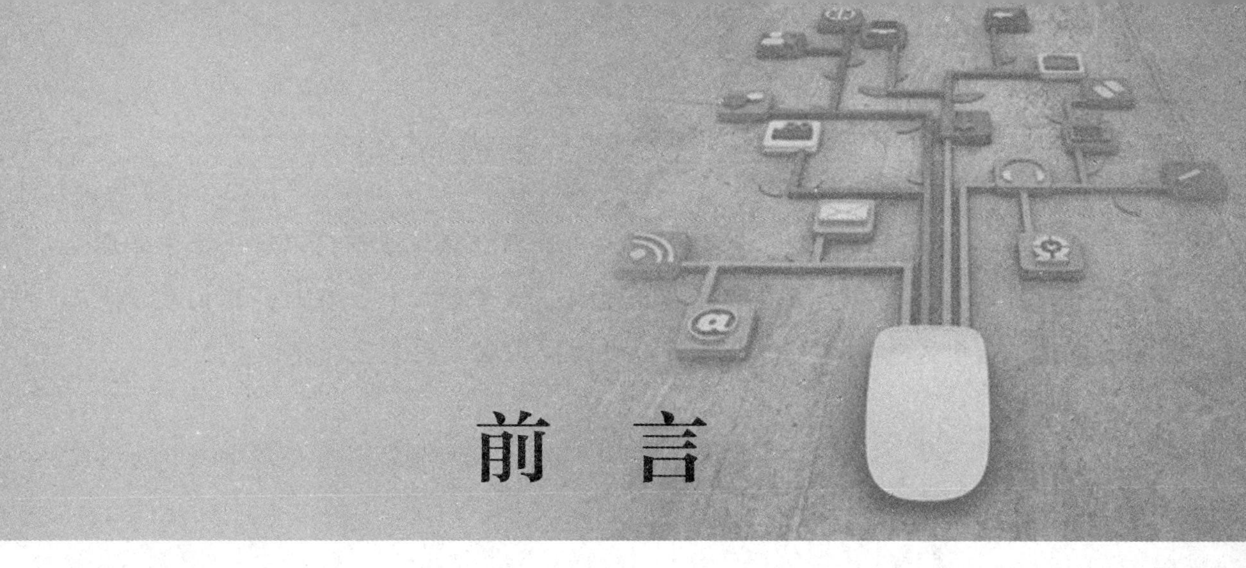

前言

全国中等职业技术学校电子商务专业教材自出版以来，在学校的教学中发挥了重要作用。2008年，根据当时行业的发展，我们对教材进行了第一次改版。近年来，电子商务行业进入了密集创新和快速扩张的新阶段，企业对从业人员的知识水平和职业能力提出了更高的要求。为适应这一变化，满足学校培养人才的需求，我们组织了一批教学经验丰富、实践能力强的教师与行业、企业的专家，在充分调研的基础上，对现有教材进行了修订和补充。本次教材修订（开发）工作的重点主要体现在以下几个方面：

第一，完善了教材体系。根据目前中等职业技术学校电子商务专业的教学实际，增加了《电子商务法律法规》《商品图片拍摄与处理》《电子商务客户服务》《网店运营实务》《电子商务文案写作》《网店美工》等教材。扩充后，整套教材更加丰富，也更便于学校选用。

第二，更新了教材内容。根据电子商务行业的现状和发展趋势以及企业的岗位需求，调整、更新了相关教材的结构和内容，尽可能多地体现行业新理念、新技术、新方法；本着“学以致用”的原则，在主要技能课教材中更多地加入实践案例和技能训练，进一步加强对学生职业能力的培养。

第三，改进了教材表现形式。在教材编写上，充分考虑学生的认知规律，力求文字表达通俗易懂，并较多地采用以图代文、以表代文的表现形式，降低学生的学习难度，激发学生的学习兴趣。

第四，加强了教材配套资源建设。在修订教材的同时，补充开发了与教材配套的电子课件，便于教师开展教学工作。电子课件可通过职业教育教学资源和数字学习中心（http://zyjy.class.com.cn）免费下载。

本套教材的编写得到了有关省市人力资源社会保障部门以及一批中等职业技术学校的大力支持，教材的编审人员做了大量的工作，在此，我们表示衷心的感谢！同时，恳切希望广大读者对教材提出宝贵的意见和建议。

人力资源社会保障部教材办公室

目　录

第1章 认识数据库

对于大部分电子商务企业来说，为了方便对商品进行管理，需要把所有商品的相关信息（商品编号、商品名称、商品类别、商品单位等）汇集起来，如果仅靠人工收集和管理，工作量将十分巨大。若运用数据库的知识，将所有的商品信息按照一定的规则存储到计算机中，就可以方便快捷地进行管理。如图 1–1–1 所示，通过该数据库系统能够实现商品信息的录入、进货退货的处理、库存信息的查询等功能。那么什么是数据库呢？

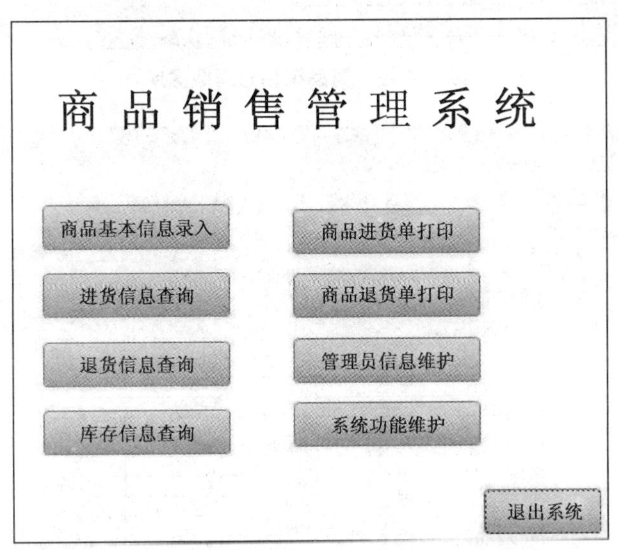

图 1–1–1　商品销售管理系统主界面

一、数据库的概念

打开如图 1–1–1 所示的数据库之后，可以看到该数据库由进货信息表、商品信息表等组成，如图 1–1–2 所示。

打开商品信息表，如图 1–1–3 所示，可以看到具体商品的详细信息，包括商品编号、商品名称、商品类别、商品单位、进货单价、库存下限、产地等。

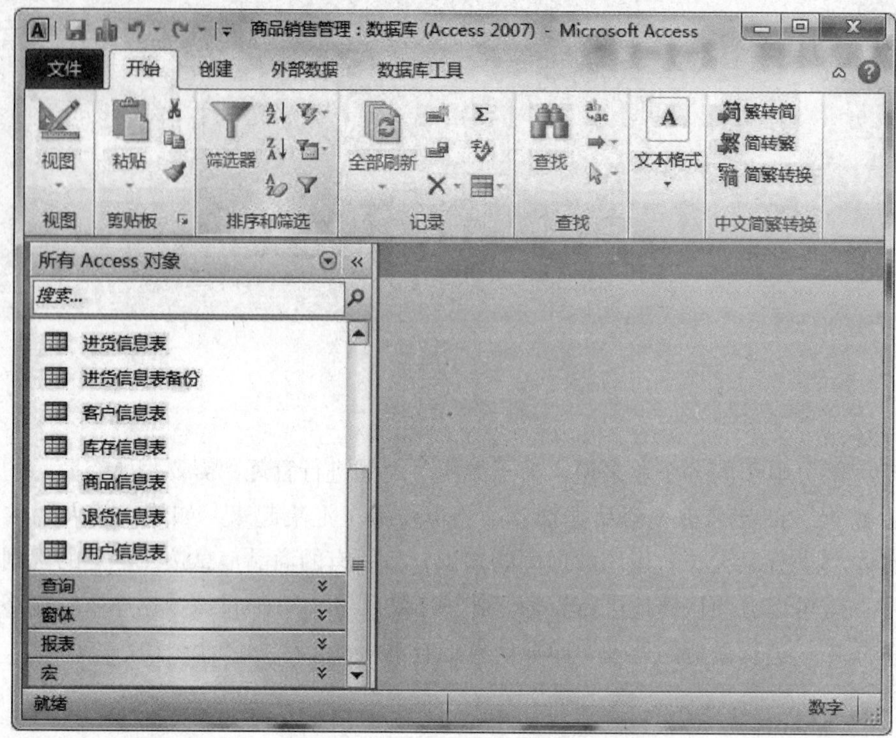

图 1-1-2　商品销售管理数据库

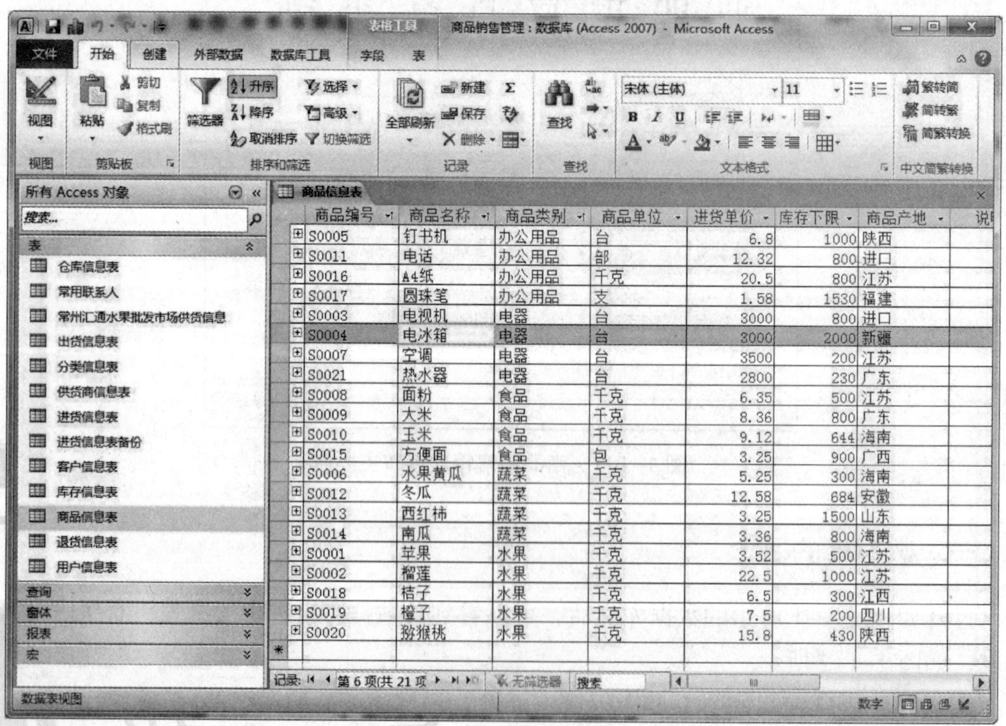

商品编号	商品名称	商品类别	商品单位	进货单价	库存下限	商品产地
S0005	钉书机	办公用品	台	6.8	1000	陕西
S0011	电话	办公用品	部	12.32	800	进口
S0016	A4纸	办公用品	千克	20.5	800	江苏
S0017	圆珠笔	办公用品	支	1.58	1530	福建
S0003	电视机	电器	台	3000	800	进口
S0004	电冰箱	电器	台	3000	2000	新疆
S0007	空调	电器	台	3500	200	江苏
S0021	热水器	电器	台	2800	230	广东
S0008	面粉	食品	千克	6.35	500	江苏
S0009	大米	食品	千克	8.36	800	广东
S0010	玉米	食品	千克	9.12	644	海南
S0015	方便面	食品	包	3.25	900	广西
S0006	水果黄瓜	蔬菜	千克	5.25	300	海南
S0012	冬瓜	蔬菜	千克	12.58	684	安徽
S0013	西红柿	蔬菜	千克	3.25	1500	山东
S0014	南瓜	蔬菜	千克	3.36	800	海南
S0001	苹果	水果	千克	3.52	500	江苏
S0002	榴莲	水果	千克	22.5	1000	江苏
S0018	桔子	水果	千克	6.5	300	江西
S0019	橙子	水果	千克	7.5	200	四川
S0020	猕猴桃	水果	千克	15.8	430	陕西

图 1-1-3　商品信息表

通过上面的简单操作可以看出，数据库（Database）是按照一定的数据结构来组织、存储和管理数据的，是建立在计算机存储设备上的“仓库”，商品相关信息以数据的形式存储在这个“仓库”中，用户可以对这些数据进行新增、更新、删除等操作。

对于数据库来说，它可以有效地组织数据，方便地输入数据到计算机中，并可以根据用户的要求将数据从计算机中提取出来。例如，需要在商品销售管理数据库中统计具体仓库的出货次数，需要对数据进行如图 1–1–4 所示的设置与操作，最终结果如图 1–1–5 所示。

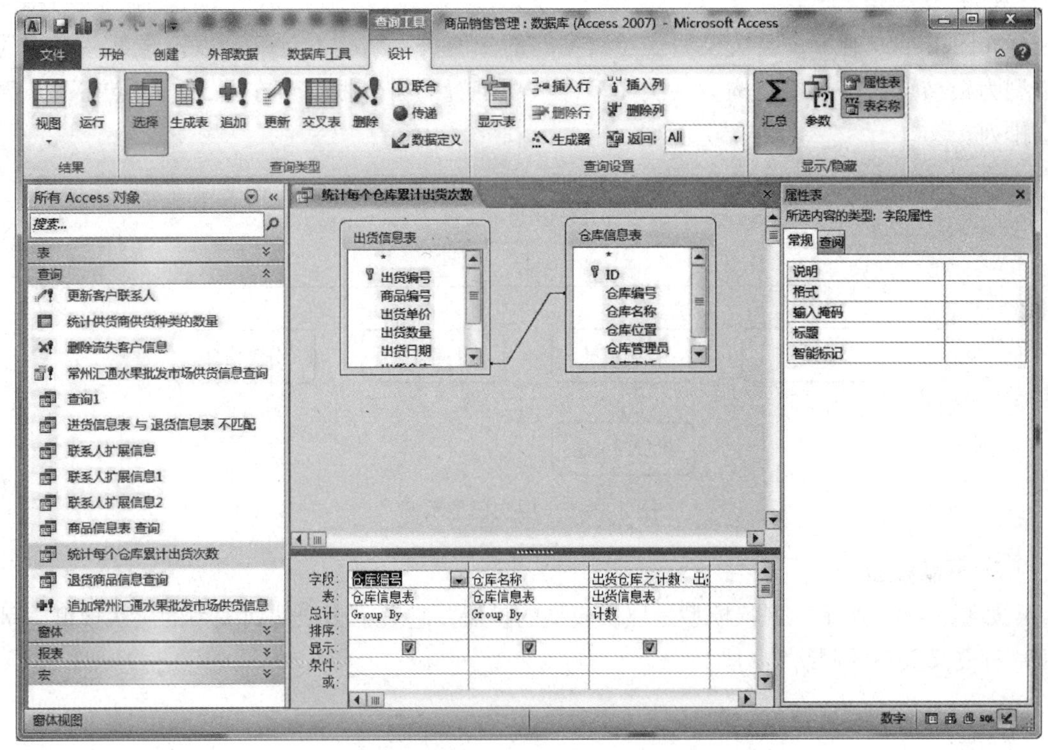

图 1–1–4　统计具体仓库的出货次数的设置

统计每个仓库累计出货次数

仓库编号	仓库名称	出货次数
C001	翠竹仓库	2
C002	清潭仓库	2
C003	丽华仓库	2
C004	新北仓库	2

图 1–1–5　查询的结果

不同的用户可以通过不同的应用程序得到所需的数据信息，而不影响数据库中存储的实际数据。在应用程序和数据库之间起桥梁作用的就是数据库管理系统 DBMS（DataBase Management System）。数据库管理系统对数据的处理方式和文件系统不同，它把所有应用程序中的数据汇集在一起，并以记录为单位存储起来，便于应用程序的查询和使用。

二、数据模型

数据库中存储的是数据，这些数据反映了现实世界中有意义、有价值的信息，它们不仅反映数据本身的内容，而且也反映数据之间的联系。数据模型是现实世界和数据世界的纽带，是反映客观世界以及事物之间联系的数据组织的结构和形式。常用的数据模型有层次模型、网状模型和关系模型。

1. 层次模型

如图 1–1–6 所示，层次模型表示数据间的从属关系结构，是一种以记录某一事物的类型为根结点的有向树结构。层次模型像一棵倒置的树，根结点在上，子结点在下，逐层排列。

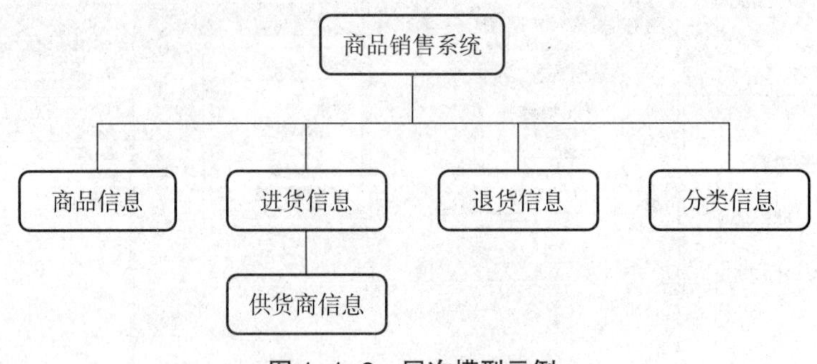

图 1–1–6　层次模型示例

2. 网状模型

如图 1–1–7 所示，网状模型是层次模型的扩展，它表示多个从属关系的层次模型，呈现一种交叉关系的网络结构。

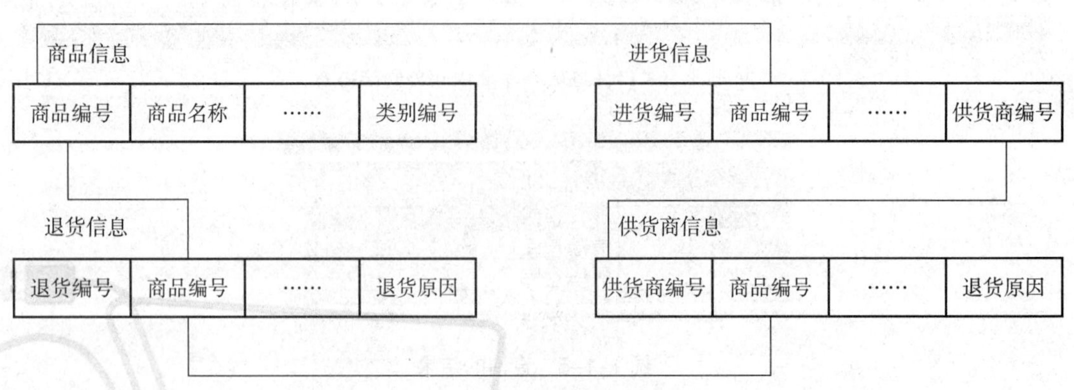

图 1–1–7　网状模型示例

3. 关系模型

在现实生活中，数据之间关联性最常用、最直观的方法是制作成表格，表格表达清晰、易懂。关系模型就是在这样的情况下被提出来的。

表 1-1-1 是某商品基本情况的数据记录表。其中四组数据之间是平行的，从层次从属角度来看也是无关系的，但如果知道它们是某个类别的商品，就可以建立一个二维表，也就是一个关系。

表 1-1-1　　商品基本信息表

商品编号	商品名称	商品类别	商品单位	商品单价	产地
S0001	西瓜	水果	千克	2.58	江苏
S0002	水蜜桃	水果	千克	13.5	江苏
S0005	苹果	水果	千克	6.8	陕西
S0006	香蕉	水果	千克	5.2	海南

表 1-1-1 中的这些数据虽然是平行的，不代表从属关系，但它们构成了某种商品类别的商品属性关系结构（同属于水果）。

三、关系型数据库

目前常用的数据库管理系统都是关系型的，如 Access、Oracle 等，本章只介绍关系型数据库的基本概念。

关系型数据库是若干个依照关系模型设计的数据表文件的集合。也就是说，关系型数据库是由若干张按关系模型设计的二维表组成的。下面结合表 1-1-1 所示的商品信息介绍关系型数据库的有关知识。

1. 表（Table）

表由表名、列名以及若干行组成。例如，在表 1-1-1 中，表名是“商品基本信息表”，列名包括“商品编号”“商品名称”“商品类别”“商品单位”“商品单价”和“产地”，每一行数据都描述了一个商品的基本情况。

2. 列（Field）

列也称字段、域或者属性，表中的每一列都包含一类信息。例如，表 1-1-1 中的产地表示商品是在哪里生产的，商品名称表示商品的称呼等。表中列的顺序与表达的信息无必然的联系，因此列是无序的。

3. 行（Row）

行也称元组，表中每一行由若干个字段组成，描述一个对象的信息。这个字段描述该对象的某种性质。例如，表 1-1-1 中的第一行数据描述了西瓜的商品编号等信息。行的次序也是不重要的，一般可以互换，但在一张表中，一般不能出现完全相同的两行。

4. 主键（Key）

主键是表中的某个字段组，它们的值唯一地标识一个元组。例如，表 1-1-1 中字段“商品编号”是主键，它可以决定整个元组的性质，有可能商品名称相同，但产地和单价都不同，因此不能唯一标识该元组，因此“商品名称”不能做主键，而“商品编号”是唯一的，可以设置为主键。

5. 关系模式（Relation Schema）

关系的描述称为关系模式，例如，表 1-1-1 的关系模式可以描述为 R（商品编号，商品名称，商品类别，商品单位，商品单价，产地）。

6. 值域（Domain）

值域是字段的取值范围，例如，在表 1-1-1 中每个列都以某个值域为基础从中取得数据，商品编号的值域是五个字符。

7. 表名和列名的命名规定

表名在整个数据库中必须是唯一的，列名在一个表中必须是唯一的，但在不同的表中可以出现相同的列名。表名和列名应尽可能带有一定的意义并尽量简单。

四、关系完整性约束

为了保证数据库中数据与现实世界的一致性，关系数据库中的数据插入、删除和更新操作必须遵循完整性规则。关系完整性是为了保证数据库中数据的正确性和相容性，对关系模型提出的某种约束条件和规则，主要包括实体完整性、参照完整性和用户定义的完整性，其中实体完整性和参照完整性是关系模型必须满足的完整性约束条件。

1. 实体完整性

实体完整性是指关系的主属性不能为空值。由于关系对应现实世界中的实体，实体必须是客观存在并可以区分的，即每个实体都有唯一性标识。在关系数据库中由主属性作为唯一性标识，若主属性取空值，则说明这个实体不可标识。例如“商品信息表”中设置了“商品编号”为主键，那么商品编号就不能为空，也不能有两个重复的商品编号出现。

2. 参照完整性

参照完整性是指在关系中不能引用其他关系中不存在的属性值。由于现实世界中的实体存在着某种联系，在关系数据库中描述联系时就必须存在有关系之间属性的引用，参照完整性所定义的就是关系之间属性的引用规则。例如在“商品信息表”和“进货信息表”通过“商品编号”这个属性建立了某种联系，按照参照完整性规则，“进货信息表”中每个商品的信息都必须在“商品信息表”中存在。

3. 用户定义的完整性

用户定义的完整性是针对某一具体的应用所定义的约束条件。由于关系型数据库要反映现实世界中的各种需要，单靠实体完整性和参照完整性不能满足应用的所有需要，例如，商品的进货数量取值范围是 500 ~ 5 000，这样就需要用户自定义完整性来描述。

前两种完整性是关系模型必须满足的约束条件，由关系系统自动生成，而用户定义的完整性则根据实际需要自行定义约束条件。

思考与练习

一、判断题

1. Access 是层次数据管理系统。(　　)
2. 实体完整性是指关系的主属性不能为空值。(　　)
3. 一个关系就是一个二维表，每个关系有一个表名，表由行和列组成。(　　)
4. 数据库中存储的是数据。(　　)
5. 元组是二维表中的一列，即通常所说的记录，是构成二维表的一个实体。(　　)

二、简答题

1. 什么是主键？
2. 常用的数据模型有哪些？它们各自的特点是什么？

第2章 Access 2010概述

Access 2010是目前最为流行的中小型企业数据库管理软件，其功能强大、简单易学。本章主要介绍Access 2010的基本使用方法，其中包括Access 2010的启动和退出、用户界面和数据库窗口、帮助信息的获得、使用Access 2010提供的“罗斯文”示例数据库等。

第1节 Access 2010的基本操作

Access 2010具有强大的数据处理、统计分析能力，可以通过它建立数据库对企业的生产、销售、库存等进行管理，还可以在开发中小型电子商务网站时用来存储和处理数据，例如，利用“ASP+Access”进行网站建设。

一、Access 2010的启动

Access 2010和其他软件一样，要先启动进入操作环境后才能使用，使用完毕后还需要正确退出。由于Access 2010是Office 2010的组件之一，所以其启动方法与Word、Excel等组件类似。

1. 单击Windows任务栏左下方的“开始”按钮。

2. 选择“程序”中的“Microsoft Office”子菜单中的“Microsoft Office Access 2010”命令，启动Access 2010应用程序，打开如图2-1-1所示的Access 2010工作环境。

最简单而直接的启动方法就是在桌面上建立Access 2010的快捷方式，这样在需要启动Access 2010时，只要双击桌面上的快捷方式即可。

在桌面上创建Access 2010快捷方式的步骤如下：

（1）单击“开始”→选择“所有程序”→选择“Microsoft Office Access 2010”。

（2）在其上单击鼠标右键，在弹出的快捷菜单中选择“发送到”→“桌面快捷方式”即可，如图2-1-2的所示。

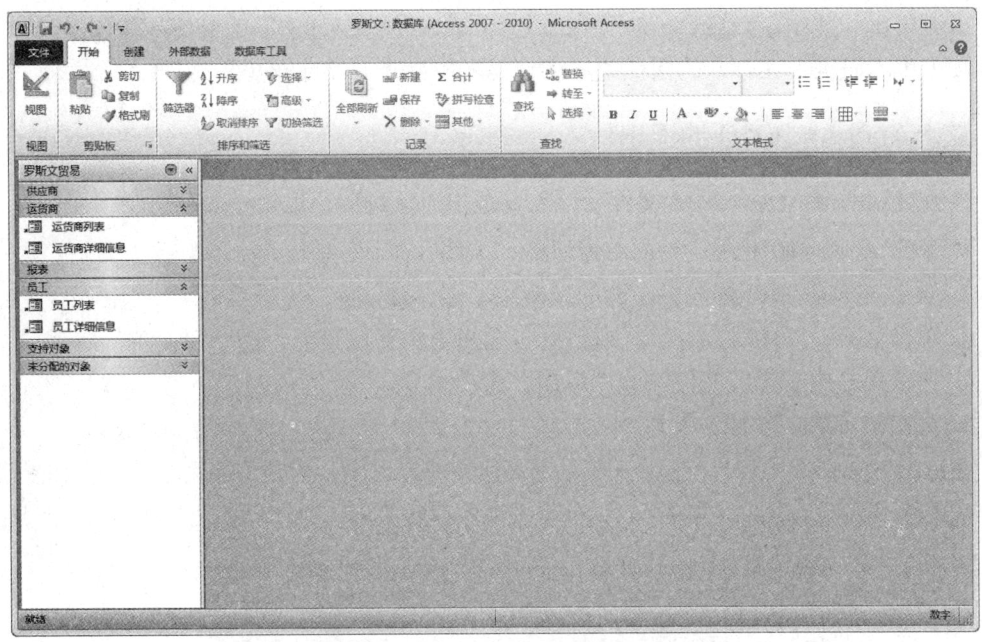

图 2-1-1　Access 2010 工作环境

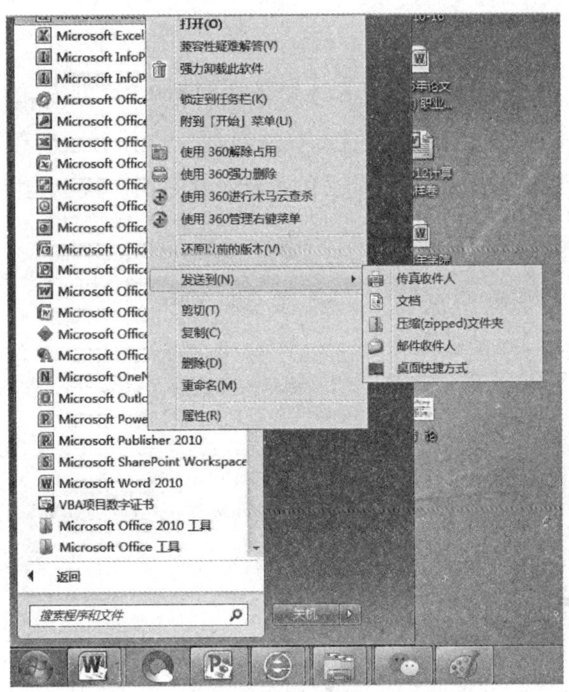

图 2-1-2　创建 Access 2010 的桌面快捷方式

也可以在“开始”菜单中加入 Access 2010 选项，直接单击“开始”菜单中的“Microsoft Office Access 2010”选项图标，即可启动 Access 2010 应用程序。

在“开始”菜单中加入 Access 2010 选项图标步骤如下：

（1）单击“开始”→选择“所有程序”→选择“Microsoft Office Access 2010”命令。

（2）单击右键，在打开的快捷菜单中选择“附到『开始』菜单”选项。

二、Access 2010 的退出

当编辑完一个 Access 2010 文件后，需要退出时，可以采取以下 5 种方法。

1. 单击 Access 2010 用户界面主窗口的“关闭”按钮。
2. 双击 Access 2010 标题栏左面的控制菜单图标。
3. 单击 Access 2010 控制菜单图标，在弹出的下拉菜单中选择“关闭”命令。
4. 在菜单栏中选择“文件”→“退出”菜单命令。
5. 直接按【Alt+F4】组合键。

在退出 Access 2010 时，注意一定要先保存文件再退出，否则将会丢失数据。如果没有保存就进行了关闭操作，就会弹出对话框来提醒保存后关闭，这时可根据需要选择是否保存。

第 2 节 Access 2010 的用户界面

Access 2010 的用户界面与 Office 2010 其他软件的用户界面相似。启动 Access 2010 时，先会出现新的 Access 标识，然后创建空白数据，打开其系统主窗口，如图 2-2-1 所示，Access 2010 主窗口由标题栏、菜单栏和面板、状态栏、快速访问工具栏组成。

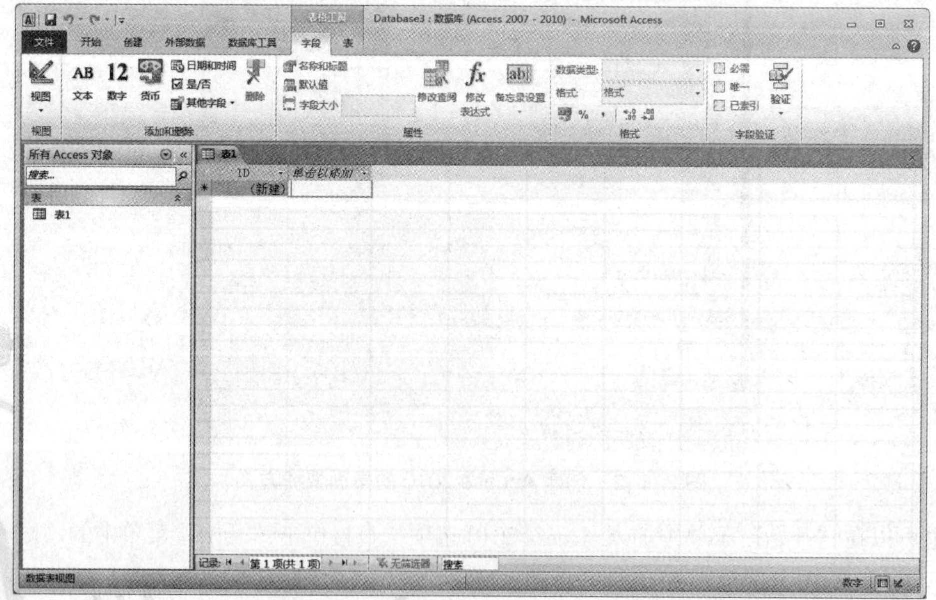

图 2-2-1 Access 2010 系统主窗口

一、标题栏

标题栏主要包括 Access 2010 快速工具栏、标题、当前文档名称、最大化、最小化及关闭按钮等，如图 2-2-2 所示。

图 2-2-2 Access 2010 标题栏

二、菜单栏和面板

Access 2010 的菜单栏和面板是对应的关系，在菜单栏中单击某个菜单即可显示相应的面板，在面板中有许多自动适应窗口大小的选项板，提供了常用的命令按钮，如图 2-2-3 所示。

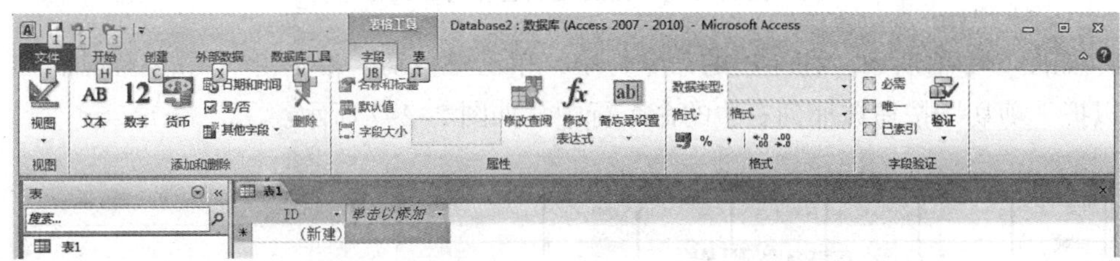

图 2-2-3 Access 2010 的菜单栏和面板

三、状态栏

状态栏位于主窗口的底部，用于显示系统当前的工作状态和提示信息，如图 2-2-4 所示。

图 2-2-4 Access 2010 的状态栏

四、快速访问工具栏

快速访问工具栏位于窗口的左上角的标题栏上，默认情况下 Access 2010 快速访问工具栏只显示保存、撤销、恢复等常用工具，在使用的过程中，可以在快速工具栏上添加相应的按钮，具体操作步骤如下：

1. 用鼠标左键单击快速工具栏上的“自定义快速访问工具栏”标签，弹出如图 2-2-5 所示的菜单，在菜单中的“其他命令”上单击。

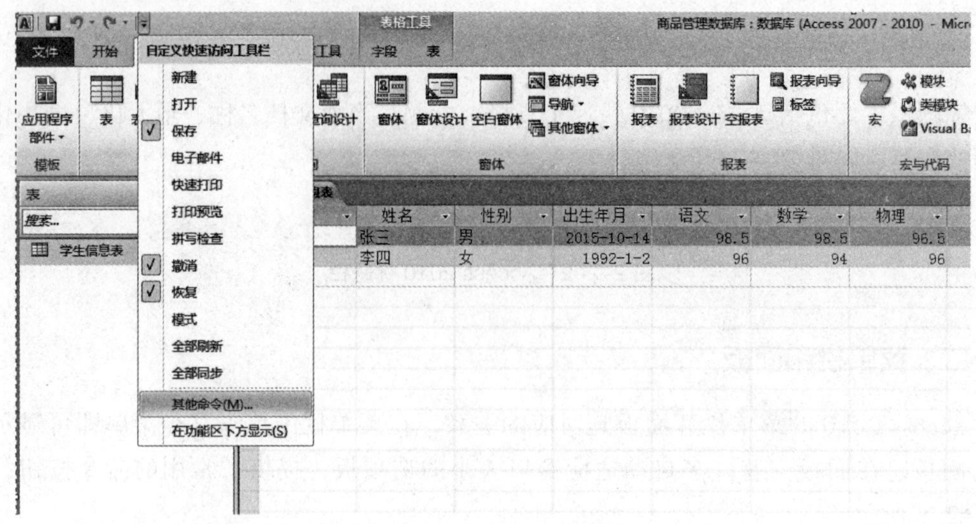

图 2-2-5　自定义快速访问工具栏

2. 如图 2-2-6 所示，在左边的命令行中，单击“剪切”再单击中间的“添加”按钮，就可以把“剪切”按钮添加到右边的命令行中，如图 2-2-7 所示。

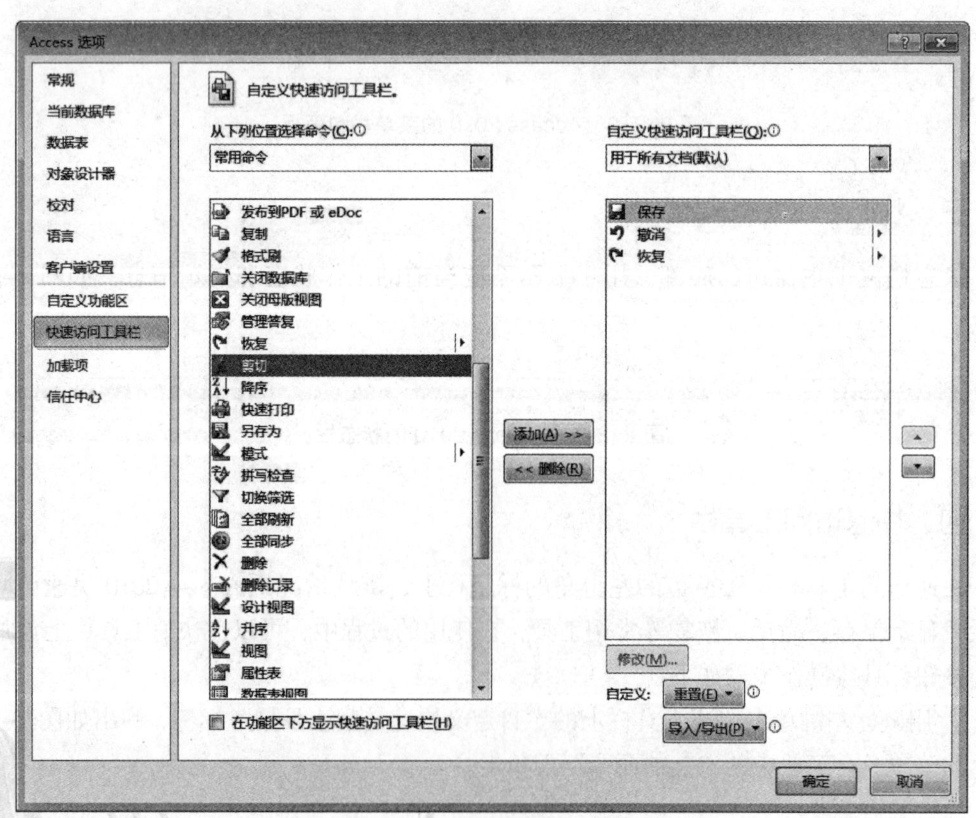

图 2-2-6　选择“剪切”命令

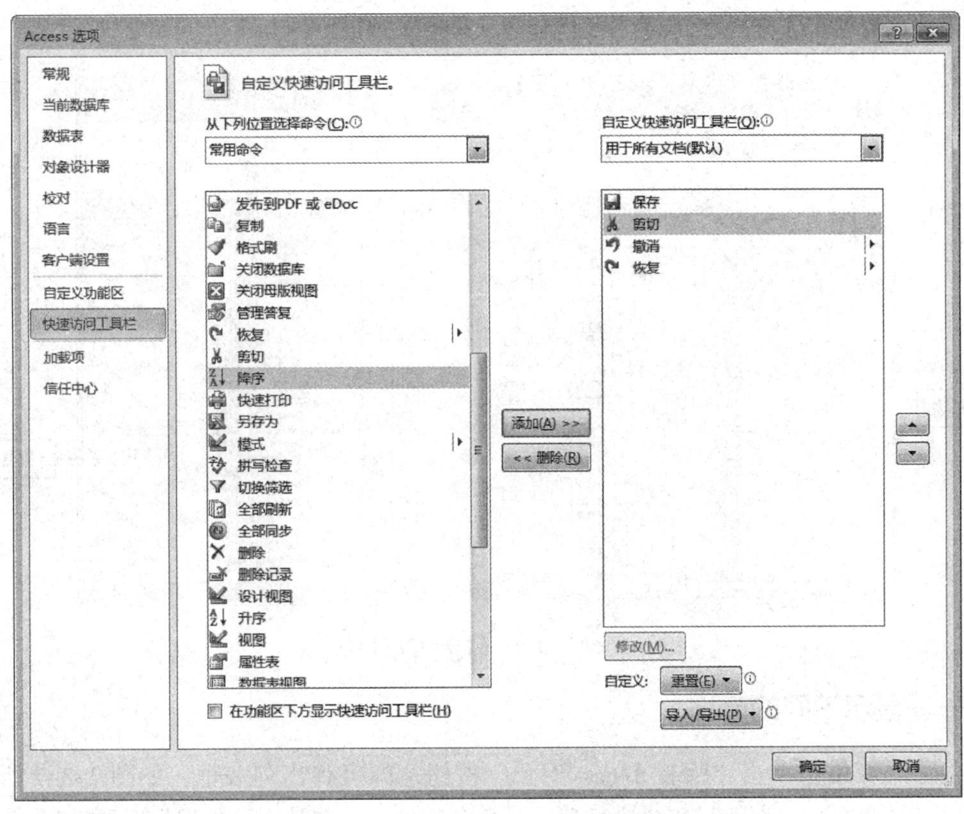

图 2-2-7　添加“剪切”到快速访问工具栏

3. 单击“确定”后退出，就会把“剪切”命令添加到快速访问工具栏中，如图 2-2-8 所示。

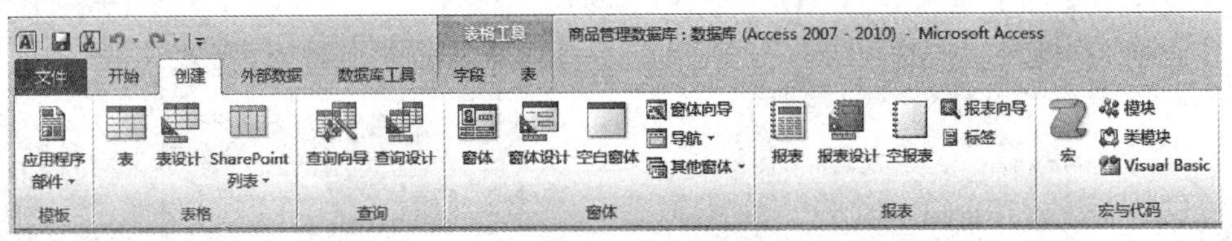

图 2-2-8　添加完成后的快速访问工具栏

第 3 节　Access 2010 的数据库窗口

Access 2010 将准备处理的数据及主要操作内容都看作数据库的对象，通过对这些对象的操作实现数据库的管理，而对数据库对象的所有操作都是通过数据库窗口来实现的。当创建一个新的数据库文件或者打开一个已有的数据文件时，会出现如图 2-3-1 所示的窗口，该数据库窗口主要由名称框、导航窗格、视图区组成。

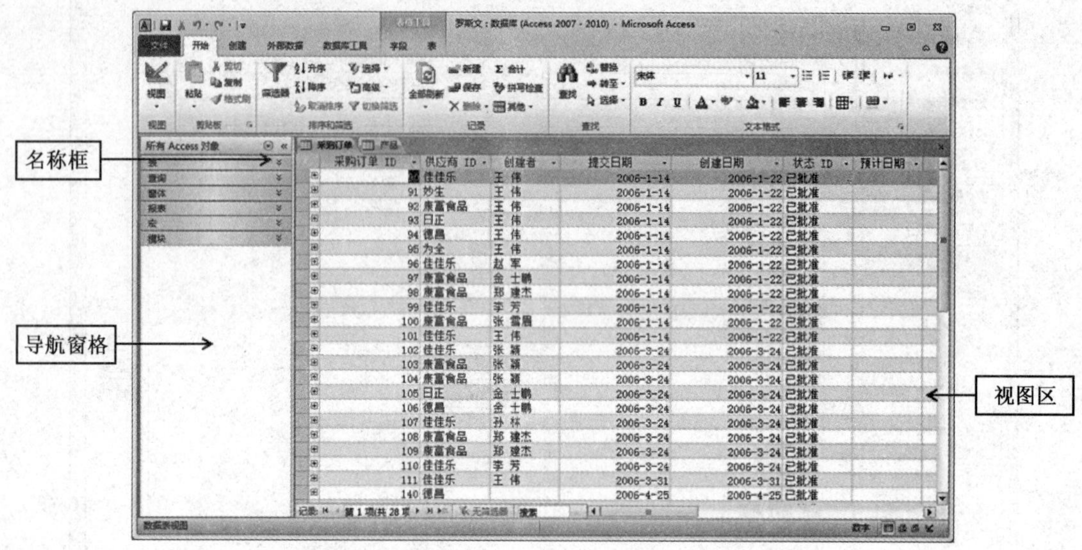

图 2-3-1　数据库窗口

一、显示不同的窗格

在导航窗格中单击“所有 Access 对象”按钮，即可弹出列表框，如图 2-3-2 所示。列表框中包括“浏览类别”和“按组筛选”两个选项区，在其中可以根据需要选择相应的命令，即可打开相应的窗格。

如果在图 2-3-2 中选择“按组筛选”中的“表”，则导航窗格中显示如图 2-3-3 所示的内容。

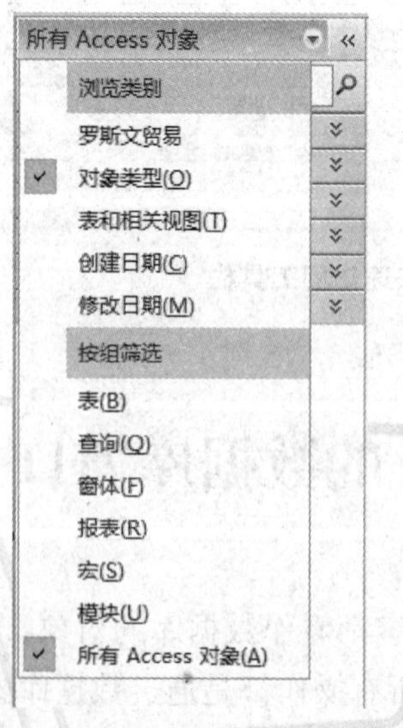

图 2-3-2　单击“所有 Access 对象”菜单

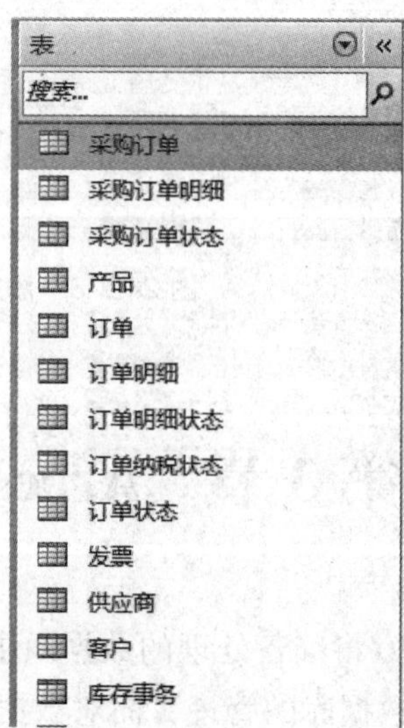

图 2-3-3　选择“表”对象

在导航窗格中只显示了该数据库中的所有表。如果选择了浏览类别中的“表和相关视图”，则在导航窗格中显示如图 2-3-4 所示的内容。

图 2-3-4 选择“表和相关视图”

二、数据库菜单和面板

打开某个数据库后，Access 2010 菜单栏上会出现“外部数据”和“数据库工具”两个菜单项。

单击“外部数据”菜单弹出如图 2-3-5 所示的面板，在该面板上有外部数据进行操作的命令和按钮。

图 2-3-5 “外部数据”菜单和面板

单击“数据库工具”菜单，弹出如图 2-3-6 所示的面板，在该面板上有相关数据库操作的按钮。

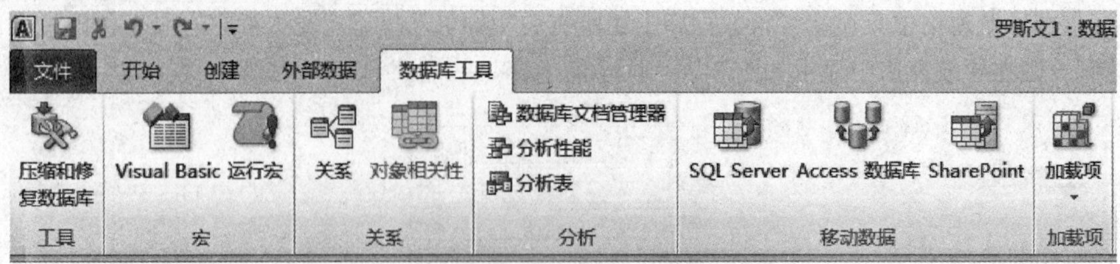

图 2-3-6 “数据库工具”菜单和面板

三、隐藏和显示导航窗格

在 Access 2010 的导航窗格上的“百叶窗开 / 关”按钮 « 上单击，可以隐藏导航窗格，如图 2-3-7 所示。此时导航窗格隐藏在窗口左边，只显示“导航窗格”。在其上面单击，可以显示导航窗格。

导航窗格上有搜索功能，如果该数据库对象较多，例如，有较多的表时，可以在搜索栏中输入相关的关键字进行搜索，如在搜索栏中输入“订单”，则在下面的对象表、查询、窗体、报表、模块等中只显示含有“订单”的对象内容，如图 2-3-8 所示。

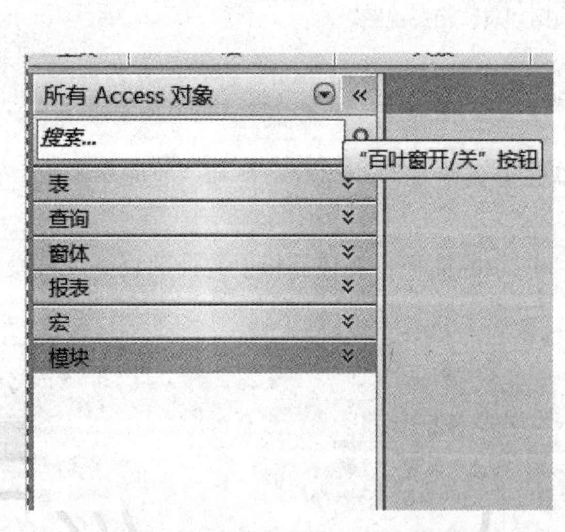

图 2-3-7 “百叶窗开 / 关”按钮

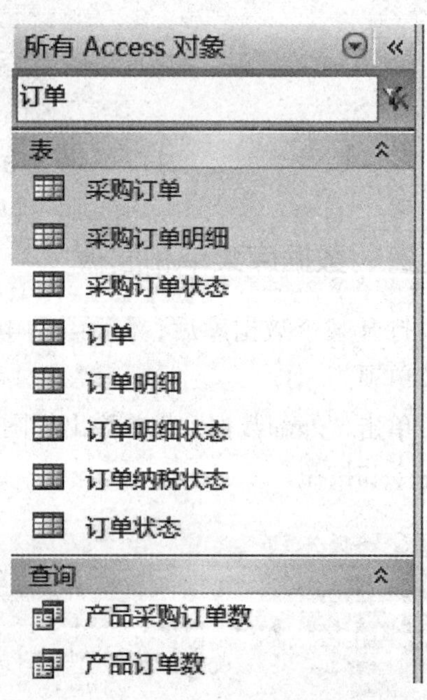

图 2-3-8 搜索对象

第 4 节　Access 2010 的数据库对象

数据库对象与数据库是两个完全不同的概念，如果数据库是一个存放数据的容器，那么数据库对象则是存放在这个容器内的数据以及对数据的处理操作。数据库对象有表、查询、窗体、报表、宏和模块等。

一、表

表是数据库中存储数据的最基本的对象，常称为基表，是构成数据库的一个重要组成部分。Access 2010 中的表是二维表，每个表都有主键（可为一个字段或者多个字段），以使表中的记录唯一（记录不能重复，它与实体一一对应）。在 Access 2010 中，一个表有设计视图和数据表视图两种方式，分别如图 2–4–1 和图 2–4–2 所示。

数据表中每一行的数据称为一条记录，记录用来存储各条信息，每一条记录包含一个或多个字段，字段对应表中的列。例如，一个名为“客户”的表，其中每条记录（行）包含不同的客户信息，每一个字段（列）包含不同类型的信息，如姓名、地址等。

二、查询

查询是 Access 2010 的主要组件之一，而查询功能也是该软件最强的一项功能。用户可以利用查询工具，通过指定特殊字段、定义字段顺序、建立计算表达式并输入条件以及定义每个字段的筛选条件等，对存储在表中的有关信息进行查询。

图 2–4–1　设计视图

客户

ID	公司	姓氏	名字	职务	业务电话	传真号	地址	城市	省/市/自治	邮政编码	国家/地区
1	三川实业有限	刘	小姐	销售代表	(030) 30074	(030) 30765	大崇明路 50 号	天津	天津	343567	中国
2	东南实业	王	先生	物主	(030) 35554	(030) 35553	承德西路 80 号	天津	天津	234575	中国
3	坦森行贸易	王	先生	物主	(0321) 5553	(0321) 5536	黄台北路 780 号	石家庄	河北	985060	中国
4	国顶有限公司	方	先生	销售代表	(0571) 4555	(0571) 4555	天府东街 30 号	深圳	广东	890879	中国
5	通恒机械	黄	小姐	采购员	(0921) 9123	(0921) 5512	东园西甲 30 号	南京	江苏	798089	中国
6	森通	王	先生	销售代表	(030) 30058	(030) 33008	常保阁东 80 号	天津	天津	787045	中国
7	国皓	黄	先生	市场经理	(0671) 8860	(0671) 8860	广发北路 10 号	大连	辽宁	565479	中国
8	迈多贸易	陈	先生	采购代表	(091) 85552	(091) 85559	临翠大街 80 号	西安	陕西	907987	中国
9	祥通	刘	先生	物主	(078) 91244	(078) 91244	花园东街 90 号	重庆	重庆	567690	中国
10	广通	王	先生	结算经理	(078) 95554	(078) 95553	平谷嘉石大街 38 号	重庆	重庆	808059	中国
11	光明杂志	谢	先生	销售代表	(0571) 4555	(0571) 4555	黄石路 50 号	深圳	广东	760908	中国
12	威航货运有限	刘	先生	销售代理	(061) 11355	(061) 11354	经七纬二路 13 号	大连	辽宁	120412	中国
13	三捷实业	王	先生	市场经理	(061) 15553	(061) 15557	英雄山路 84 号	大连	辽宁	130083	中国
14	浩天旅行社	方	先生	物主	(030) 30076	(030) 30076	白广路 314 号	天津	天津	234254	中国
15	同恒	刘	先生	销售员	(030) 35557	(030) 35526	七一路 37 号	天津	天津	453466	中国
16	万海	林	小姐	销售代表	(071) 45552	(071) 45559	劳动路 23 号	厦门	福建	353467	中国
17	世邦	黎	先生	采购员	(0241) 1039	(0241) 1059	光明东路 395 号	海口	海南	454748	中国
18	迈策船舶	王	先生	物主	(056) 40678	(056) 40678	沉香街 329 号	常州	江苏	565474	中国
19	中通	林	小姐	销售代理	(030) 35550	(030) 35553	光复北路 895 号	天津	天津	809784	中国
20	正人资源	谢	小姐	销售代理	(0571) 7675	(0571) 7675	临江东街 62 号	深圳	广东	906853	中国
21	红阳事业	王	先生	市场助理	(0571) 7555	(0571) 7555	外滩西路 238 号	深圳	广东	687759	中国
22	嘉元实业	刘	小姐	结算经理	(091) 25559	(091) 25555	东湖大街 28 号	天津	天津	458965	中国
23	嘉业	刘	先生	助理销售代理	(0321) 2016	(0321) 2016	经三纬二路 8 号	石家庄	河北	576906	中国
24	五洲信托	苏	先生	物主	(087) 69534	(087) 69532	沿江北路 942 号	南京	江苏	876060	中国
25	友恒信托	余	小姐	市场经理	(089) 38773	(089) 38774	经二路 9 号	秦皇岛	河北	500798	中国
26	国银贸易	余	小姐	市场经理	(087) 40322	(087) 40322	辅城街 42 号	南京	江苏	546590	中国
27	文成	唐	小姐	销售代表	(056) 34988	(056) 34988	临江街 32 号	常州	江苏	820097	中国
28	康浦	王	先生	销售经理	(087) 43542	(087) 43542	授业路 361 号	南京	江苏	964532	中国
29	东旗	王	先生	市场经理	(0571) 2033	(0571) 2033	覃石路 238 号	深圳	广东	411012	中国
(新建)											

图 2-4-2　数据表视图

1. 选择查询

选择查询是最常见的查询类型，它从一个或多个表中检索数据，并在可以更新记录的数据表中显示结果，也可以使用选择查询来对记录进行分组，并对记录做总计、计数、平均值以及其他类型的聚合计算。

2. 参数查询

参数查询是一种可以重复使用的查询，每次改变其条件查询时，都会弹出一个对话框，提示用户输入新的条件。

3. 交叉表查询

使用交叉表查询可以计算并重新组织数据的结构，这样可以更加方便地分析数据，计算数据的总计、平均值、计数或其他类型的总和。

4. 操作查询

操作查询可以从查询表创建新的数据库表，或对一个表进行重大的改变。操作查询允许用户在表中添加或者删除记录，或者基于在查询设计中所输入的表达式对数据进行改变。也就是说，操作查询不像选择查询那样只是查看、浏览满足检索条件的记录，而是要对满足条件的记录进行更改。操作查询包括删除查询、更新查询、追加查询和生成表查询等。

5. SQL 查询

SQL 查询是使用 SQL 语句创建的查询，可以查询、更新和管理 Access 2010 数据库。

三、窗体

窗体是 Access 2010 中用户和应用程序之间的主要界面，用户对数据库的操作都可以通过窗体来完成。通过创建数据输入窗体可以向表中输入数据，创建切换面板用来打开其他窗体或报表，创建自定义对话框控制数据的输出、显示或执行某项操作。窗体中的大部分信息来自基表或者查询，如图 2-4-3 所示为 Access 2010 数据库的“订单明细”窗体。

图 2-4-3　“订单明细”窗体

四、报表

报表是以打印的表格表现用户数据的一种有效方式，如图 2-4-4 所示为 Access 2010 数据库中的“客户通讯簿”报表。

客户通讯簿

序号	姓　名	性别	单位	职务	手机
1	陈贤	男	江苏省常州市经伟纺织厂	总经理	136015XXXX
2	朱良刚	男	常州新龙科技开发公司	销售经理	138612XXXX
3	陈华	男	江苏省尚新食品厂	营销总监	138610XXXX
4	林卞启	男	江苏省九州集团有限公司	客户经理	137768XXXX
5	徐峰国	男	常州常泰运输公司	总经理	159512XXXX
6	马英俊	男	江苏省新新米业	客户经理	139611XXXX
7	戴涛	男	常州东胜电缆厂	销售经理	138610XXXX
8	丁明国	男	常州青青科技有限公司	人力资源部长	135853XXXX
9	金龙伟	男	常州智联网络有限公司	销售总监	139150XXXX
10	张火华	女	常州新化化工有限公司	华东地区负责,	135845XXXX
11	熊丽静	女	常州第二建筑有限公司	总经理	139622XXXX

2017年8月17日　　　　共 1 页，第 1 页

图 2-4-4　“客户通讯簿”报表

在 Access 2010 中，有关报表的打印工作都是通过报表对象来实现的，用户可以在报表设计视图窗口中控制每个对象的大小和显示方式，对报表的各项内容进行设计和修改，按照用户所需的要求完成打印工作。

五、宏

可以将宏看作一种简化的编程语言，利用宏无需编写代码，就可以实现一定的交互功能，通过宏可以实现的功能有：打开 / 关闭数据表、窗体，打印报表和执行查询；弹出提示信息框，显示警告；实现数据的输入和输出；在数据库启动时执行操作等；筛选查找数据记录。

宏的设计一般都是在“宏生成器”中完成的，单击“创建”选项卡的“宏”按钮，即可创建一个新的宏，并进入“宏生成器”。

六、模块

模块是 Access 2010 中实现数据库复杂管理功能的有效工具，它是由声明、语句和过程组成的集合，作为一个已经命名的单元存储在一起。模块提供独立的动作流程，并且允许捕捉错误，完成宏无法实现的功能。Access 2010 中有标准模块和类模块两种。

七、隐藏或显示数据库中的对象

Access 2010 数据库导航窗格中可以显示数据库中不同的对象，菜单栏上都会显示出不同的菜单选项，如图 2-4-5 所示。

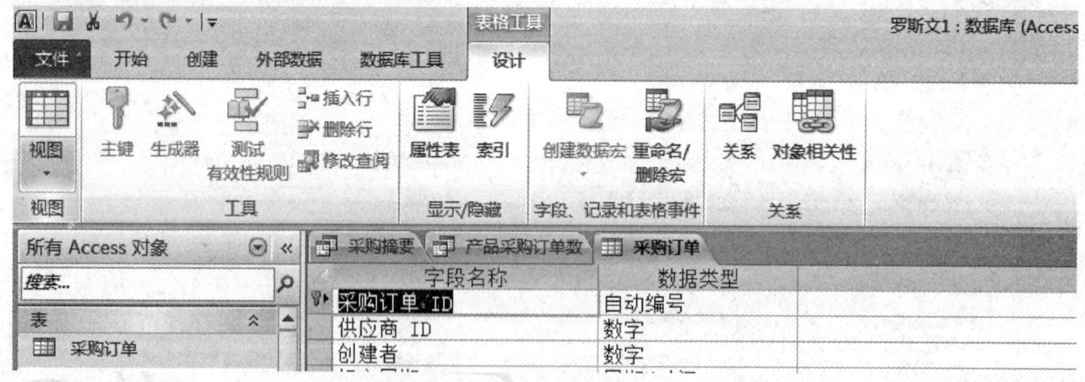

图 2-4-5　不同的菜单选项

1. 隐藏数据库中的某个对象

Access 2010 对数据库对象进行隐藏，可以在数据库导航窗格中的某一个对象上单击鼠标右键，如图 2-4-6 所示，选择“隐藏”即可，如图 2-4-7 所示。

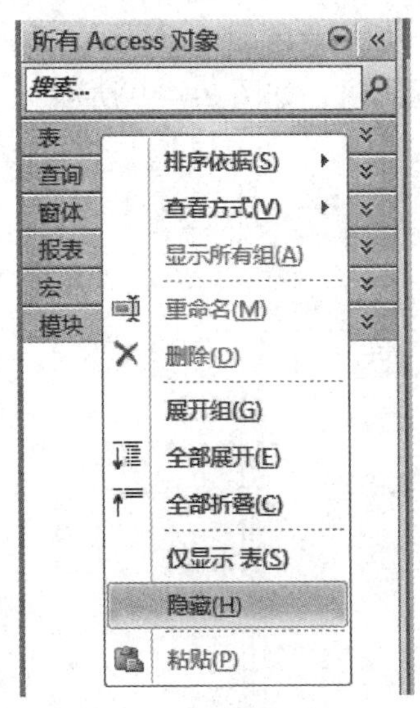

图 2-4-6 显示隐藏菜单

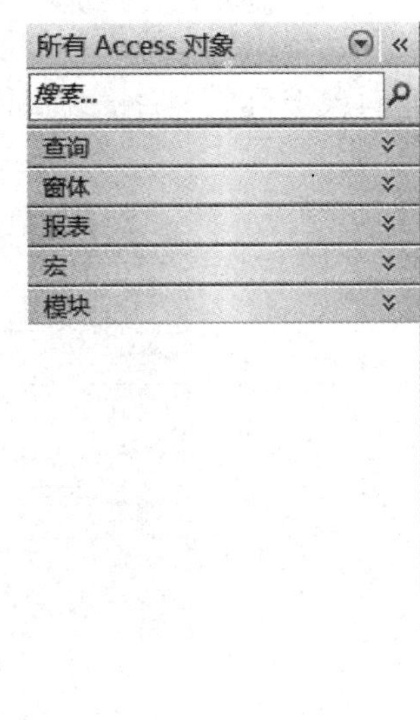

图 2-4-7 隐藏数据库中的“表”对象

2. 显示隐藏的数据库中某个对象

如果要显示已经隐藏的某个对象，则要通过单击“文件”菜单，选择“选项”中的“当前数据库”→“导航选项”，弹出如图 2-4-8 所示的对话框，点选“显示隐藏对象”。

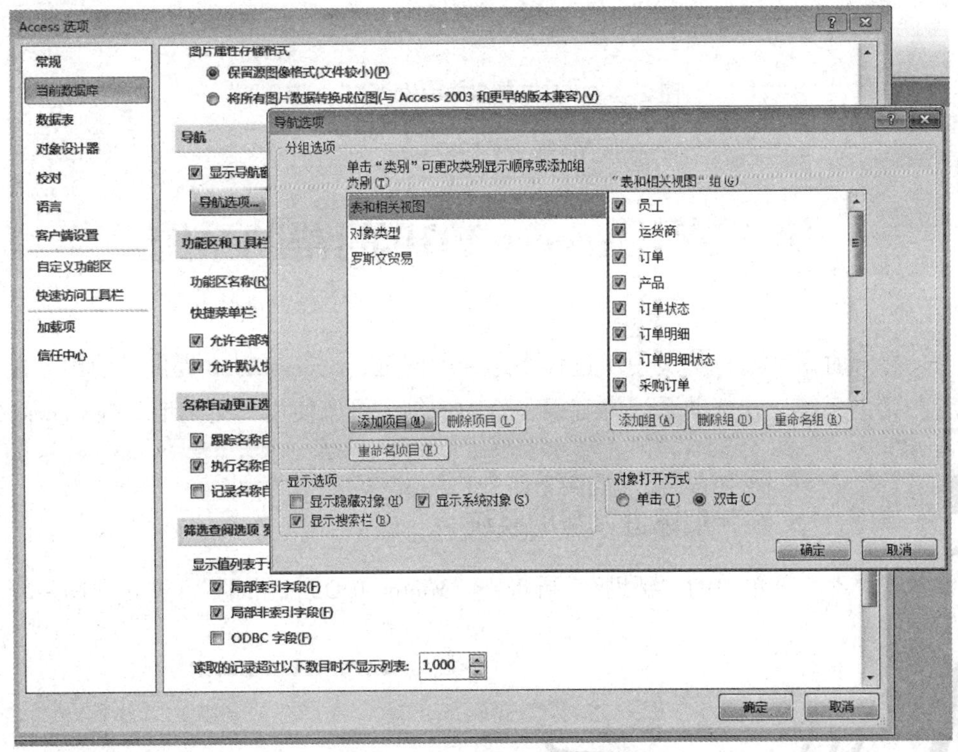

图 2-4-8 “导航选项”对话框

此时隐藏的表已经出现在数据库导航栏中，只是用灰色的标识显示，表示这个对象是隐藏的，在这个对象上再单击右键，选择取消隐藏即可，如图 2–4–9 所示。

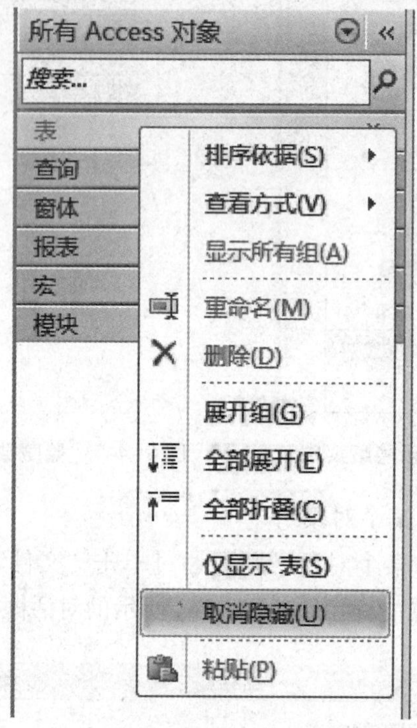

图 2–4–9　显示数据库中的“表”对象

第 5 节　Access 2010 的帮助系统

为了能及时帮助用户解决使用过程中遇到的问题，Access 2010 提供了使用方便、功能完善的帮助系统，在帮助系统中有很多帮助示例，可以使用户更快地掌握 Access 2010 的操作方法。

一、单击“文件”菜单进入帮助系统

单击“文件”菜单中的“帮助”，再单击“Microsoft Office 帮助”，进入帮助系统，如图 2–5–1 所示。

图 2-5-1　文件菜单中的“帮助”

二、单击工具栏中的 ❓ 按钮进入帮助系统

单击工具栏中的 ❓ 按钮，弹出帮助对话框，如图 2-5-2 所示，然后单击搜索下面的“Access 帮助”，则弹出如图 2-5-3 所示的帮助内容。

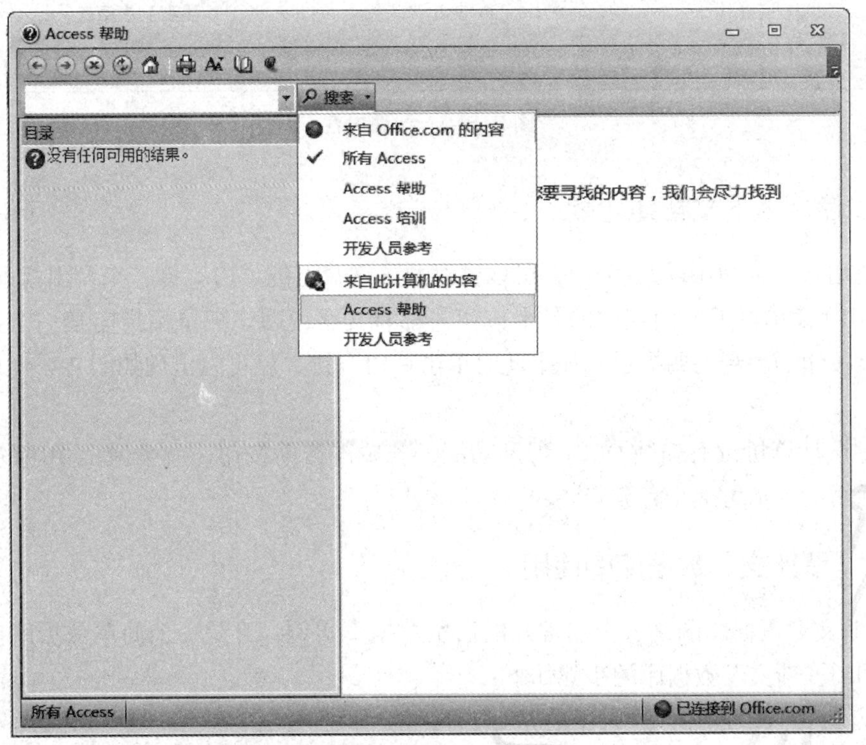

图 2-5-2　单击搜索下面的“Access 帮助”

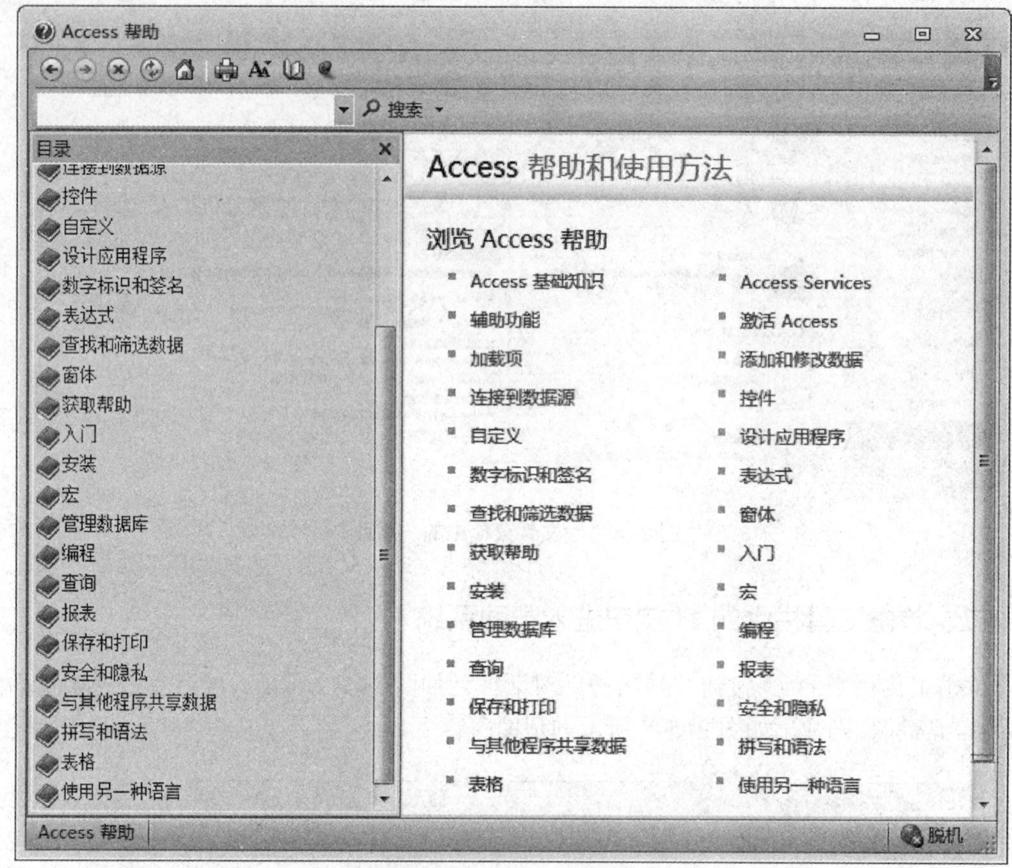

图 2-5-3　帮助内容

三、使用上下文帮助功能

在使用 Access 2010 的过程中，可以通过单击键盘上的“F1”键，来调出帮助对话框。Access 2010 菜单栏下的面板中的各个按钮，都有文字说明，把鼠标指向某一个按钮，就会出现该按钮的解释说明提示，如果此时单击“F1”键，就可以出现如图 2-5-4 所示的帮助信息。

如果该计算机没有安装 Office 帮助功能，若单击帮助按钮，就会弹出相应的对话框，按照对话框的提示可逐步完成安装。

四、“罗斯文”数据库的使用

“罗斯文”数据库既是一个非常好的商贸数据库实例，又是一个简单数据库操作的示例，使用“罗斯文”数据库的步骤如下：

1. 启动 Access 2010，进入用户界面。

2. 单击“新建”，选择“样本模板”中的“罗斯文”，如图 2-5-5 所示。

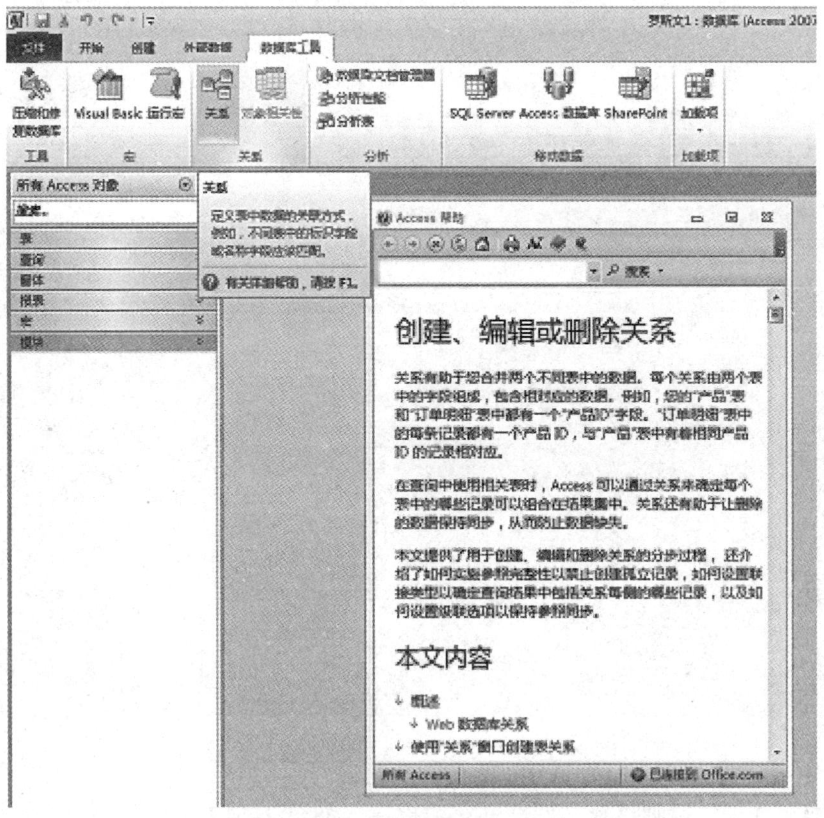

图 2-5-4　按钮提示信息及帮助信息

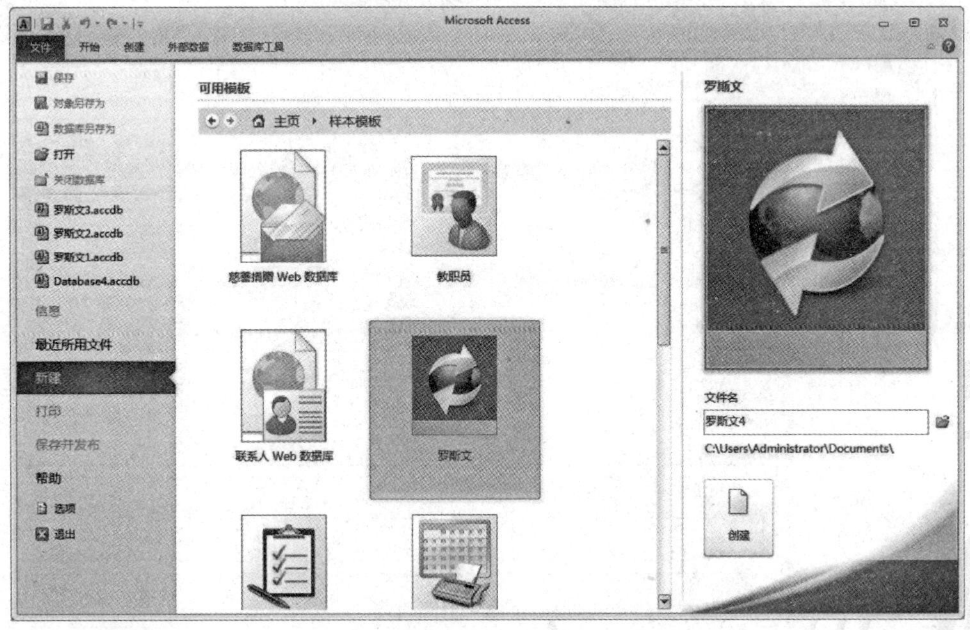

图 2-5-5　"新建"命令

3. 单击“完成”后，出现“罗斯文”数据库的登录界面，如图 2-5-6 所示。

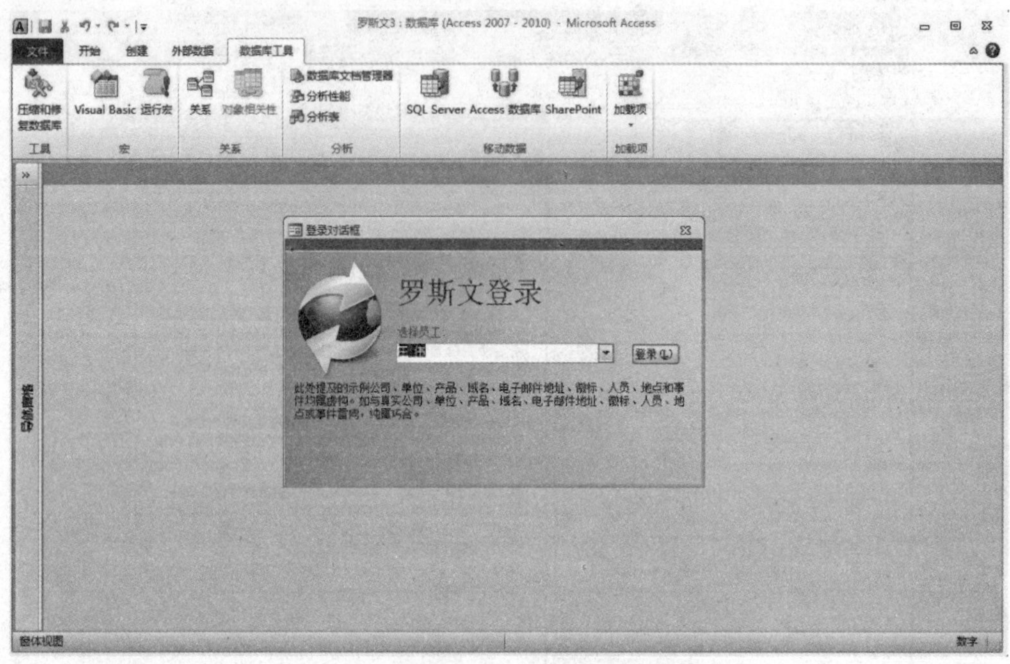

图 2-5-6 “罗斯文”数据库的登录界面

4. 单击“登录”后则进入“罗斯文”数据库，如图 2-5-7 所示。

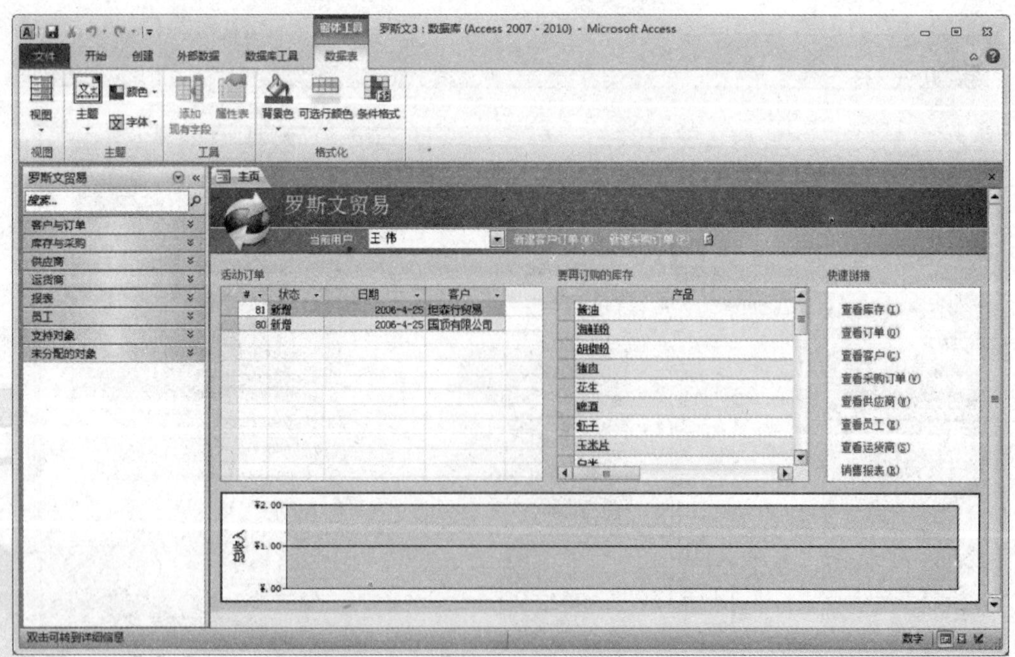

图 2-5-7 登录后的界面

在学习 Access 2010 时，若能认真、反复阅读“罗斯文”示例数据库，模仿数据库中各对象的设置和操作方法，就能更快、更全面地掌握 Access 2010 数据库的相关知识，为使用 Access 2010 数据库管理打下坚实的基础。

思考与练习

一、单项选择

1. Access 2010 数据库的对象包括（　　）。

A. 要处理的数据　　B. 主要的操作内容

C. 要处理的数据和主要的操作内容　　D. 仅为数据表

2. Access 2010 数据库的对象中，（　　）是实际存放数据的地方。

A. 表　　B. 查询　　C. 报表　　D. 窗体

3. Access 2010 数据库中的表是一个（　　）。

A. 交叉表　　B. 线形表　　C. 报表　　D. 二维表

4. Access 2010 中的窗体是（　　）之间的主要接口。

A. 数据库和用户　　B. 操作系统和数据库

C. 用户和操作系统　　D. 人和计算机

5. 不属于 Access 2010 对象的是（　　）。

A. 表　　B. 文件夹　　C. 窗体　　D. 查询

6. 在 Access 2010 中，表和数据库之间的关系是（　　）。

A. 一个数据库中可以包含多个表　　B. 一个表中只能包含 2 个数据库

C. 一个表中可以包含多个数据库　　D. 一个数据库只能包含一个表

二、判断题

1. 数据就是能够进行运行的数字。（　　）

2. 在 Access 2010 数据库中，数据是以二维表的形式存放的。（　　）

3. 只有单击主窗口的“关闭”按钮，才能退出 Access 2010。（　　）

4. Access 2010 对数据库对象的所有操作都是在数据库窗口中进行的。（　　）

5. 数据库管理系统不仅可以对数据库进行管理，还可以绘图。（　　）

三、简答题

1. 启动 Access 2010 的方法有哪几种?

2. 使用 Access 2010 的帮助系统主要有哪几种方法?

3. Access 2010 中“罗斯文”示例数据库的意义是什么?

第3章　数据库的创建

数据库和表都是 Access 2010 数据库管理系统的重要对象，Access 2010 用数据库和表来组织、存储大量的各类数据。其中数据库是一个容器，它包含着各种数据与各种数据库对象。在 Access 2010 中，只有先建立了数据库，才能创建数据库的其他对象并实现对数据库的操作，因此创建数据库是进行数据管理的基础。

表是最基本的数据库对象，数据库中的数据都存储在表中，它还是查询、窗体、报表等数据库对象的数据源。因此要使用 Access 2010 对数据库进行管理，应先创建数据库和表，然后再创建相关的查询、窗体、报表等数据库对象。

本章将通过创建“商品销售管理”系统中所用到的数据库和表，讲解创建数据库和表的基本方法和操作。

第1节　创建“商品销售管理”数据库

要建立“商品销售管理”系统，首先应创建一个数据库，用于集中管理该系统中所需要的所有数据表，该数据库命名为“商品销售管理”。

Access 2010 提供了多种创建数据库的方法，如创建一个空的数据库、使用模板创建数据库、使用向导创建数据库、根据现有文件创建数据库等。本节将介绍最常用的一种，即先创建一个空数据库，然后向空数据库里添加表、查询、窗体等，这是一种灵活方便的创建数据库的方法。

一、数据库的创建

1. 创建空白的数据库

在 Access 2010 中，可以直接创建空白数据库，然后根据实际需求添加数据表、查询、窗体等数据库对象，具体操作步骤如下：

（1）启动 Access 2010。

（2）在 Access 2010 启动窗口中单击“空数据库”按钮，如图 3–1–1 所示，在右侧窗格中输入“商品销售管理”。

图 3–1–1　“新建”数据库对话框

（3）单击“文件夹”按钮，设置文件保存的路径，如图 3–1–2 所示。

（4）单击“创建”按钮，系统在指定位置创建了一个名为“商品销售管理”的数据库，并自动创建了一个名为“表 1”的数据表，且以数据表视图的方式打开该表，如图 3–1–3 所示。

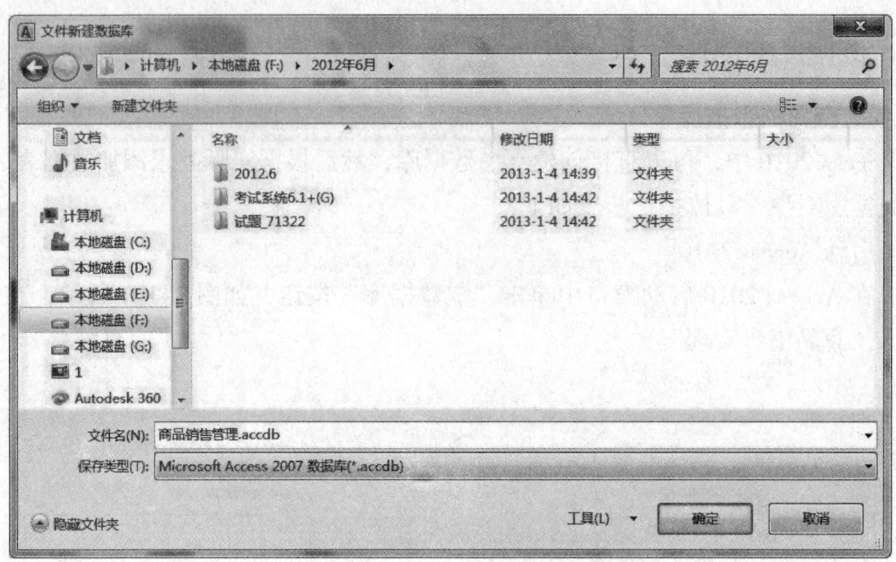

图 3–1–2　设置数据库保存路径

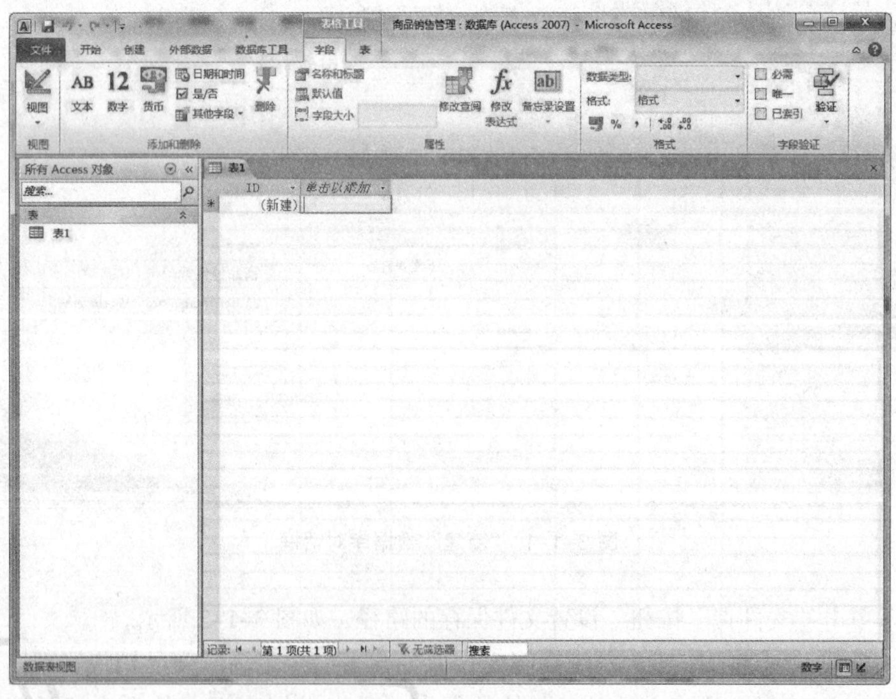

图 3–1–3　创建好的“商品销售管理”数据库

2. 利用模板创建数据库

除了可以采用先创建空数据库，然后在该数据库中创建各种对象的方法创建数据库之外，还可以利用 Access 2010 提供的模板创建数据库，具体操作步骤如下：

（1）打开 Access 2010 主界面，单击图 3–1–1 所示的 ➡ 按钮，可以搜索常见的在线模板，如图 3–1–4 所示。

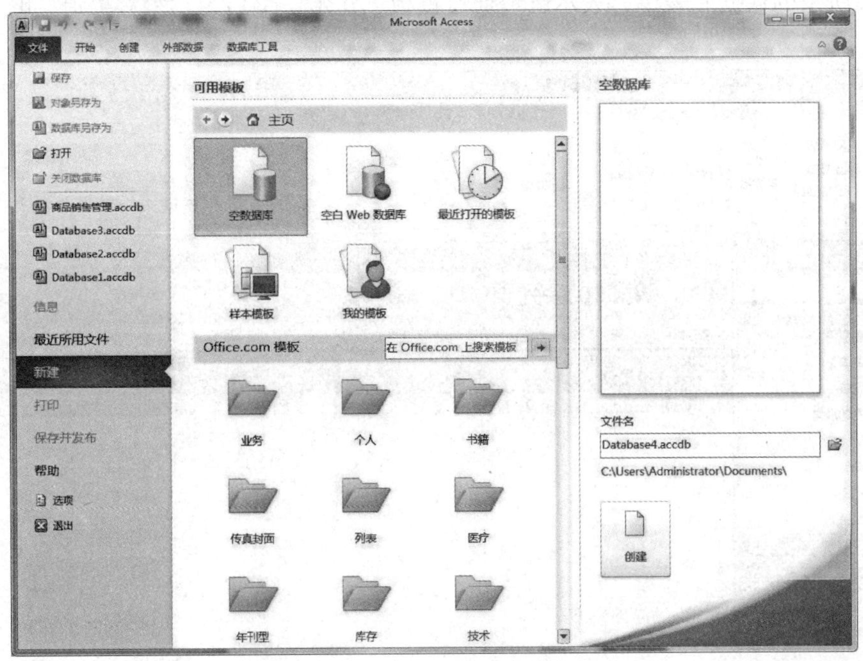

图 3–1–4　Access 2010 的在线模板

（2）选择“销售渠道”模板，在其文件夹上单击，出现如图 3–1–5 所示的界面。

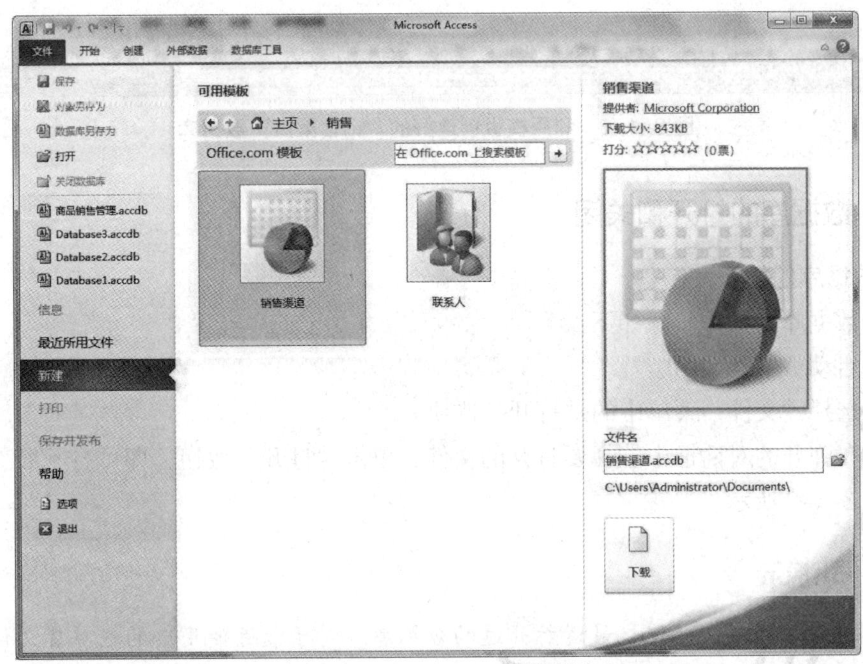

图 3–1–5　选择模板数据库

（3）单击其中的“销售渠道”数据库模板，将进行模板下载，完成后会出现如图 3–1–6 所示的数据库表单，表示已经通过模板创建了一个名为“销售渠道”的数据库。

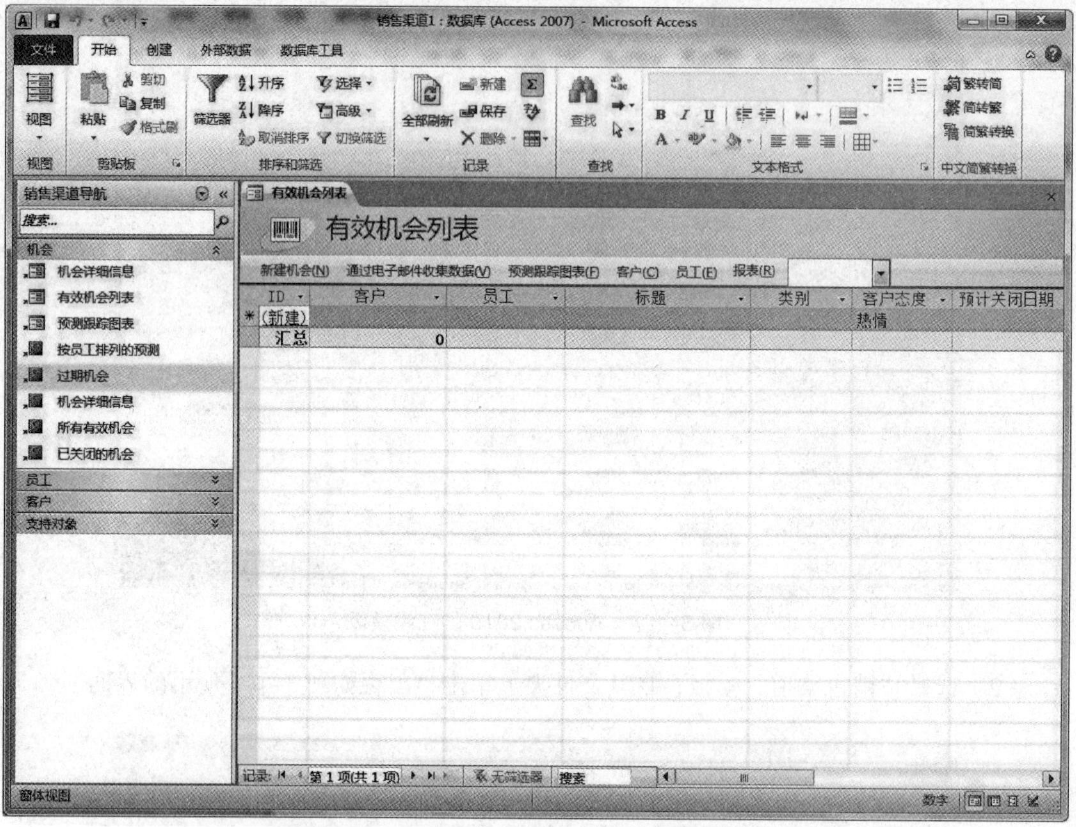

图 3–1–6　利用模板创建好的“销售渠道”数据库

二、数据库的打开和关闭

1. 数据库的打开

打开数据库的操作步骤如下：

（1）启动 Access 2010。

（2）选择“文件”菜单中的“打开”选项。

（3）在弹开的对话框中选择要打开的文件，单击“打开”按钮，即可打开所选的数据库，如图 3–1–7 所示。

小提示

Access 2010 能够自动记忆最近打开过的数据库。对于最近使用过的数据库文件，只需要在“文件”菜单下单击“最近所用文件”选项，就可以看到最近使用过的文件。

如图 3-1-8 所示，在 Access 2010 中，数据库文件的打开方式有 4 种，见表 3-1-1。

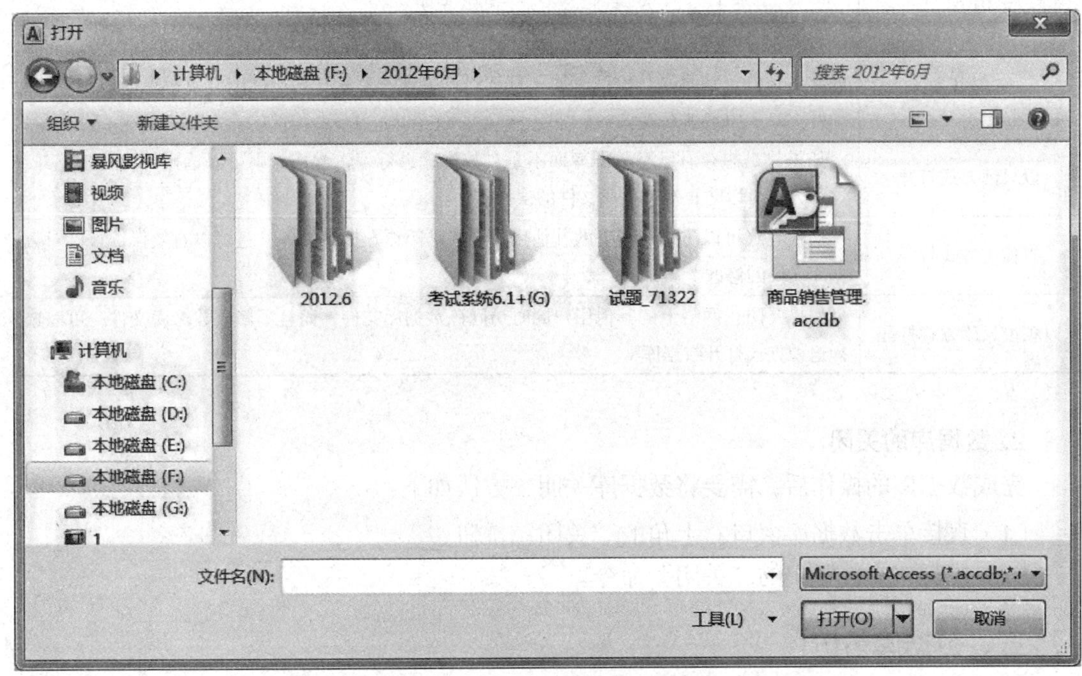

图 3-1-7　“打开”数据库对话框

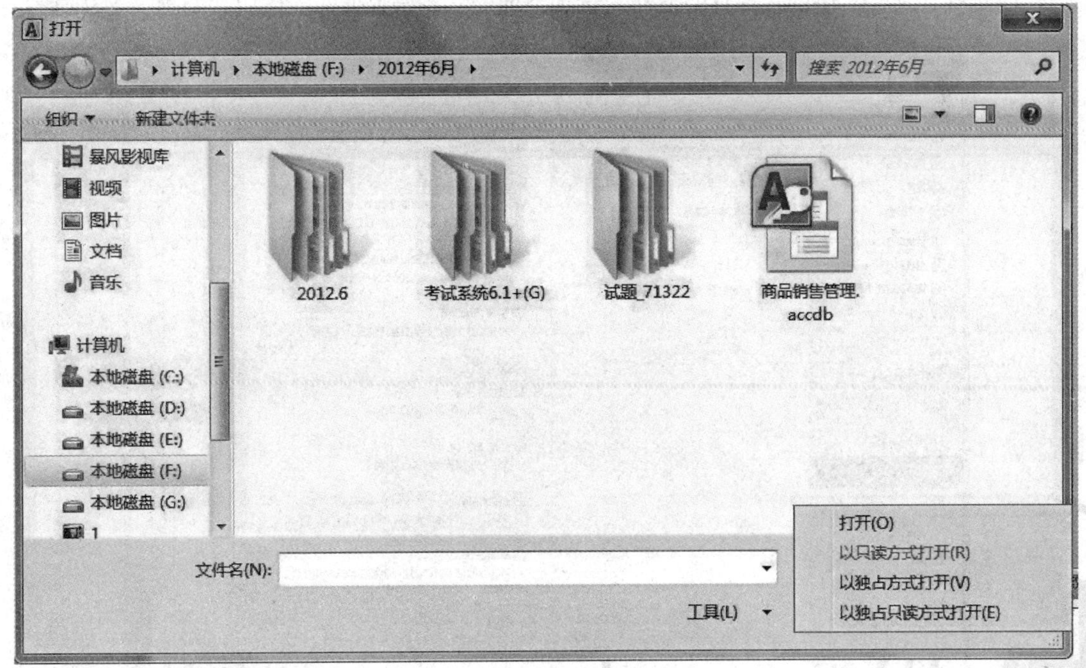

图 3-1-8　打开数据库的方式

表 3-1-1　　　　数据库文件的打开方式

方式	说明
打开	以共享方式打开数据库文件，这时网络上的其他用户可以再打开这个文件，也可以同时编辑该文件，这是默认的数据库文件的打开方式。如果在局域网中开发数据库应用系统，最好不要采用这种方式
以只读方式打开	如果只是想查看已有数据库而不是对数据库进行编辑操作，则可以选择只读方式打开，这种方式可以防止对数据库文件的误操作
以独占方式打开	这种方式可以防止网络上的其他用户同时访问该数据库文件，也可以有效保护自己对数据库文件的修改
以独占只读方式打开	如果要防止网络上的其他用户同时访问该数据库文件，而且不修改数据库文件，可以选择这种方式打开数据库

2. 数据库的关闭

完成数据库的操作后，需要将数据库关闭，方法如下：

（1）直接单击数据库窗口右上角的“关闭”按钮。

（2）执行“文件”中的“关闭”命令。

三、数据库备份

数据库备份是常用保护数据安全的措施，具体操作步骤如下：

1. 选择“文件”中的“保存并发布”选项下面的“备份数据库”按钮，如图 3-1-9 所示。

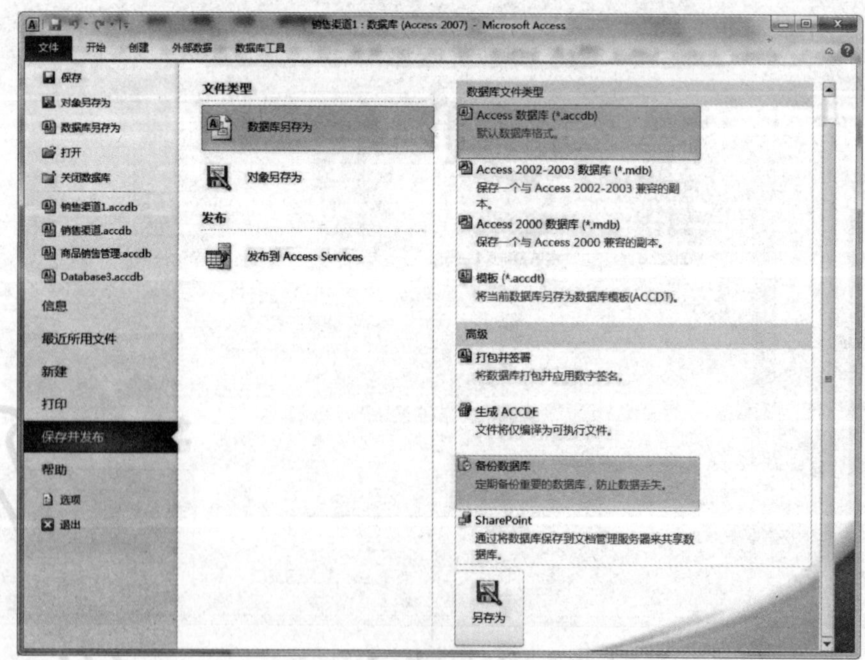

图 3-1-9　备份数据库窗口

2. 系统将弹出“另存为”对话框，默认的备份文件名为“数据库名 + 备份日期”，单击“保存”按钮，即可完成数据库的备份。

小提示

数据库的备份功能类似于文件中的“另存为”功能，利用 Windows 的“复制”功能或者 Access 2010 的“另存为”功能都可以完成数据库的备份。

四、数据库属性的查看

对于一个已经打开的数据库，可以通过查看数据库的属性来了解数据库的有关信息，具体操作步骤如下：

1. 打开“文件”菜单，单击“选项”按钮，再选择“常规”“数据表”等选项。

2. 在弹出的数据库属性对话框中，可以对数据库的属性进行查看或设置，如可以看到文件类型、存储位置及大小等信息，如图 3-1-10 所示。

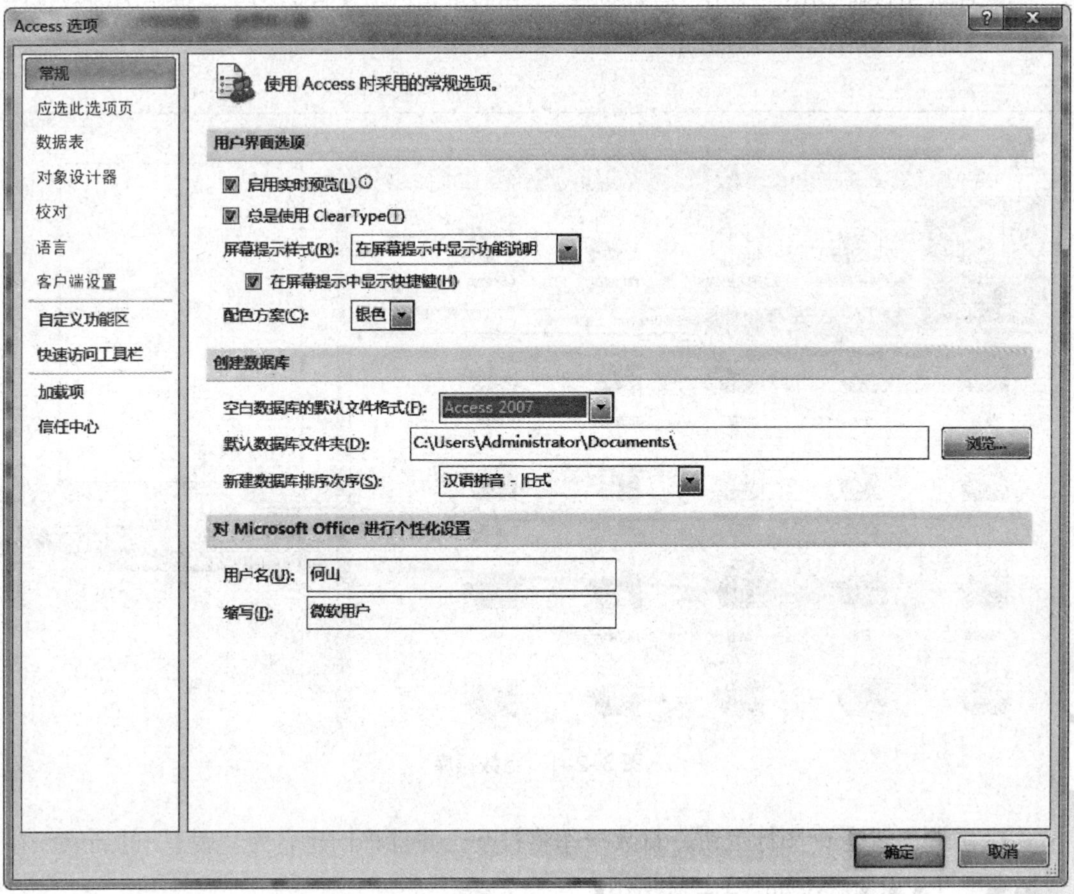

Access 选项
常规
应选此选项页
数据表
对象设计器
校对
语言
客户端设置
自定义功能区
快速访问工具栏
加载项
信任中心
使用 Access 时采用的常规选项。
用户界面选项
启用实时预览(L)
总是使用 ClearType(T)
屏幕提示样式(R): 在屏幕提示中显示功能说明
在屏幕提示中显示快捷键(H)
配色方案(C): 银色
创建数据库
空白数据库的默认文件格式(F): Access 2007
默认数据库文件夹(D): C:\Users\Administrator\Documents\
浏览...
新建数据库排序次序(S): 汉语拼音 - 旧式
对 Microsoft Office 进行个性化设置
用户名(U): 何山
缩写(I): 微软用户
确定
取消

图 3-1-10　Access 2010 选项对话框

第 2 节　在数据库中创建数据表

数据表是整个数据库的基本单位，同时也是所有查询、窗体和报表的基础，简单来讲，数据表就是特定主题的数据集合，将具有相同性质或相关联的数据存储在一起，以行和列的形式来记录数据，如作为窗体和报表的数据源、作为网页的数据源、将数据动态显示在网页中、建立功能强大的查询。本节主要介绍如何在数据库中利用模板创建数据表。

一、在新数据库中创建新数据表

刚开始着手设计数据库时，需要在新的数据库中建立新数据表，具体操作步骤如下：

1. 启动 Access 2010，单击“空数据库”，在右下角的“文件名”文本框中为新数据库的默认文件名，如图 3-2-1 所示。

图 3-2-1　空数据库

2. 单击“创建 ”图标按钮，新数据库将打开，并且将创建名为“表 1”的新表，在数据表中打开该新表，如图 3-2-2 所示。

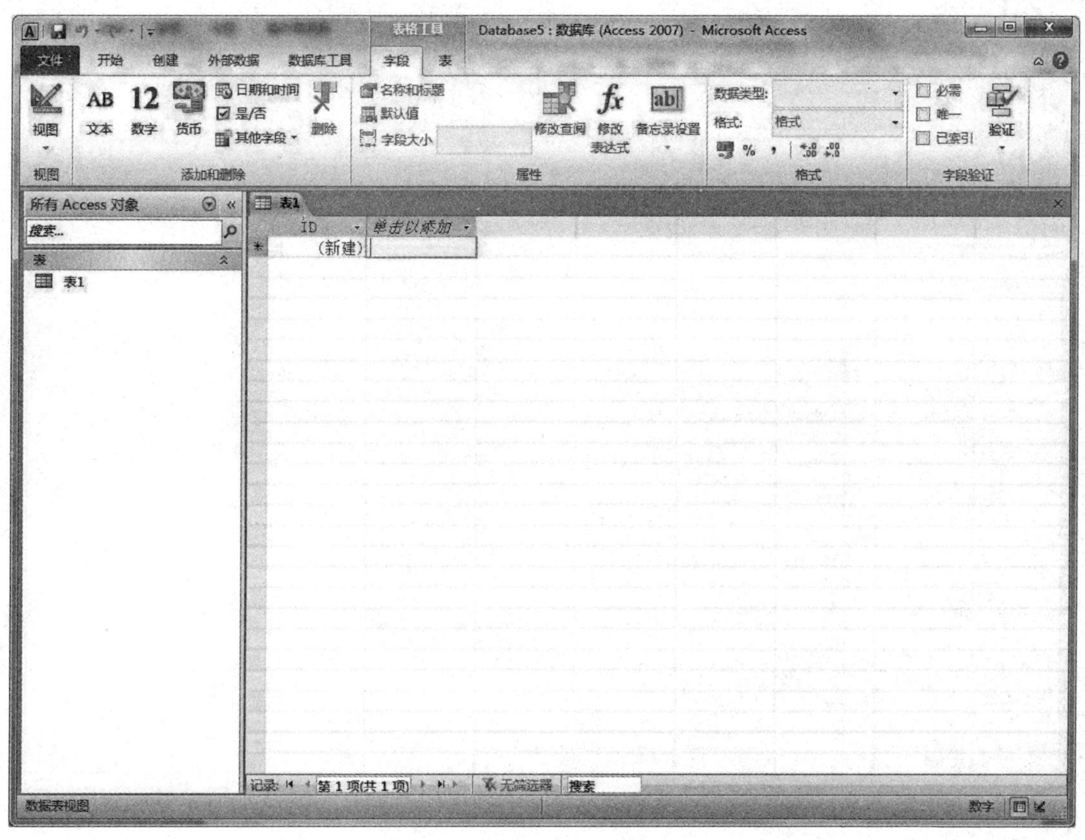

图 3-2-2　打开新表

二、在现有数据库中创建新数据表

在使用数据库时，经常要在现有的数据库中建立新数据表，下面以在“商品销售管理”数据库中建立一个新数据表为例，具体操作步骤如下：

1. 启动 Access 2010，打开建立的“商品销售管理”数据库。

2. 在“创建”选项卡下的“表格”组中，单击“表”按钮，将在数据库中插入一个表名为“表 1”的新数据表，并且将在数据表视图中打开此表，如图 3-2-3 所示。

三、数据表的复制、删除与重命名

1. 数据表的复制

数据表的复制可以实现表的备份，防止误操作导致数据库表中的重要数据被破坏，也可以通过复制操作在当前的数据库或者其他数据库中建立新表，复制主要有 3 种类型，见表 3-2-1。

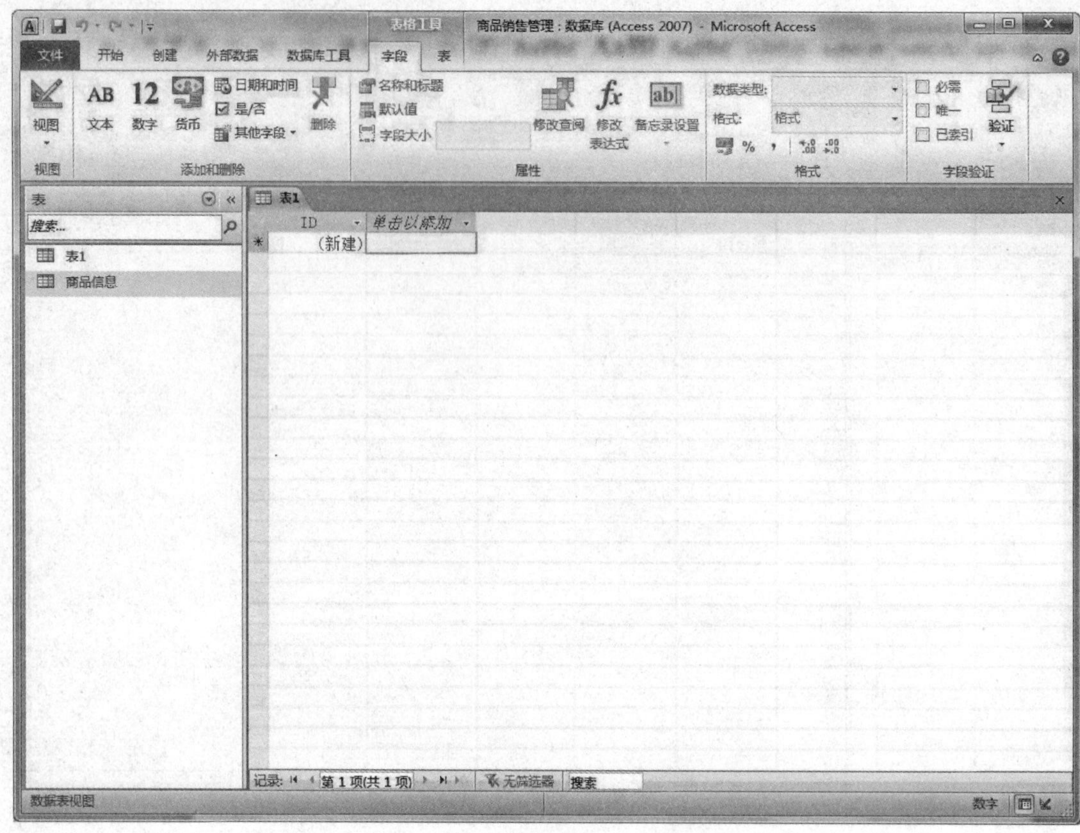

图 3-2-3　在数据表视图中打开新表

表 3-2-1　　数据表的复制

类型	说明
只复制表结构	只是将所选数据表的结构复制并形成一个新表
复制结构和数据	将所选数据表的结构和数据一起复制，并形成一个新表
将数据追加到已有的表	将所选数据表的数据追加到一个已经存在的表中，但要求这个表的结构和被复制表的结构相同，以保证复制数据的正确性

例如，为“商品信息表”创建一个备份表“商品信息备份”，具体操作步骤如下：

（1）选中“商品信息表”。

（2）在“开始”选项卡上的“剪贴板”组中单击“复制”按钮，然后单击“粘贴”按钮，系统将打开“粘贴表方式”对话框，如图 3-2-4 所示。

（3）在“表名称”文本框中输入新表名“商品信息备份”，然后在“粘贴选项”区域中选择所需的粘贴方式，单击“确定”按钮即可。

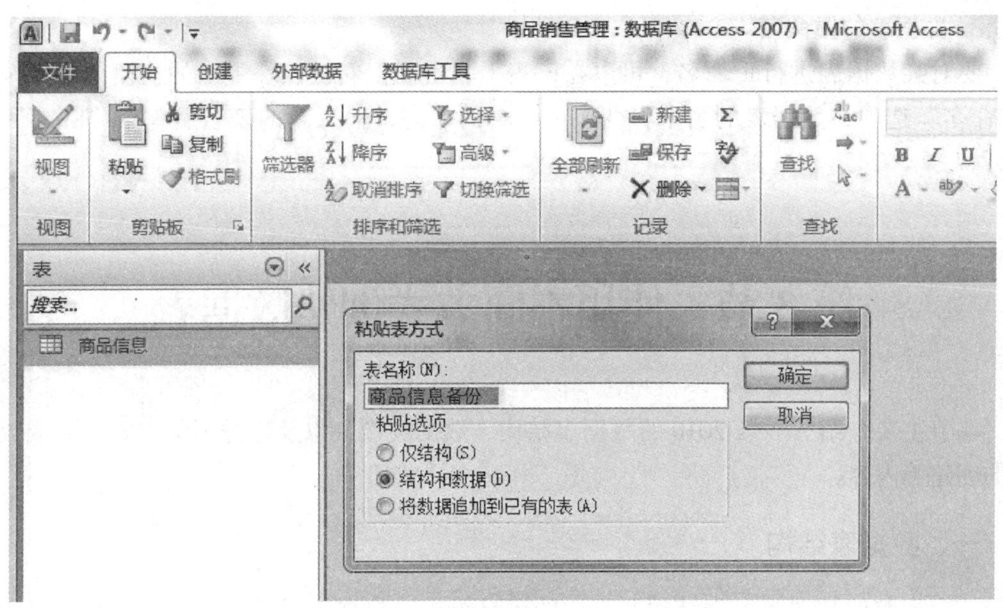

图 3-2-4 “粘贴表方式”对话框

2. 数据表的删除

数据表的删除与一般文件的删除方式相同，在打开的数据库导航窗格中选中要删除的表，按下“Delete”键；或者在需要删除的数据表上单击鼠标右键，在弹出的快捷菜单中选择“删除”选项，即可删除一个不再需要的数据表。在确认删除前，系统会打开“确认”对话框，如图 3-2-5 所示，单击“是”按钮，即删除选中的数据表。

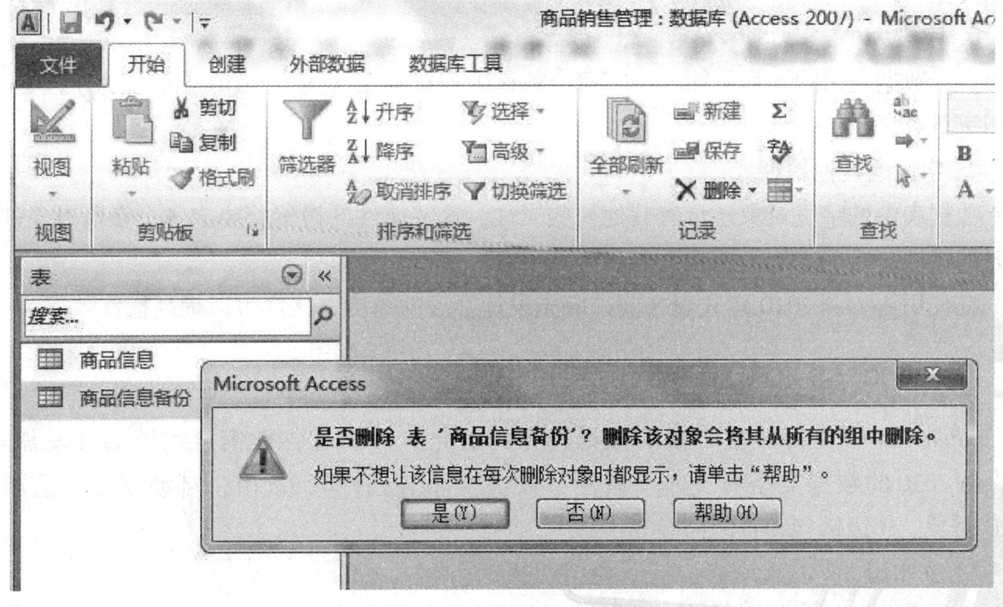

图 3-2-5 “确认”对话框

3. 数据表的重命名

要对某数据表进行重命名，可以在该表上单击鼠标右键，在弹出的快捷菜单中选择“重命名”选项，数据表的名字将变成可编辑的状态，输入新的表名后单击“Enter”键即可。

第3节 使用不同方式创建数据表

本节主要介绍 Access 2010 的数据表结构、数据类型，以及通过不同方式来完成数据表的创建等内容。

一、数据表结构

一个完整的数据表由表结构和表中的记录组成，数据表对象的结构是指数据表的框架，也称为数据表对象的属性，它主要包括以下几个属性：

1. 字段名称

用于标识表中的一列，即数据表中的一列称为一个字段，而每一个字段均具有唯一的名称，称为字段名称。

2. 数据类型

根据关系数据库理论，一个数据表中的同一列数据必须具有的数据特征，称为字段的数据类型。

3. 字段大小

一个数据表中的一列所能容纳字符个数称为列宽，在 Access 2010 中被称为字段大小，采用字节数表示。

4. 字段的其他属性

数据表中的字段对象还具有其他一些属性，这些属性的设置将决定各个字段对象被操作时的特性。

在使用 Access 2010 建立表之前，应先设计好表的结构，这样可以提高操作效率。

二、Access 2010 的数据类型

Access 2010 支持非常丰富的数据类型，因此能够满足各类信息系统的开发需求。Access 2010 的数据类型有文本、备注、数字、日期/时间、货币、自动编号、是/否、OLE 对象、超级链接和查阅向导等。

1. 文本型

文本型是默认的数据类型，通常用于表示文字的数据，如姓名、地址等；也可以是不

需要计算的数字，如电话号码、学号、身份证号码等；还可以是文本与数字的结合，如嫩江路 8 号、5 号楼 308 等。

文本型默认的字段大小是 50 个字符，最大可达到 255 个字符，可以通过设置“字段大小”属性来控制输入字段的最大字符。

2. 备注型

备注型与文本型数据本质是一样的，不同的是备注型字段可以保存较长数据，它允许存储的内容可长达 65 538 个字符。因此常用于保存个人简历、备注、备忘录等信息。如果需要保存的数据多于 255 个字符，应使用备注数据类型。

3. 数字型

数字型数据表示可以用来进行算术运算的数据，但涉及货币的计算除外。在定义了数字型字段后，还要根据处理数据范围的不同确定所需要的存储类型，如整型、单精度等。数字型字段默认的是长整型，表 3–3–1 列出了数字型字段的大小和范围等。

表 3–3–1　　数字型字段的大小和范围

数据类型	存储空间	范围	小数位置
字节（Byte）	1 位	0 ~ 255	无
整型（Integer）	2 位	–32 768 ~ +32 767	无
长整型（Long）	4 位	–2 147 483 648 ~ +2 147 483 647	无
小数（Decimal）	12 位	$-12^8 \sim +12^8$	28
单精度（Single）	4 位	$-3.4 \times 10^{-38} \sim +3.4 \times 10^{38}$	7
双精度（Double）	8 位	$-1.797 \times 10^{-308} \sim +1.797 \times 10^{308}$	15

4. 日期 / 时间型

日期 / 时间型数据用来保存日期和时间，该类型数据字段长度固定为 8 个字节。

5. 货币型

货币型数据是一种特殊的数字型数据，和数字型的双精度类似，该类型也占 8 个字节。向该字段输入数据时，直接输入数据后，系统会自动添加货币符号和千位分隔符。使用货币型类型可以避免计算时的四舍五入，可以精确到小数点后 4 位，整数部分可达 15 位。

6. 自动编号型

每一个数据表中只允许有一个自动编号型字段，该类型字段占 4 个字符，在向表中添加记录时，由系统为该字段指定唯一的顺序号，顺序号可以是递增的或是随机的。

7. 是 / 否型

该类型字段只包含两个值中的一个，例如，“是 / 否”“真 / 假”“开 / 关”等，该类型长度固定为 1 个字节。

8. OLE 对象型

OLE（Object Linking and Embedding），意思是对象的链接与嵌入，用于存放表中链接和嵌入的对象。这些对象以文件的形式存在，其类型可以是 Word 文档、Excel 表格、声音、图像和其他二进制文件。OLE 对象大小最大可以为 1GB。

9. 超级链接型

该字段以文本形式保存超级链接地址，用来链接到文件、Web 页、本数据库中的对象、电子邮件地址等，字段长度最多为 6 400 个字符。一个完整的超级链接地址由以下 3 个部分组成：

（1）显示文本：表示在字段或控件中显示的文本。

（2）地址：到达文件的路径，称为 UNC；或到达页面的路径，称为 URL。

（3）子地址：在页面和文件中的地址。

10. 查阅向导型

创建允许用户使用组合框来自其他表和来自列表的字段，在数据类型列表中选择此选项，将启动向导进行定义。

三、利用表设计视图创建“商品信息表”

根据前面知识的学习，在数据库中先设计“商品信息表”等来存储相关信息，“商品信息表”结构见表 3–3–2。

表 3–3–2　“商品信息表”结构

字段名	字段类型	字段大小	是否为主键
商品编号	文本	6	是
商品名称	文本	40	否
商品类别	文本	4	否
商品单位	文本	6	否
商品单价	数字	8	否
库存下限	数字	8	否
产地	文本	40	否
说明	文本	4	否

利用表设计视图创建“商品信息表”，具体操作步骤如下：

1. 打开“商品销售管理”数据库。

2. 在工具栏“创建”选项卡的“表格”选项组中，单击“表设计”按钮，弹出设计视图对话框，如图 3–3–1 所示。

3. 根据表 3–3–2 中的信息，在表设计图中依次定义表的每个字段，“商品信息表”设计视图，如图 3–3–2 所示。

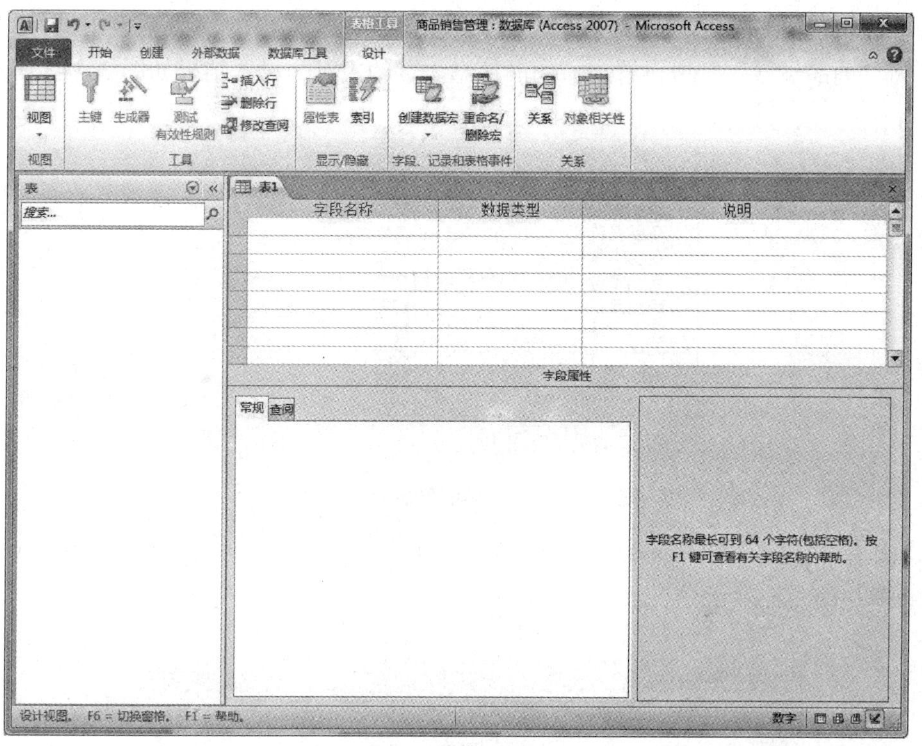

图 3-3-1　设计视图对话框

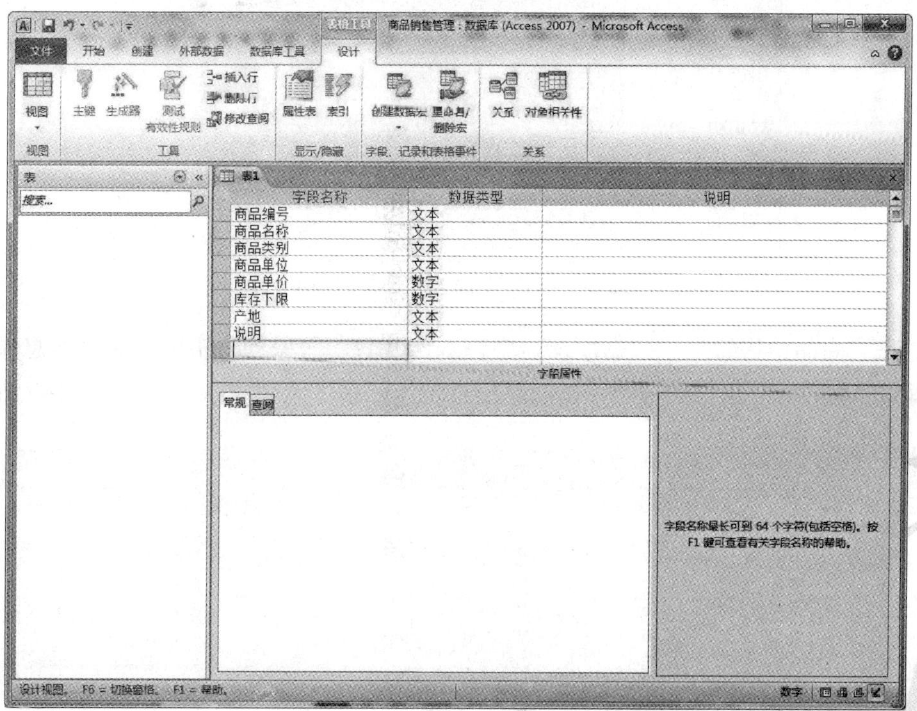

图 3-3-2　“商品信息表”设计视图

4. 鼠标右键单击“商品编号”字段行任意位置，从弹出的快捷菜单中选择“主键”命令，将“商品编号”字段设置为“商品信息表”的主键，设置结果如图 3–3–3 所示。

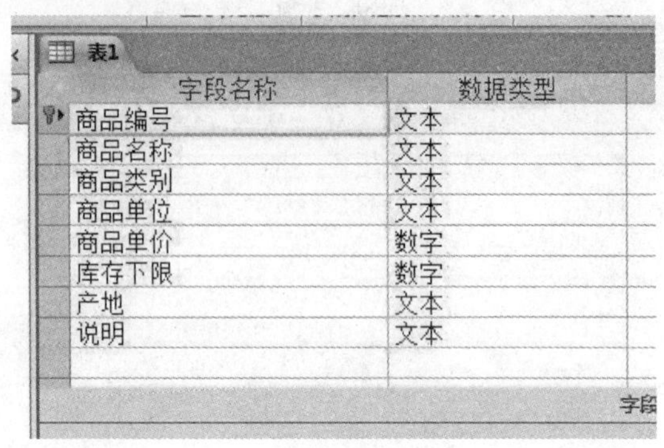

图 3–3–3 “商品信息表”主键设置

5. 单击工具栏上的“保存”按钮，弹出“另存为”对话框，在对话框中输入“商品信息表”，如图 3–3–4 所示。

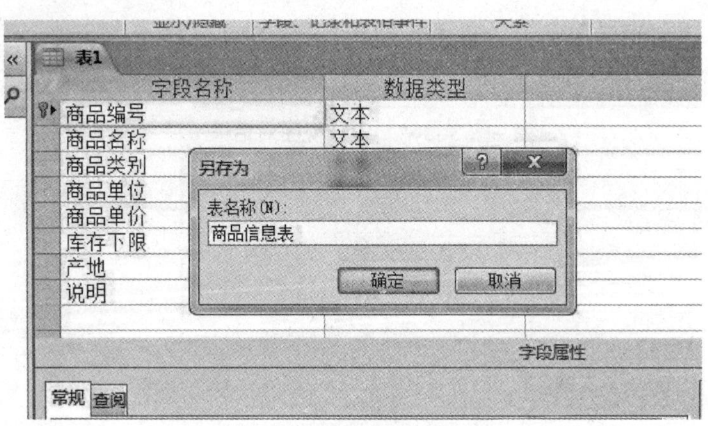

图 3–3–4 “商品信息表”的保存

6. 在“商品销售管理”数据库窗口中，双击“表”对象列表中的“商品信息表”，打开“商品信息表”的数据表视图，按商品信息录入记录（商品信息），如图 3–3–5 所示。

商品编号	商品名称	商品类别	商品单位	商品单价	库存下限	产地	说明
S0001	西瓜	水果	千克	2.58	500	江苏	
S0002	水密桃	水果	千克	13.5	1000	江苏	
S0003	榴莲	水果	千克	22.5	800	进口	
S0004	哈密瓜	水果	千克	5.25	2000	新疆	
S0005	苹果	水果	千克	6.8	1000	陕西	
S0006	香蕉	水果	千克	5.2	300	海南	

图 3–3–5 “商品信息表”中的记录

四、使用数据表视图创建“仓库信息表”

根据前面知识的学习，在数据库中先设计“仓库信息表”等来存储相关信息，“仓库信息表”结构见表 3–3–3。

表 3–3–3　“仓库信息表”结构

字段名	字段类型	字段大小	是否为主键
仓库编号	文本	4	是
仓库名称	文本	30	否
仓库位置	文本	40	否
仓库管理员	文本	20	否
仓库电话	文本	13	否

利用表设计视图创建“仓库信息表”，具体操作步骤如下：

1. 打开“商品销售管理”数据库。

2. 单击“创建”按钮，然后在下面的“表格”选项组中选择“表”对象，单击“表”对象，打开数据表视图，如图 3–3–6 所示。

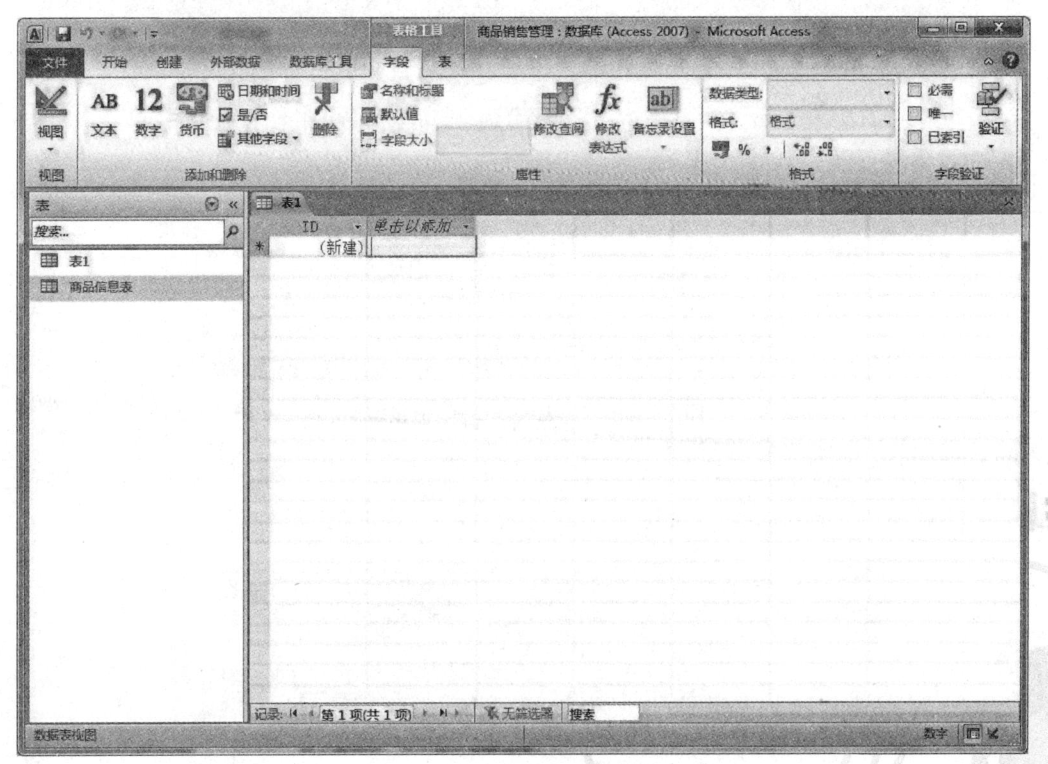

图 3–3–6　数据表视图

3. 在数据表视图中，单击要选择的字段类型，按照“仓库信息表结构”依次添加字段名称，如图 3–3–7 所示。

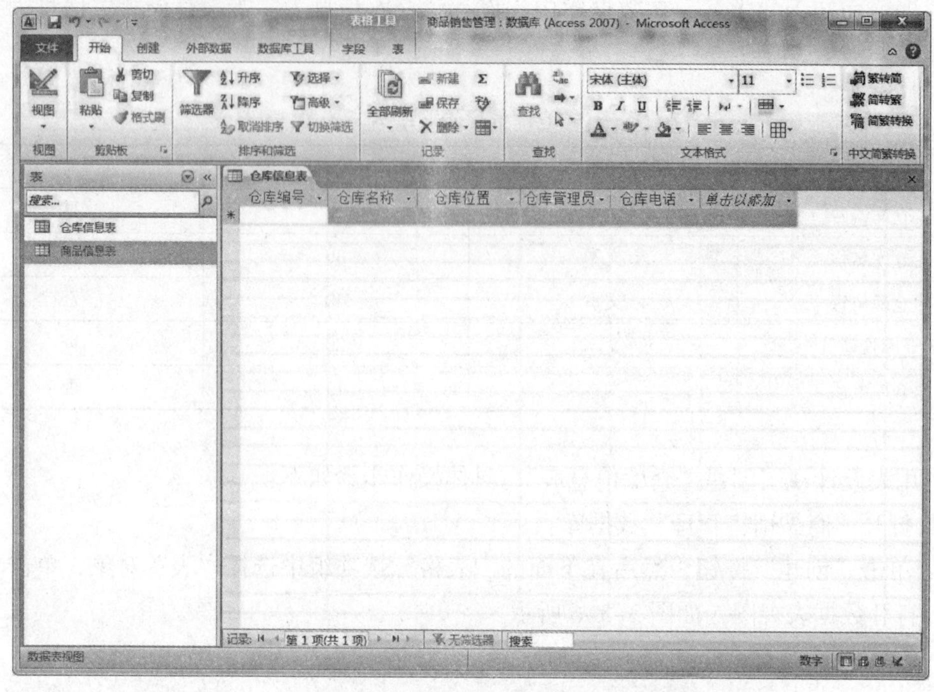

图 3–3–7　添加“仓库信息表”字段信息

4. 在数据表视图中输入记录信息（仓库信息），完成后如图 3–3–8 所示。

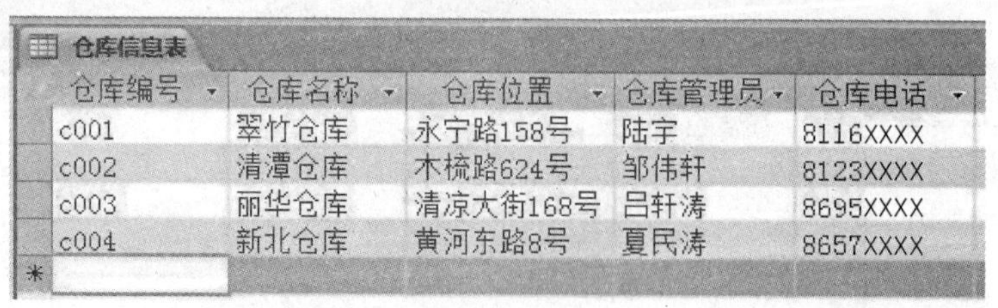

仓库信息表

仓库编号	仓库名称	仓库位置	仓库管理员	仓库电话
c001	翠竹仓库	永宁路158号	陆宇	8116XXXX
c002	清潭仓库	木梳路624号	邹伟轩	8123XXXX
c003	丽华仓库	清凉大街168号	吕轩涛	8695XXXX
c004	新北仓库	黄河东路8号	夏民涛	8657XXXX

图 3–3–8　“仓库信息表”记录信息

5. 记录信息输入完成后，单击工具栏上的“保存”按钮，弹出“另存为”对话框，输入表名称为“仓库信息表”，如图 3–3–9 所示，单击“确定”按钮进行保存。

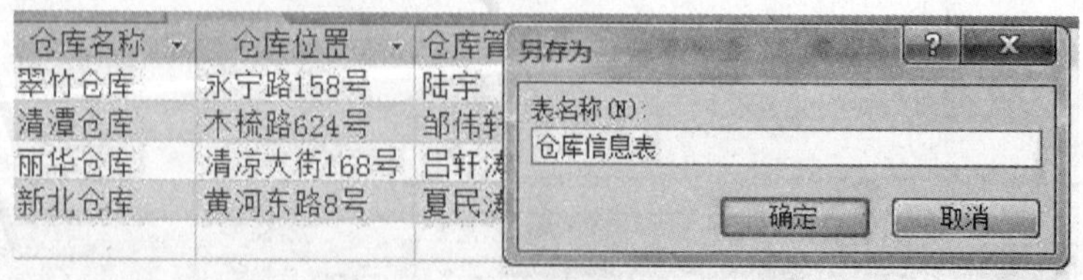

图 3–3–9　保存“仓库信息表”

6. 在“商品销售管理”数据库窗口中，单击“开始”选项卡下的“视图”按钮，进入表的“设计视图”；也可以在“仓库信息表”上单击鼠标右键，单击快捷菜单中的“设计视图”命令，进入“设计视图”，可以在此实现对字段的添加 、删除、修改等操作。

小提示

打开一个特定的数据库对象时，Access 2010 中都会出现相应的选项卡，并出现黄颜色的提示，这就是上下文选项卡。

五、利用表模板创建数据表

对于一些常用的应用，如联系人、资产等信息，运用表模板会比手动方式更加方便和快捷。下面就以创建一个“联系人”表为例来讲解，具体操作步骤如下：

1. 启动 Access 2010，打开“商品销售管理”数据库。

2. 切换到“创建”选项卡，单击“表模板”按钮，然后在弹出的列表中选择“联系人”选项，如图 3-3-10 所示。

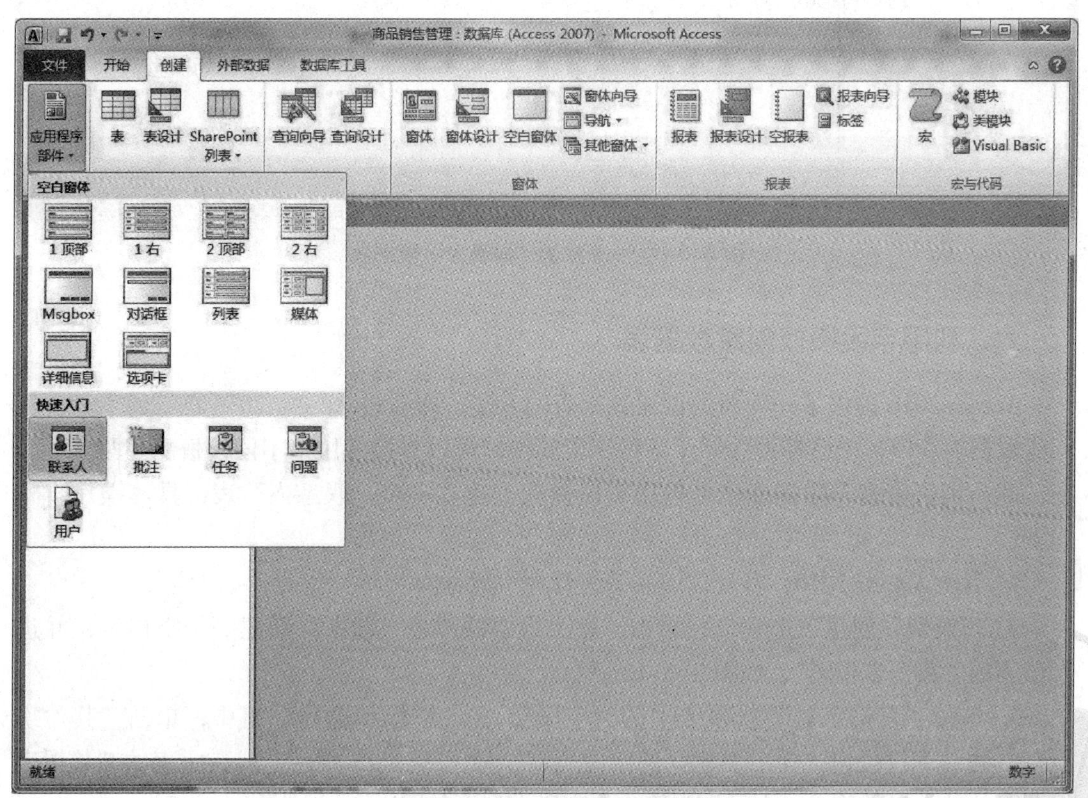

图 3-3-10　数据库表模板中的“联系人”

3. 此时单击左侧导航栏中的“联系人”，即建立了一个数据表，如图 3-3-11 所示，接着就可以在表的“数据表视图”中进行数据记录的创建、修改和删除等操作。

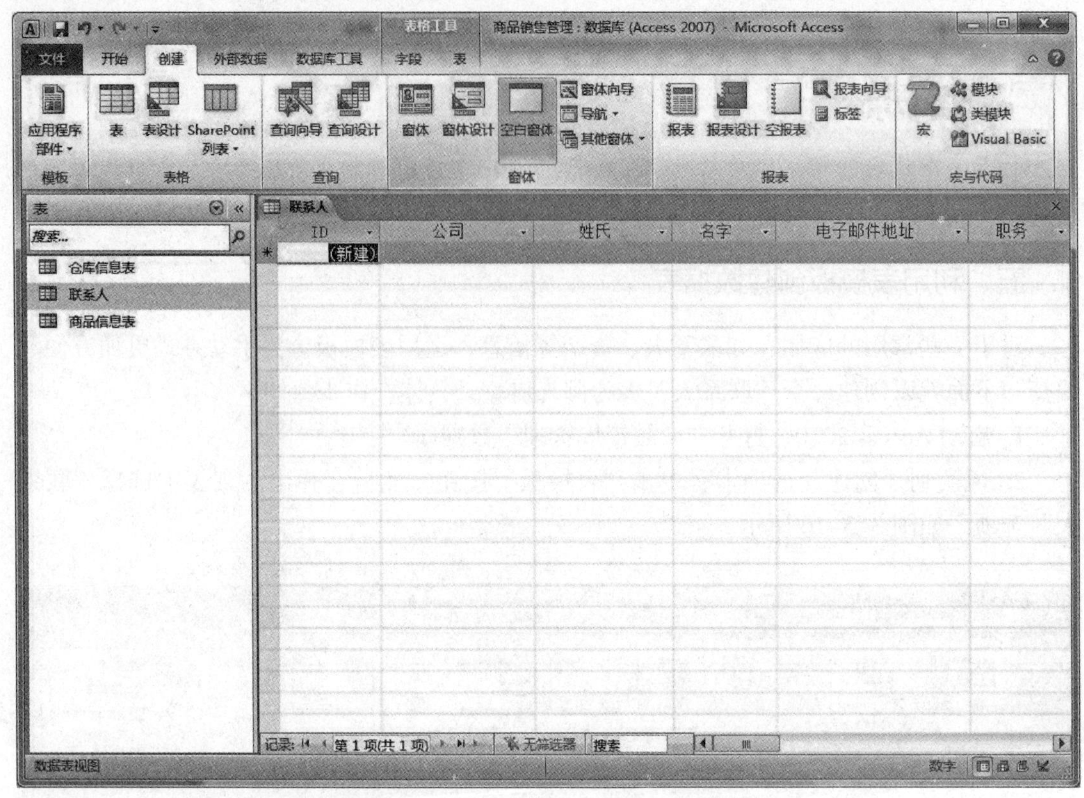

图 3-3-11　新建的“联系人”数据表

六、利用字段模板创建数据表

Access 2010 提供了一种新的创建数据表的方法，即通过 Access 2010 自带的字段模板创建数据表。模板中已经设计好了各种字段属性，可以直接使用该字段模板的字段。下面在“商品销售管理”数据库中，运用字段模板，建立一个“联系人”表，具体操作步骤如下：

1. 启动 Access 2010，打开“商品销售管理”数据库。

2. 切换到“创建”选项卡，单击“表”组中的“表”选项，新建一个空白表，并进入该表的“数据表视图”，如图 3-3-12 所示。

3. 单击“表格工具”选项卡中的“字段”，在“添加和删除”组中，单击“其他字段”右侧的下拉按钮，弹出要建立的字段类型，如图 3-3-13 所示。或在空表的“数据表视图”的某个字段单击，也可弹出简略的字段类型，如图 3-3-14 所示。

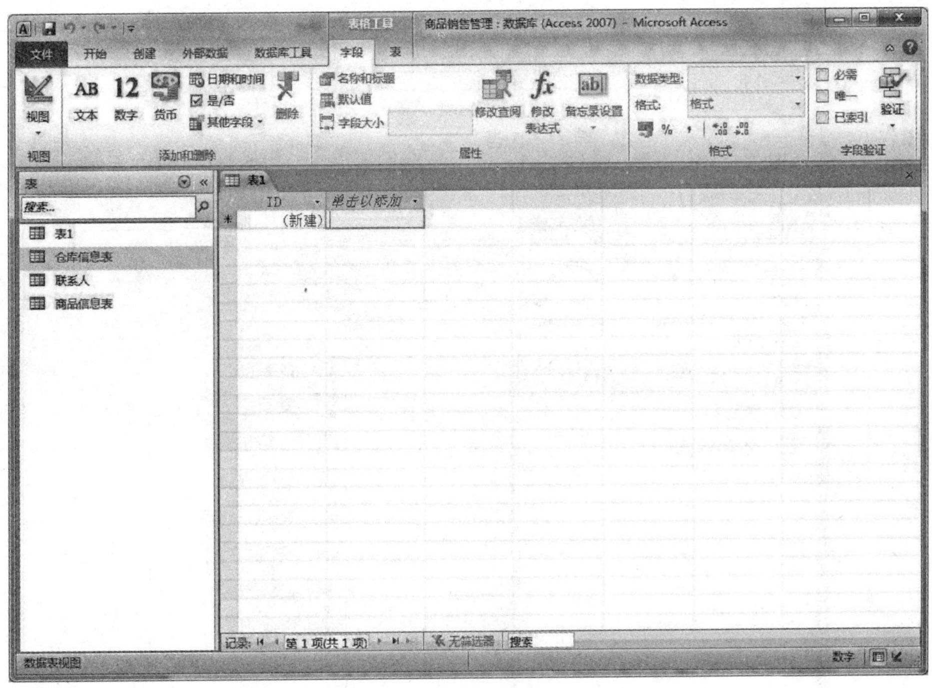

图 3-3-12　新建的空表

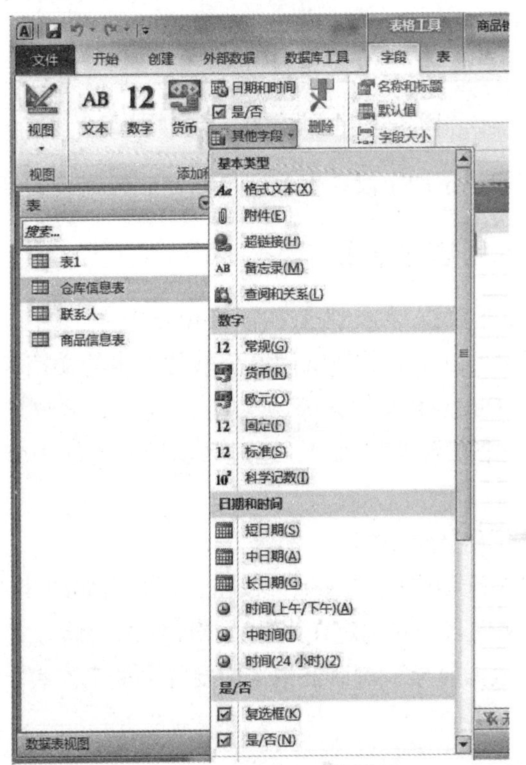

图 3-3-13　设置数据表字段类型 1

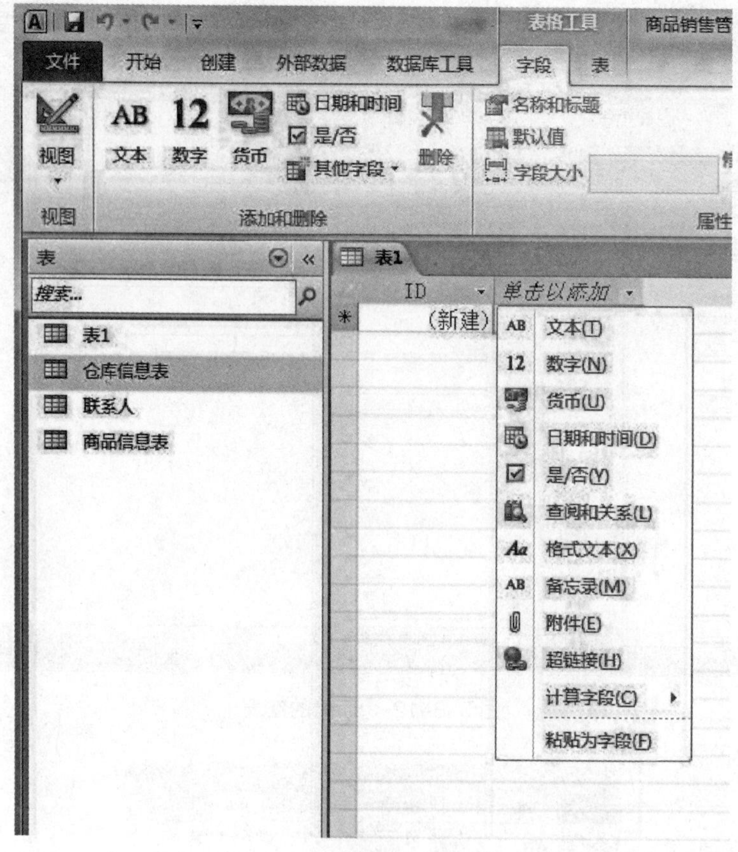

图 3-3-14　设置数据表字段类型 2

4. 单击空白表的字段，添加字段，保存即可以完成数据表的创建。

七、通过数据导入创建数据表

数据导入就是将其他数据导入到 Access 2010 的数据库中，这些数据可以是另外 Access 数据库中的表，也可以是以其他常用办公软件产生的文档，如 Excel 工作表、Word 文档、SharePoint 列表或 OutLook 文件夹等。

下面以 Excel 中的一个联系人表为列，通过数据导入创建一个数据表，具体操作步骤如下：

1. 打开“商品销售管理”数据库。

2. 选择“外部数据”选项中的“Excel”按钮，则弹出如图 3-3-15 所示的对话框，选择要导入的文件路径及文件名，并选定在当前数据库中的存储方式。

3. 在打开的“导入数据向导”对话框中选中要导入的工作表，如图 3-3-16 所示。

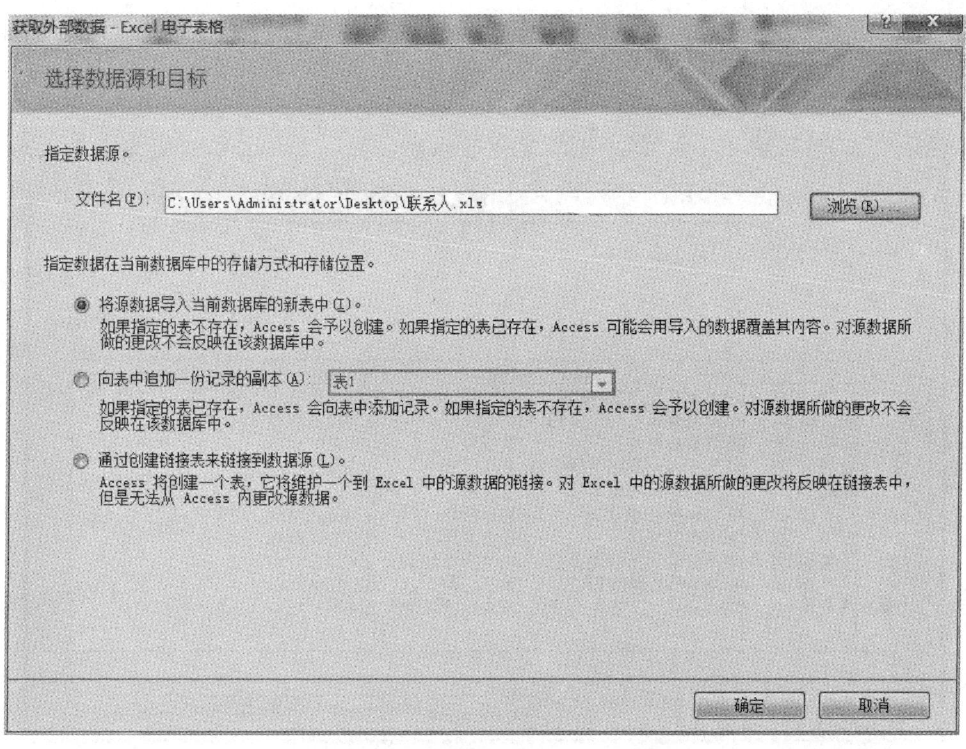

图 3-3-15　“获取外部数据”对话框

导入数据表向导

电子表格文件含有一个以上工作表或区域。请选择合适的工作表或区域:

◉ 显示工作表(W)
○ 显示命名区域(R)

Sheet1
Sheet2
Sheet3

工作表“Sheet1”的示例数据。

1	序号	姓　名	性别	单位	职务	手机
2	1	陈贤	男	江苏省常州市经伟纺织厂	总经理	1360150XXXX
3	2	朱良刚	男	常州新龙科技开发公司	销售经理	1386122XXXX
4	3	陈华	男	江苏省尚新食品厂	营销总监	1386106XXXX
5	4	林卞启	男	江苏省九州集团有限公司	客户经理	1377686XXXX
6	5	徐峰国	男	常州常泰运输公司	总经理	1595122XXXX
7	6	马英俊	男	江苏省新新米业	客户经理	1396119XXXX
8	7	戴涛	男	常州东胜电缆厂	销售经理	1386106XXXX
9	8	丁明国	男	常州青青科技有限公司	人力资源部长	1358535XXXX
10	9	金龙伟	男	常州智联网络有限公司	销售总监	1391506XXXX
11	10	张火华	女	常州新化化工有限公司	华东地区负责人	1358457XXXX

取消　< 上一步(B)　下一步(N) >　完成(F)

图 3-3-16　“导入数据表向导”1

4. 单击“下一步”按钮，选择新表中是否包含 Excel 数据表中的第 1 行作为字段标题，如图 3-3-17 所示。

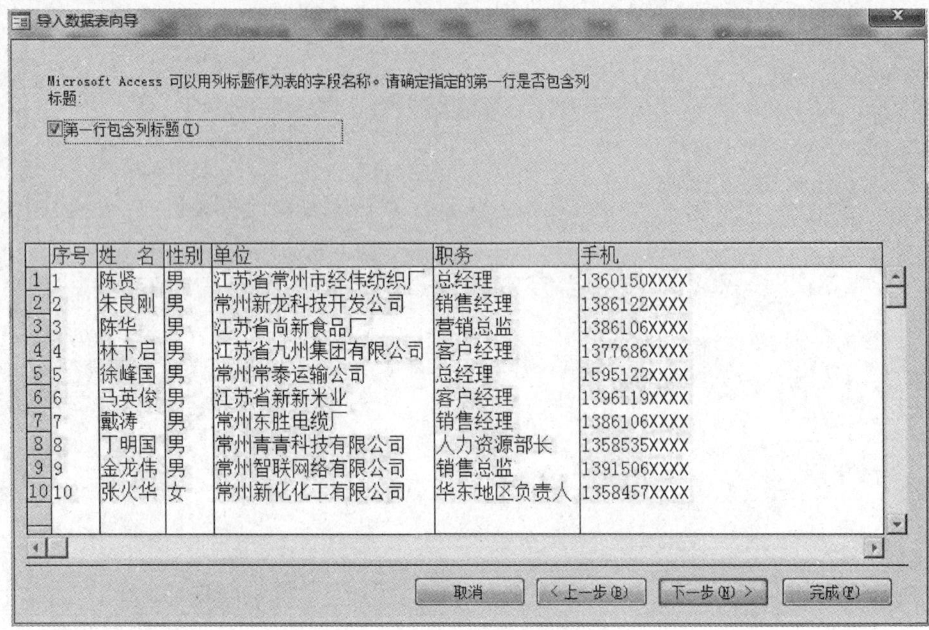

图 3-3-17 “导入数据表向导”2

5. 单击“下一步”可以对字段名、字段类型等进行相应的修改，如图 3-3-18 所示。

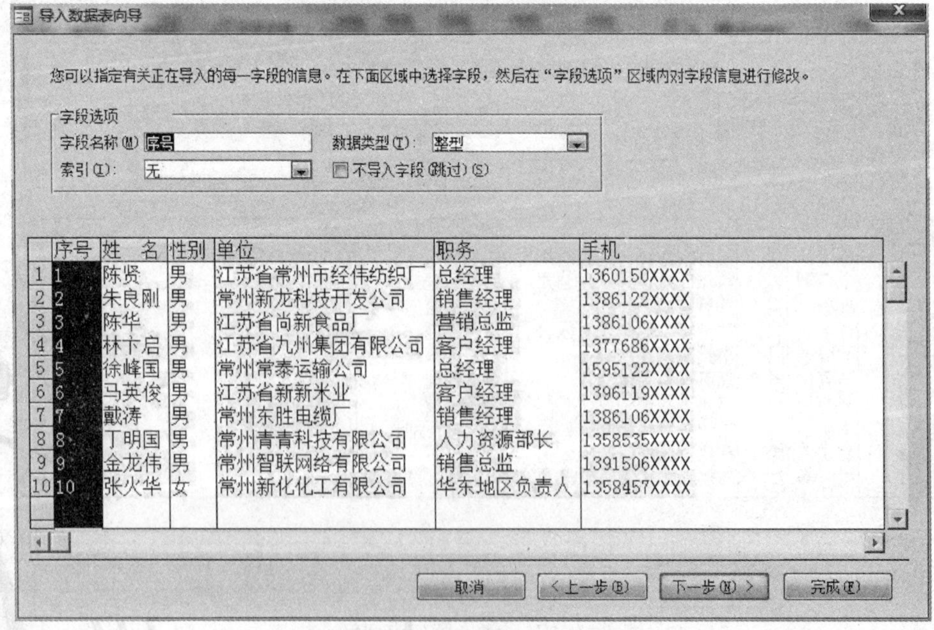

图 3-3-18 “导入数据表向导”3

6. 单击“下一步”设置主键，这里选择“序号”作为主键，如图 3-3-19 所示。

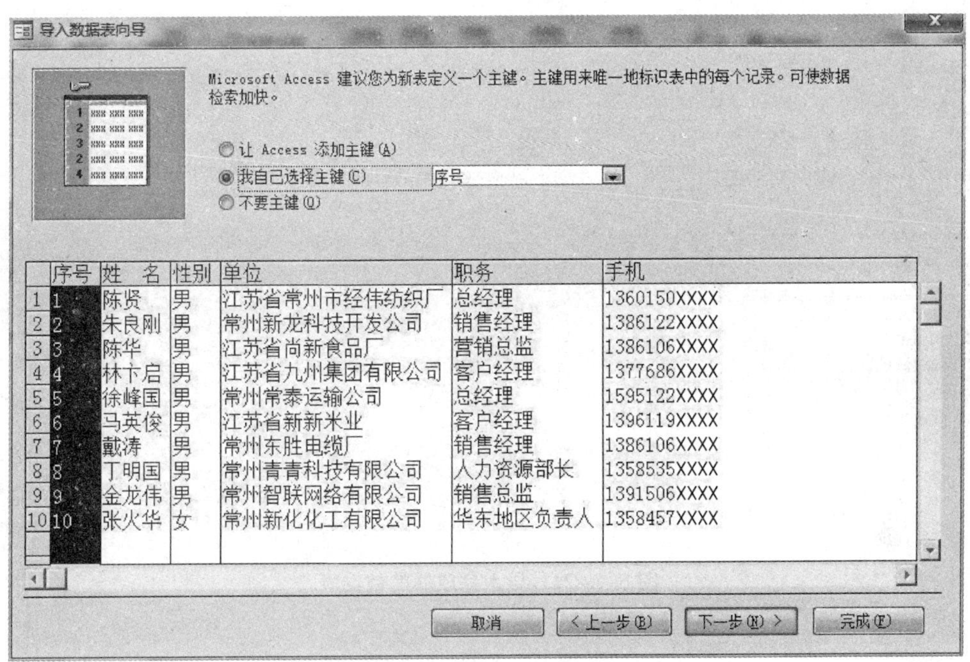

序号	姓　名	性别	单位	职务	手机
1	陈贤	男	江苏省常州市经伟纺织厂	总经理	1360150XXXX
2	朱良刚	男	常州新龙科技开发公司	销售经理	1386122XXXX
3	陈华	男	江苏省尚新食品厂	营销总监	1386106XXXX
4	林卞启	男	江苏省九州集团有限公司	客户经理	1377686XXXX
5	徐峰国	男	常州常泰运输公司	总经理	1595122XXXX
6	马英俊	男	江苏省新新米业	客户经理	1396119XXXX
7	戴涛	男	常州东胜电缆厂	销售经理	1386106XXXX
8	丁明国	男	常州青青科技有限公司	人力资源部长	1358535XXXX
9	金龙伟	男	常州智联网络有限公司	销售总监	1391506XXXX
10	张火华	女	常州新化化工有限公司	华东地区负责人	1358457XXXX

图 3-3-19　“导入数据表向导”4

7. 单击“下一步”，输入“常用联系人”作为新导入表的表名，如图 3-3-20 所示。

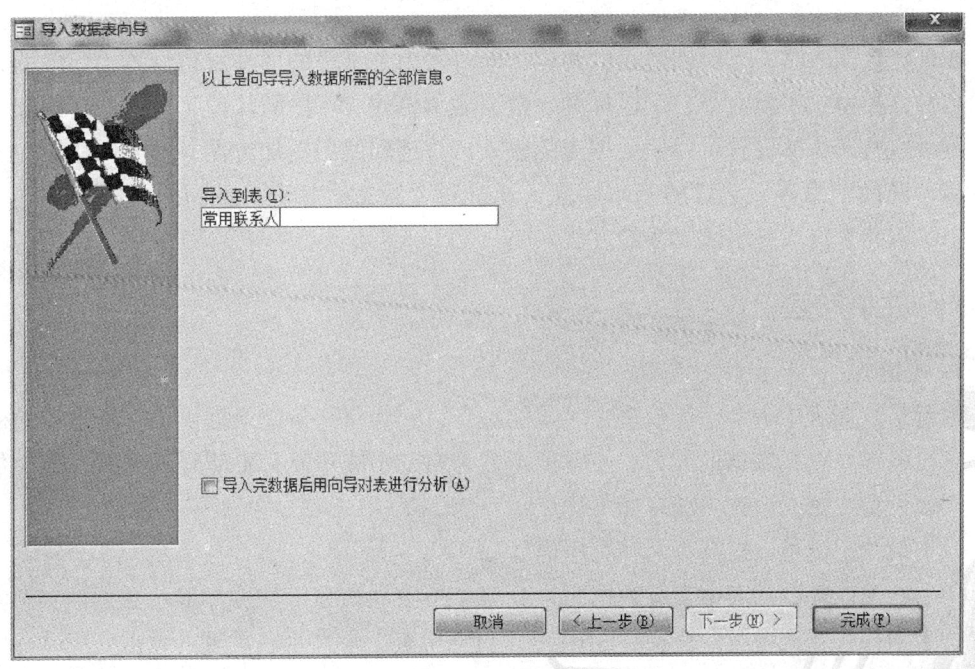

图 3-3-20　“导入数据表向导”5

8. 单击“完成”按钮，则在数据库中新增了“常用联系人”数据表，如图 3–3–21 所示。

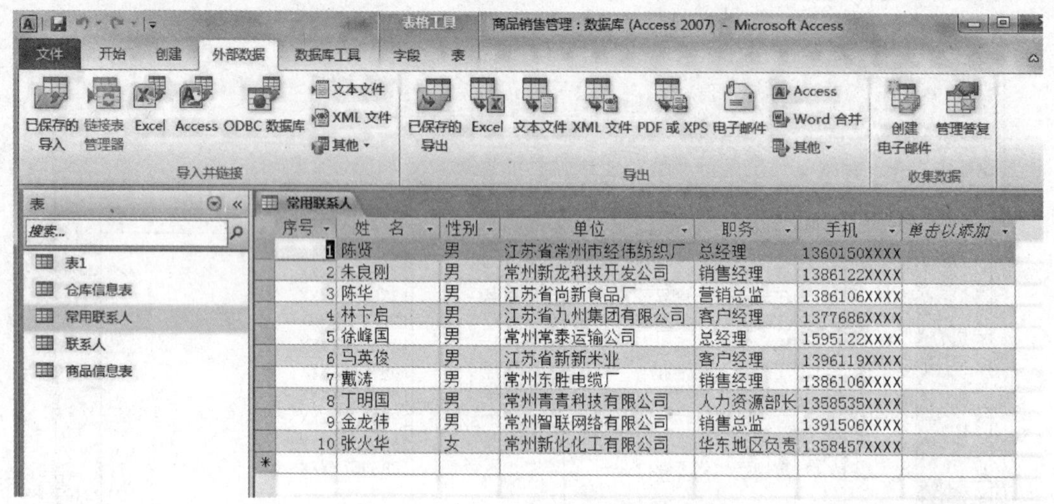

图 3–3–21　导入完成后的数据表

第 4 节　设置数据表的字段属性

在创建数据表时，先要创建表的结构，即对表中各字段的属性进行设置，字段的属性包括名称、类型、字段大小、字段标题、数据显示格式、字段默认值、有效性规则和输入掩码等，这些属性的设置可以使数据表的输入、管理和使用更加方便、安全和快捷。本节将设置“商品信息表”字段的基本属性，通过对“商品信息表”不同的字段属性进行设置，来了解和掌握设置字段属性的方法。

一、主键和索引

1. 主键

主键是数据表中一个字段或多个字段的集合，它为每一条记录提供了一个唯一的标识符，它可以提高查找数据的能力。主键值不能为空，不能重复，不能轻易修改。每个数据表都应该设置主键，设置主键有如下优点：

（1）设置主键可以提高查询和排序速度。

（2）在窗体和数据表中查看数据时，Access 2010 将按主键的顺序显示数据。

（3）当插入新记录时，Access 2010 可以自动检查记录是否有重复的数据。

在 Access 2010 中可以定义 3 种类型的主键：自动编号主键、单字段主键和多字段主键。

（1）自动编号主键

如果在保存新表时没有设置主键，Access 2010 会询问是否要创建主键，如果回答“是”，Access 2010 会自动创建“自动编号”主键并将其设置为主键。

（2）单字段主键

如果数据表中含有唯一值的字段，如“商品信息表”中的“商品编号”，“仓库信息表”中的“仓库编号”等字段，其取值都是唯一的，那么可以指定这些字段为表的主键。如果选择的字段有重复值或者为空值，Access 2010 将不会将其设置为主键。

（3）多字段主键

如果在数据表中没有任何一个字段的取值是唯一的，可以将两个或两个以上的字段指定为主键。

2. 索引

索引的作用就如同图书的目录，其目的是提高查询的速度。一般来说，用户可以对经常查询的字段、要排序的字段或要在查询中连接到其他表中的字段设置索引。表的主键将自动设置索引，而对 OLE 对象数据类型的字段则不能设置索引。

在 Access 2010 数据库中，索引分为有重复值和无重复值两种。“有重复”是指索引字段的值允许重复的情况；“无重复”是指索引字段的值不允许出现重复的情况。索引的创建可以通过字段属性设置，也可以通过索引设计器创建。

二、查阅属性和字段属性

1. 查阅属性

在现实世界中，客观事物之间常常是互相联系的，如学生学习某门课程、医生给病人看病等，因此数据库中对应的数据表之间也是有联系的。一个表中某个字段的取值可能完全来自于另外一个表的某个字段，也可能表中某字段的取值是一些固定值组成的序列。Access 2010 提供了字段的查阅属性，该属性是使用列表框或组合框进行数据的选择性录入，它方便了用户，减少了出错率，保证了数据的一致性。

字段的查阅属性选项卡只有一个“显示控件”属性，该属性仅对文本类型、数字类型和“是 / 否”类型的字段有效。对于文本型和数字型的字段提供 3 个选项值：文本框（默认）、列表框和组合框；对于“是 / 否”型的字段提供了 3 个选项值：复选框（默认）、文本框和组合框。

查阅字段的数据来源有两种：来自创建值列表的数值和来自“表 / 查询”中的数值。

小提示

字段属性的设置是有优先顺序的，例如，某个字段定义了输入掩码，同时又设置了格式属性，则格式属性在数据显示时优先于输入掩码的设置。

2. 字段属性

在完成表结构的设置以后，还需要对表中各字段的属性值进行设置，目的是减少输入错误、方便操作、提高工作效率。设置字段的属性包括“字段大小”“字段标题”“数据的显示模式”“有效性规则”“默认值”和“输入掩码”等。

设置字段的属性是在表设计视图中进行的，表中的每一个字段都会有一系列的属性描述。当选定某个字段时，表设计视图下面的“字段属性”区域便会显示出该字段的相关属性。

（1）“字段大小”属性

“字段大小”属性可控制字段使用的空间大小。该属性只能设置“文本”或“数字”数据类型的字段大小。

“文本”型字段的取值范围是“0～255”，默认值是“50”，可以输入取值范围内的整数；设置“数字”型字段的大小是通过单击“字段大小”属性框中的按钮，在下拉列表中进行选择。

（2）“字段标题”属性

字段标题是字段的另一个名称，字段标题和字段名称可以相同也可以不同，当未指定字段标题时，字段标题默认为字段名称。

字段名称通常用于系统内部的引用，而字段标题通常用来显示给用户查看。在表的数据视图中，显示的是字段标题，在窗体和报表中，相应的字段标签显示的也是字段标题，而在数据库的设计视图中，显示的是字段名称。

（3）“格式”属性

“格式”属性用以确定数据的显示方式和打印方式。对于不同数据类型的字段，其格式的选择有所不同。“数字”“自动编号”“货币”类型的数据有常规数字、货币、欧元、固定、标准、百分比等显示格式；“日期/时间”类型有：常规日期、长日期、中日期、短日期、长时间、中时间、短时间等显示格式；“是/否”类型的数据有“真/假”“是/否”“开/关”等显示格式。

“OLE对象”类型的数据不能定义显示格式，“文本”“备注”“超链接”类型的数据没有特殊的显示格式。

设置“格式”属性只影响数据的显示方式，而对原表中的数据无影响。

（4）“有效性规则”和“有效性文本”属性

“有效性规则”是用于限制输入数据时必须遵守的规则。利用“有效性规则”属性可限制字段的取值范围，确保输入数据的合理性并防止非法数据的输入。

“有效性文本”是用来配合“有效性规则”使用，当输入的数据违反了“有效性规则”系统会用设置的“有效性文本”弹出出错信息。

（5）“默认值”属性

在一个数据库中往往有一些字段的数据内容相同或相似，将这类字段的值设置成默认值可以简化输入，提高效率。

（6）“输入掩码”属性

“输入掩码”是一种输入格式，由字面显示字符（如括号、句号或连字符）和掩码字符（用于指定可以输入数据的位置及数据的类型、字符的数量等）构成。

“输入掩码”可以在输入数据时保持统一的格式，还可以检查输入错误。使用 Access 2010 提供“输入掩码向导”可以为“文本”和“日期型”字段设置“输入掩码”。

三、设置“商品信息表”字段的基本属性

1. 设置“商品名称”字段的大小为 8 个字符

设置步骤如下：

（1）打开“商品销售管理”数据库，进入“商品信息表”的设计视图，选中“商品名称”字段。

（2）在“常规”选项卡中的“字段大小”一行中输入“8”，如图 3-4-1 所示。

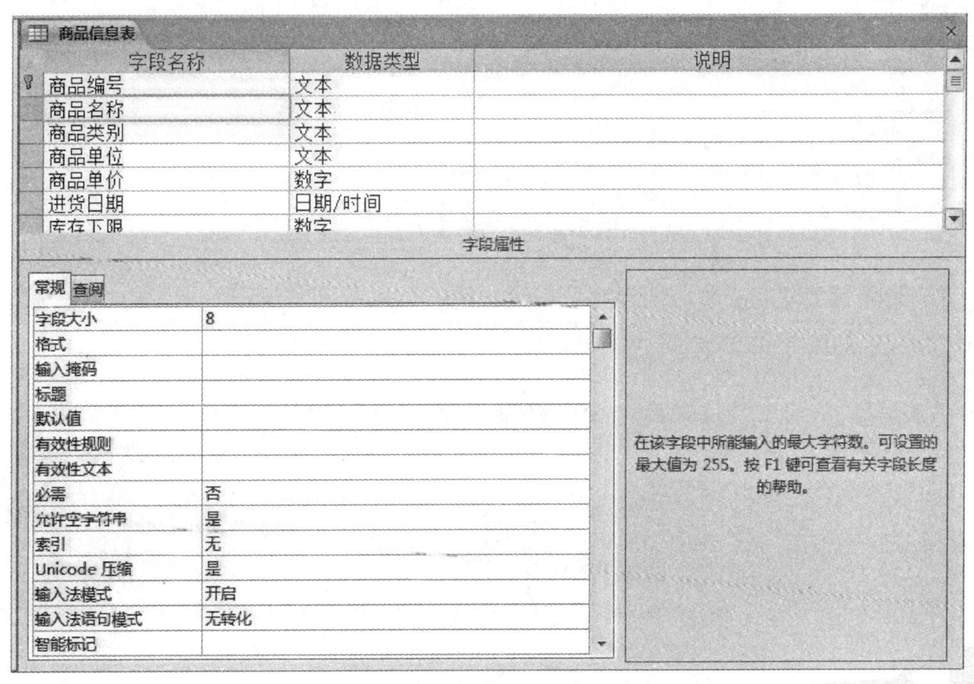

图 3-4-1　设置字段大小

（3）保存对字段的修改，切换到数据表视图，此时“商品名称”字段只能输入 8 个汉字或字符。

2. 设置“产地”字段的标题为“商品产地”

设置步骤如下：

（1）打开“商品销售管理”数据库，进入“商品信息表”的设计视图，选中“产地”

字段。

（2）“常规”选项卡中的“标题”一行中输入“商品产地”，如图 3-4-2 所示。

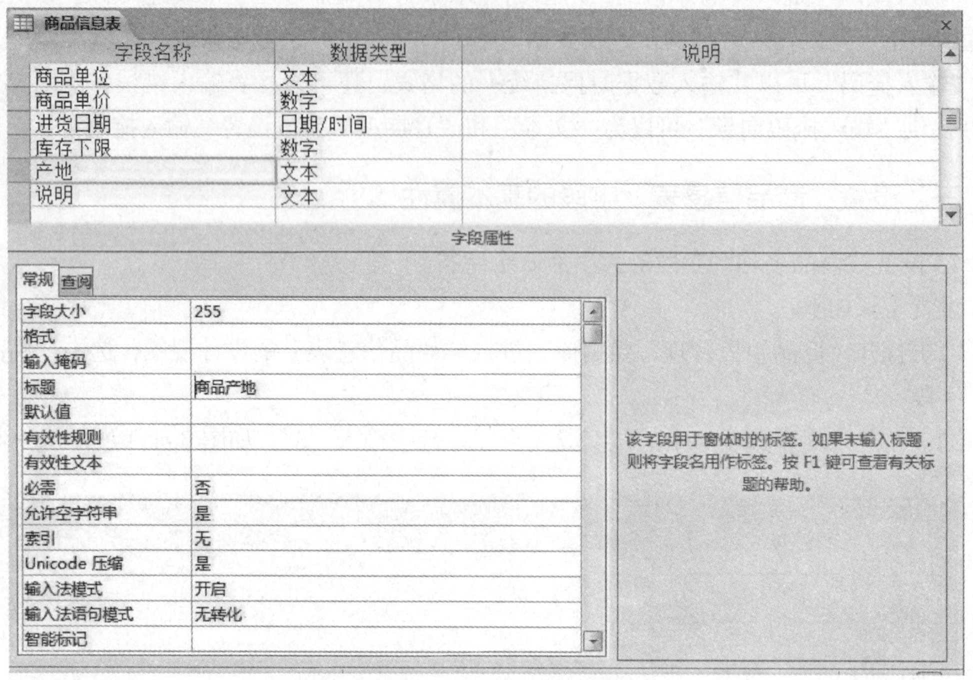

图 3-4-2　设置字段标题

（3）保存对字段的修改。切换到数据表视图，可以看到“产地”字段的标题被修改为“商品产地”，如图 3-4-3 所示。

商品信息表

商品编号	商品名称	商品类别	商品	商品单价	进货日期	库存下	商品产地
S0001	西瓜	水果	千克	2.58	2016-7-8	500	江苏
S0002	水密桃	水果	千克	13.5	2015-7-1	1000	江苏
S0003	榴莲	水果	千克	22.5	2016-7-12	800	进口
S0004	哈密瓜	水果	千克	5.25	2016-6-30	2000	新疆
S0005	苹果	水果	千克	6.8	2016-7-10	1000	陕西
S0006	香蕉	水果	千克	5.2	2016-7-11	300	海南
*							

图 3-4-3　修改后“商品产地”字段的标题

3. 设置“进货日期”字段的显示格式为“长日期”格式

设置步骤如下：

（1）打开“商品销售管理”数据库，进入“商品信息表”的设计视图，选中“进货日期”字段。

（2）在“常规”选项卡中的“格式”行中单击右边的下拉箭头，在弹出的下拉菜单中选择“长日期”，如图 3-4-4 所示。

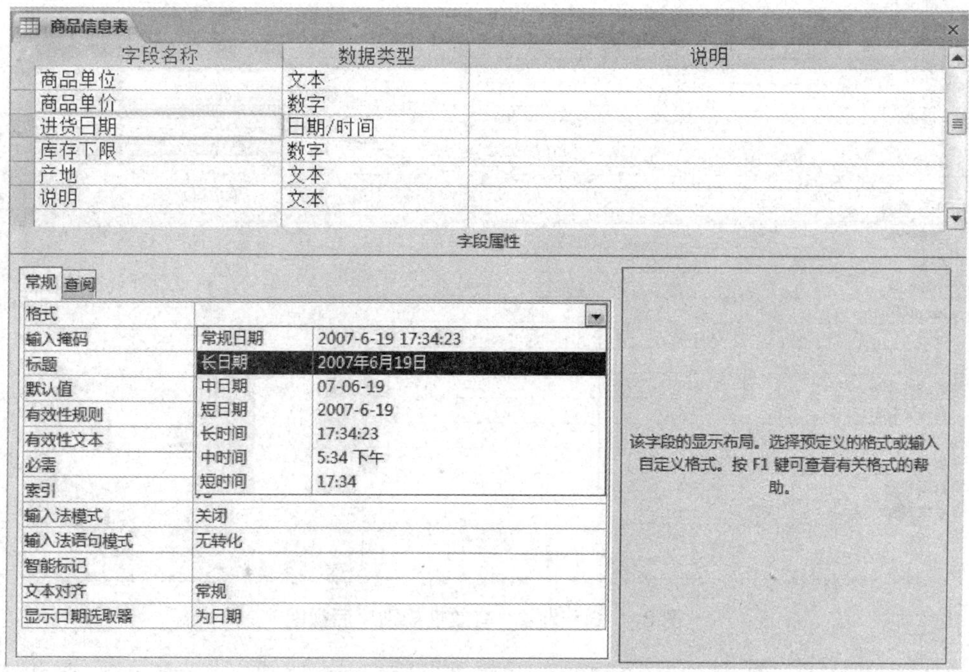

图 3-4-4　“进货日期”的格式修改为“长日期”

（3）保存对字段的修改，切换到数据表视图，可以看到“进货日期”字段的显示格式已经发生了变化，如图 3-4-5 所示。

商品信息表

商品编号	商品名称	商品类别	商品单	商品单价	进货日期	库存下	商品产地
S0001	西瓜	水果	千克	2.58	2016年7月8日	500	江苏
S0002	水密桃	水果	千克	13.5	2015年7月1日	1000	江苏
S0003	榴莲	水果	千克	22.5	2016年7月12日	800	进口
S0004	哈密瓜	水果	千克	5.25	2016年6月30日	2000	新疆
S0005	苹果	水果	千克	6.8	2016年7月10日	1000	陕西
S0006	香蕉	水果	千克	5.2	2016年7月11日	300	海南

图 3-4-5　修改后“进货日期”字段的显示格式

4. 设置“库存下限”字段只能输入 100 ~ 2 000 的数据

设置步骤如下：

（1）打开“商品销售管理”数据库，进入“商品信息表”的设计视图，选中“库存下限”字段。

（2）在“常规”选项卡中单击“有效性规则”右边的 ... 按钮，如图 3-4-6 所示。

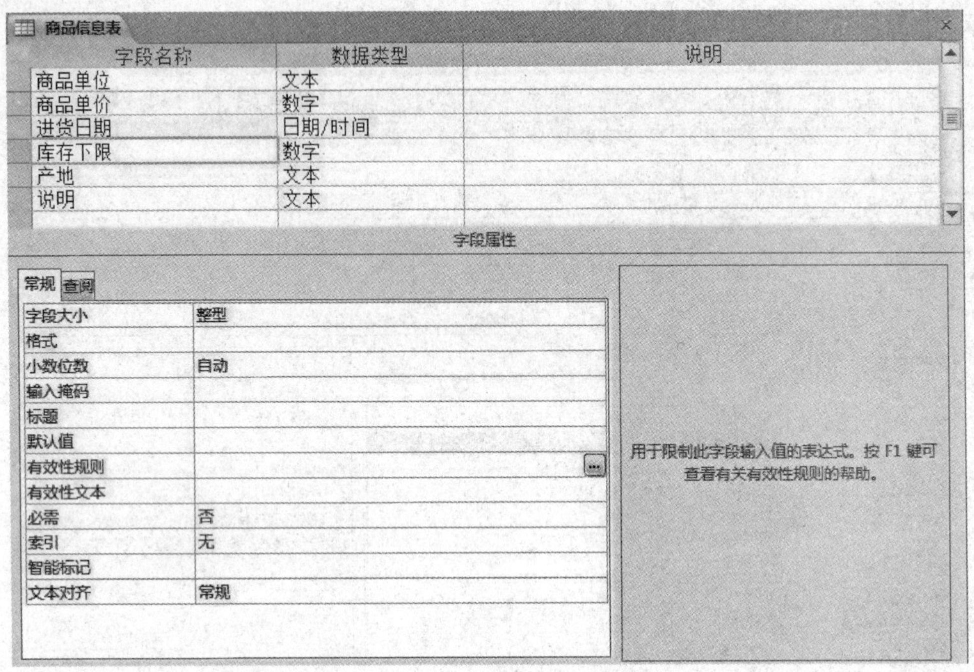

图 3-4-6　选择“有效性规则”后视图

（3）在弹出的“表达式生成器”对话框输入“[库存下限]>=100 And[库存下限]<=2000”，然后单击“确定”按钮，如图 3-4-7 所示。

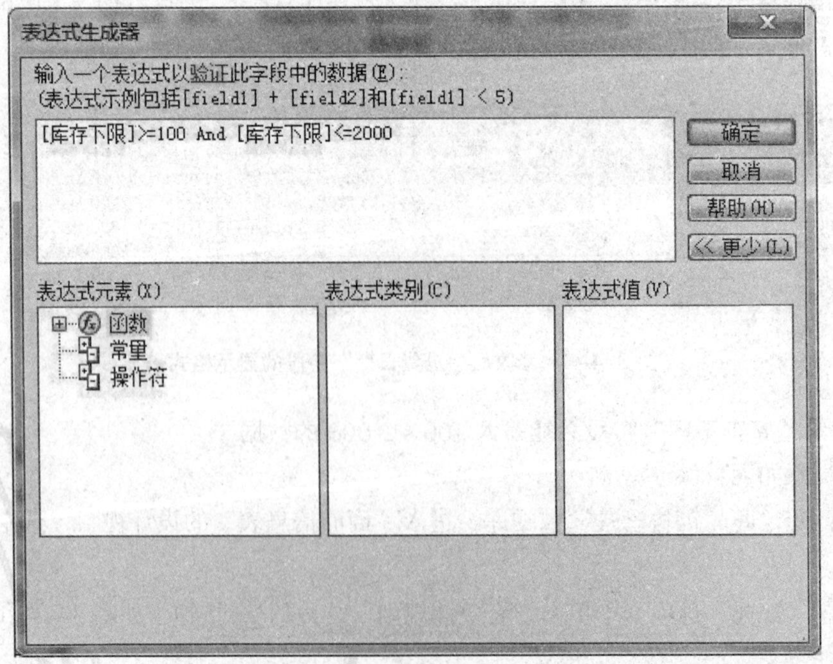

图 3-4-7　有效性规则的“表达式生成器”

（4）回到表设计视图，在“常规”选项卡的“有效性文本”框内输入“只能输入100 ~ 2 000 之间的数据”提示信息，如图 3–4–8 所示。

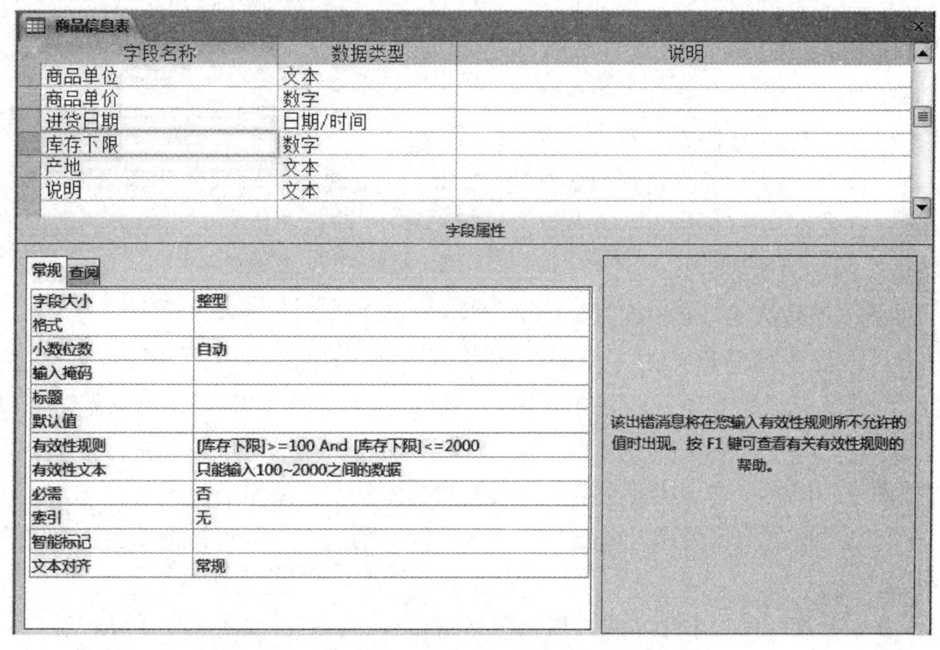

图 3–4–8 输入有效性文本

（5）关闭设计视图，当表中已经存有数据时，会提示“这个过程可能会需要很长时间。是否用新规则来测试现有数据？”，如图 3–4–9 所示。

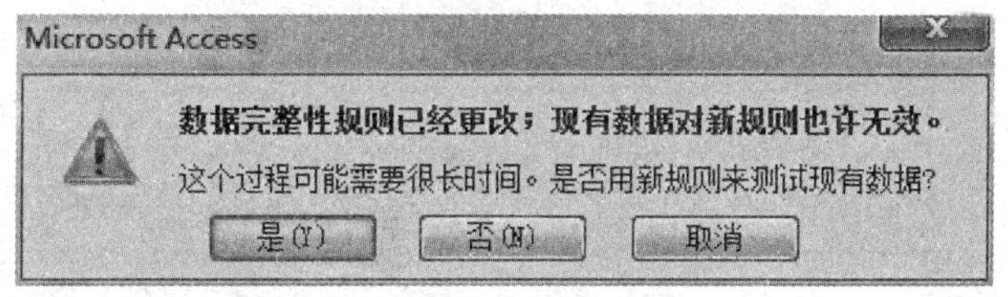

图 3–4–9 提示信息

（6）单击“是”按钮，又会再现“是否用新设置继续测试？”的提示框，如图 3–4–10 所示，这是因为现有数据是在新的有效性规则设置之前就已输入，因此与新的有效性规则有冲突。新的有效性规则不能改变现有数据，但对于后面输入的数据可以起到限制作用。

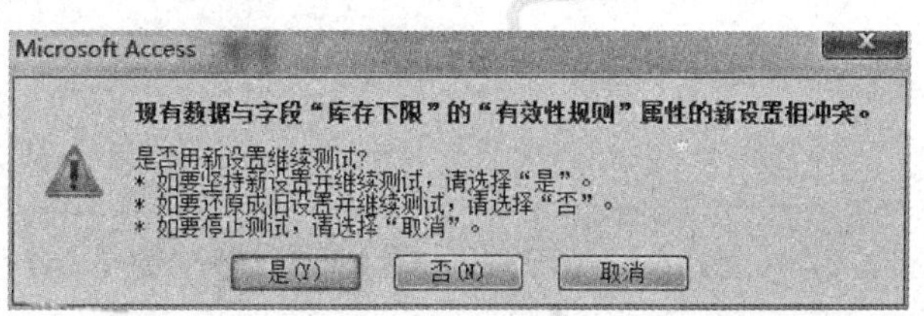

图 3–4–10 提示“是否用新设置继续测试？”

（7）单击“是”按钮，返回到数据库窗口。此时，对于“库存下限”字段，新的有效性规则已经设置，以后再输入或修改“库存下限”字段的记录时，将会对输入的数据范围进行限制，即只能输入 100 ~ 2 000 的数据。

图 3-4-11　提示数据错误

（8）打开“商品信息表”数据表视图，在某一个记录的“库存下限”字段处修改数据为“2500”，发现无法输入，并弹出提示对话框，其中显示“有效性文本”中设置的内容，如图 3-4-11 所示。这是因为输入的数据不符合“库存下限”的字段有效性。

5. 设置“产品认证”字段的默认值为“是（Yes）”

由于目前许多商品都经过了认证，因此可以将“产品认证”字段默认设置为“是（Yes）”，当输入记录数据时，记录中该字段的默认值为“是（Yes）”，可以省略字段值的录入。当新记录的“产品认证”字段的值为“否”时，只需单击该单元格，将小方块中的对号去掉即可。设置“产品认证”字段默认值的具体操作步骤如下：

（1）打开“商品销售管理”数据库，进入“商品信息表”的设计视图，选中“产品认证”字段。

（2）在“常规”选项卡中单击“默认值”行输入“Yes”，如图 3-4-12 所示。

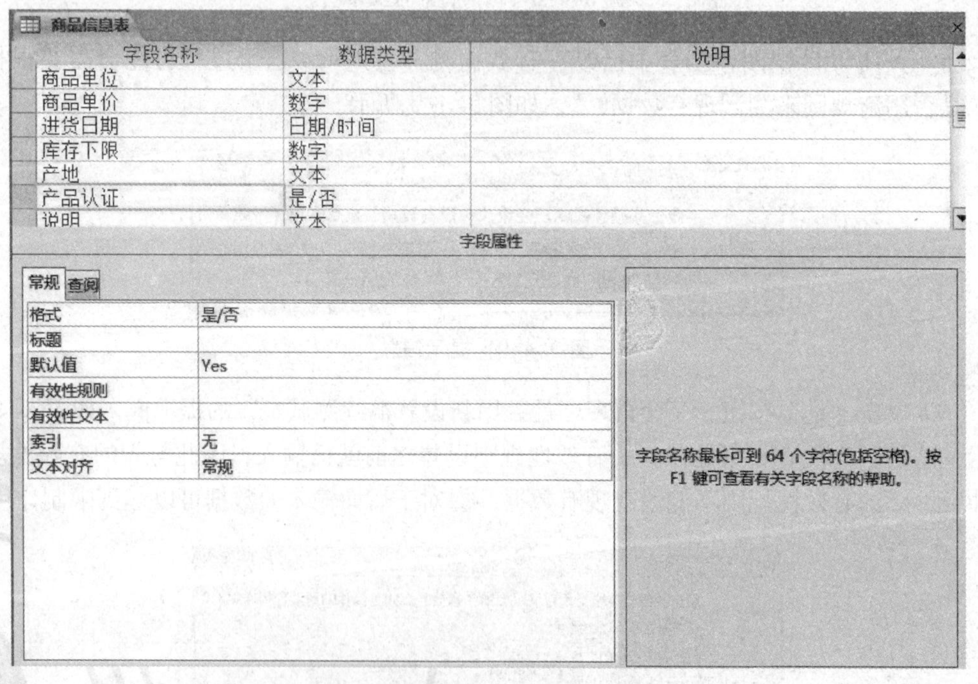

图 3-4-12　设置“产品认证”字段的默认值为“是（Yes）”

（3）关闭并保存“商品信息表”的修改。切换到数据表视图，再输入数据时，会发现

"产品认证"字段的默认值为"Yes"。

6. 设置"常用联系人"数据中的"手机"字段只能输入 11 位阿拉伯数字

具体操作步骤如下：

（1）打开"商品销售管理"数据库，进入"常用联系人"的设计视图，选中"手机"字段。

（2）在"常规"选项卡中的"输入掩码"行中输入"\10000000000"，如图 3-4-13 所示。

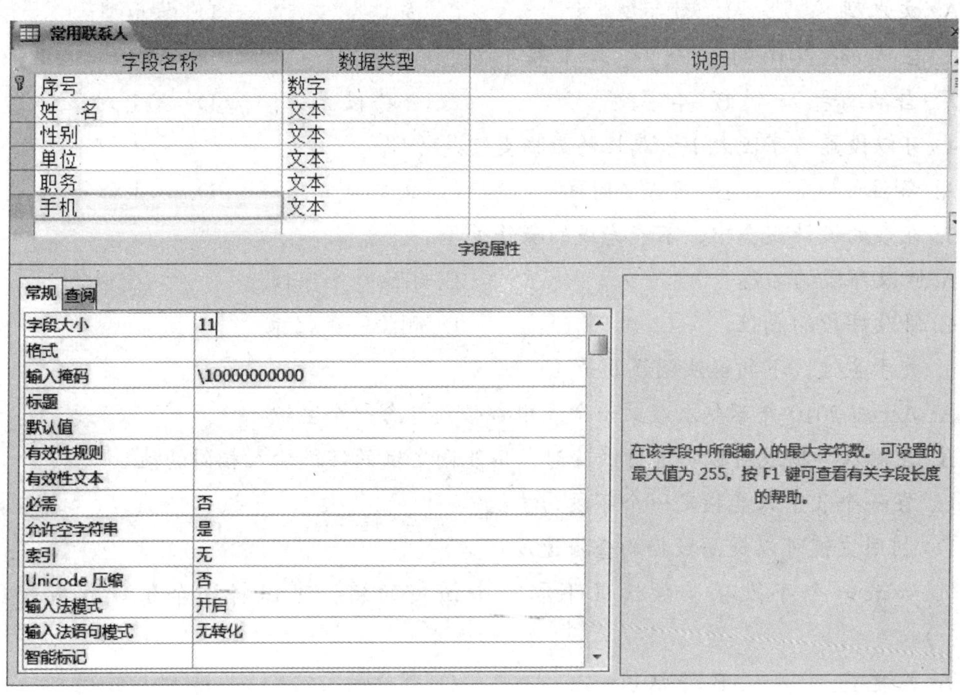

图 3-4-13　设置输入掩码

（3）保存对表字段的更改，然后打开表的数据视图，会发现"手机"字段只能输入以数字 1 开头的 11 位阿拉伯数字了，如图 3-4-14 所示。

常用联系人

序号	姓　名	性别	单位	职务	手机
1	陈贤	男	江苏省常州市经伟纺织厂	总经理	1360150XXXX
2	朱良刚	男	常州新龙科技开发公司	销售经理	1386122XXXX
3	陈华	男	江苏省尚新食品厂	营销总监	1386106XXXX
4	林下启	男	江苏省九州集团有限公司	客户经理	1377686XXXX
5	徐峰国	男	常州常泰运输公司	总经理	1595122XXXX
6	马英俊	男	江苏省新新米业	客户经理	1396119XXXX
7	戴涛	男	常州东胜电缆厂	销售经理	1386106XXXX
8	丁明国	男	常州青青科技有限公司	人力资源部长	1358535XXXX
9	金龙伟	男	常州智联网络有限公司	销售总监	1391506XXXX
10	张火华	女	常州新化化工有限公司	华东地区负责	1358457XXXX
11	熊丽静	女	常州第二建筑有限公司	总经理	1357986XXXX

图 3-4-14　输入掩码的字段

思考与练习

一、单项选择

1. 在表的结构中，一个字段由（　　）组成。

A. 字段名称　　B. 数据类型　　C. 字段属性　　D. 以上都是

2. 在 Access 2010 的表中，字段数据类型不包括（　　）。

A. 文本型　　B. 数字型　　C. 窗口型　　D. 货币型

3. 在 Access 2010 的表中，（　　）不可以定义为主键。

A. 自动编号　　B. 单字段　　C. 多字段　　D. OLE 对象

4. 可以设置“字段大小”属性的数据类型是（　　）。

A. 备注　　B. 日期 / 时间　　C. 文本　　D. 以上都是

5. 在表的设计视图中，不能完成的操作是（　　）。

A. 修改字段的名称　　B. 删除一个字段

C. 修改字段的属性　　D. 删除一条记录

6. 关于主键，下列说法错误的是（　　）。

A. Access 2010 并不要求在第一个表中都必须包含一个主键

B. 在输入数据或对数据进行修改时，不能向主键的字段输入相同的值

C. 在一个表中只能指定一个字段为主键

D. 利用主键可以提高数据的查找速度

7. 如果一个字段在多数情况下取一个固定的值，可以将这个值设置成字段的（　　）。

A. 关键字　　B. 默认值　　C. 有效性文本　　D. 输入掩码

8. 邮政编码是 6 位数字组成的字符串，为邮政编码设置输入掩码，正确的是（　　）。

A. 000000　　B. 999999　　C. CCCCCC　　D. LLLLLL

二、判断题

1. 使用“文件”中的“关闭”菜单命令可以退出 Access 2010 应用程序。（　　）

2. 最常用的创建表的方法是使用表设计器。（　　）

3. 表设计视图中显示的是字段标题。（　　）

4. 在表的设计视图中也可以进行增加、删除和修改记录等操作。（　　）

三、简答题

1. 什么是主键？

2. 简述使用“表设计器”创建表的步骤？

3. “有效性文本”的作用是什么？

第 4 章　数据表的基本操作

在实际应用中，用户完成建立数据表的工作后，还需要根据用户的要求对数据表字段和记录数据进行添加、删除和修改等操作，还可能需要对数据表进行查找、替换、排序、筛选等操作。

本章主要学习数据库（数据表）常用的基本操作，如数据表的编辑修改、查找替换，数据的排序筛选以及数据表的格式设置。

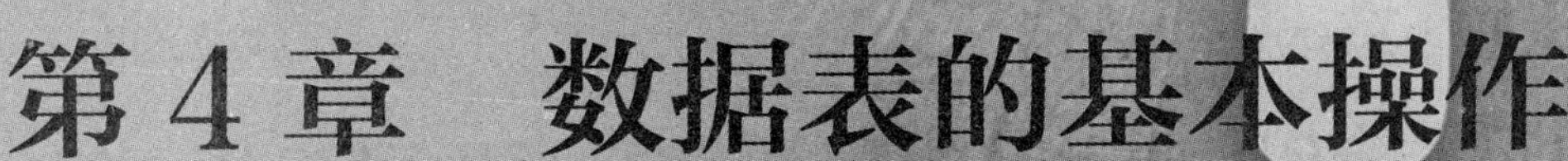

第 1 节　修改数据表的结构和主关键字

在使用数据库的过程中，可能会发现原来设计的表不能满足管理工作的要求，需要对表中的字段进行添加、删除和修改等操作，如“商品信息表”中原来的字段较少，信息量不够，需要增加字段，而有些字段又因为在管理工作中使用不多而需要删除，还有些字段需要修改字段名称、数据类型和字段属性。编辑修改字段也称为修改表结构，一般在表的设计视图中进行，但有些操作也可以在表的数据视图中进行，本节将对“商品信息表”的表结构进行修改。

一、修改数据表的结构和主关键字概述

1. 修改表的结构

创建完成数据表之后，可以修改表的结构，包括修改字段名称、数据类型和字段属性等。修改表的结构还包括添加字段、删除字段和改变字段的顺序等。

2. 修改表的主关键字

如果需要改变数据表中原有的主关键字，可以重新设置主关键字，具体操作步骤如下：

（1）打开数据表的设计视图。

（2）选择要赋予主关键字的字段名。

（3）在该字段上单击鼠标右键，从弹出的快捷菜单中选择“主键”命令，就可以将该字段重新设置为主关键字。

由于一个数据表只能有一个主关键字，一旦重新设置了新的主关键字，数据表中原有的主关键字就会被取代。

二、将“商品信息表”中“库存下限”字段的名称修改为“库存数量”

若仅修改字段名称，可以在数据表视图中进行，具体操作步骤如下：

1. 启动 Access 2010 数据库里管理系统。

2. 打开“商品销售管理”数据库中的“商品信息表”的数据表视图，将鼠标移动到需要修改的字段“库存下限”上。

3. 双击鼠标，此时字段处于编辑状态，将字段名称“库存下限”修改为“库存数量”，然后单击“Enter”键确认，如图 4–1–1 所示。

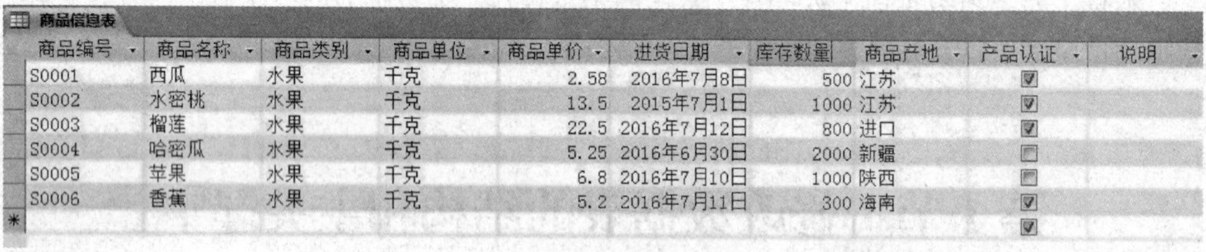

商品信息表

商品编号	商品名称	商品类别	商品单位	商品单价	进货日期	库存数量	商品产地	产品认证	说明
S0001	西瓜	水果	千克	2.58	2016年7月8日	500	江苏	☑	
S0002	水密桃	水果	千克	13.5	2015年7月1日	1000	江苏	☑	
S0003	榴莲	水果	千克	22.5	2016年7月12日	800	进口	☑	
S0004	哈密瓜	水果	千克	5.25	2016年6月30日	2000	新疆	☐	
S0005	苹果	水果	千克	6.8	2016年7月10日	1000	陕西	☐	
S0006	香蕉	水果	千克	5.2	2016年7月11日	300	海南	☑	
*								☑	

图 4–1–1 在数据表视图中修改字段名称

三、将“商品信息表”中的“商品单价”字段修改为“进货单价”

如果在修改字段时，既要修改字段名称，又要修改其字段类型以及其他内容，这类修改最好在数据表设计视图中进行，具体操作步骤如下：

1. 启动 Access 2010 数据库管理系统。

2. 打开“商品销售管理”数据库中“商品信息表”的设计视图。

3. 在数据表设计视图字段名称列上单击要修改的“商品单价”，将字段名修改为“进货单价”，如图 4–1–2 所示。

4. 在设计视图窗口下方“字段属性”选项卡的“小数位数”下拉列表中选小数点位数为“2”，如图 4–1–2 所示。

四、改变“商品信息表”字段的顺序

数据表字段的最初排列位置与数据表创建时字段的输入顺序是一致的。如果要改变字段的排列位置，只需要移动字段位置即可。

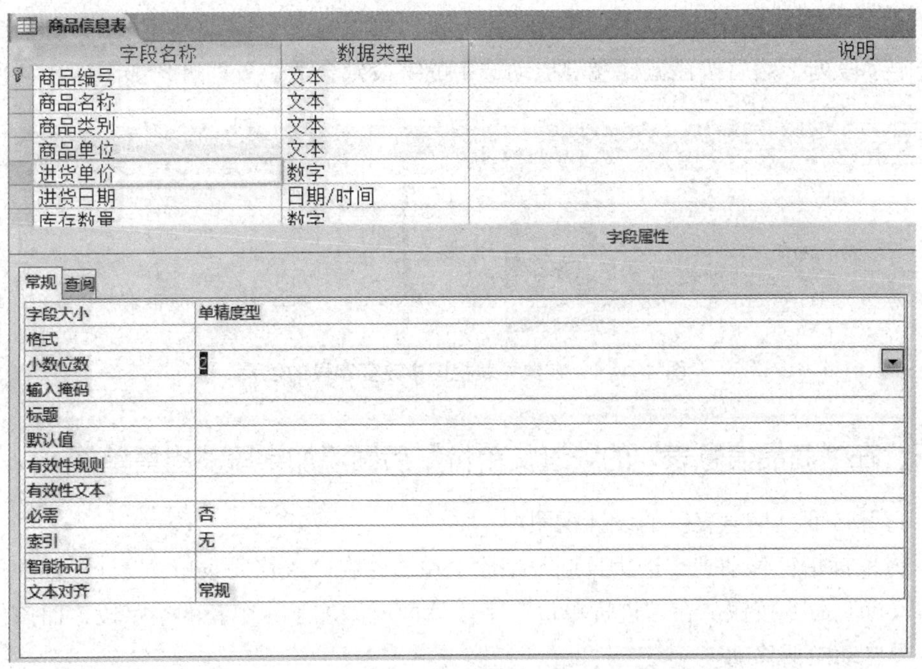

图 4-1-2　在设计视图中修改字段名、小数点位数等

1. 在数据表的设计视图中移动字段的位置，单击要移动字段的行选定器，然后按住鼠标左键拖动到合适的位置即可，如图 4-1-3 所示。

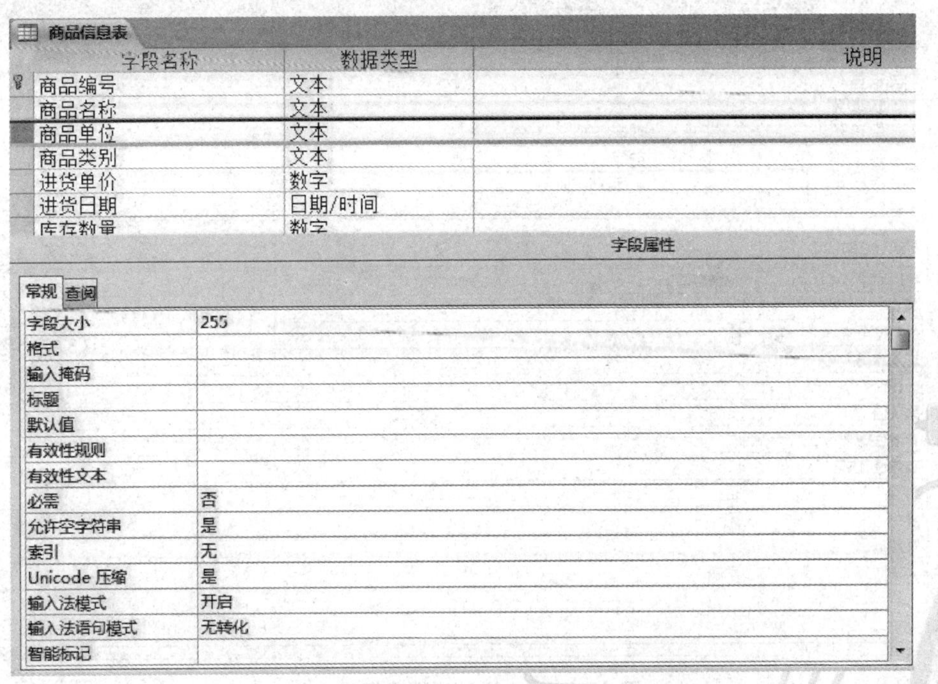

图 4-1-3　在数据表设计视图中改变字段顺序

2. 在数据表视图中也可以移动字段的位置，将鼠标指针移动到字段的列选定器上，单击选中字段列，然后按住鼠标左键拖动选中的字段到合适位置即可，如图 4-1-4 所示。

商品信息表

商品编号	商品名称	商品单位	商品类别	进货单价	进货日期	库存数量	商品产地	产品认证
S0001	西瓜	千克	水果	2.58	2016年7月8日	500	江苏	☑
S0002	水密桃	千克	水果	13.5	2015年7月1日	1000	江苏	☑
S0003	榴莲	千克	水果	22.5	2016年7月12日	800	进口	☑
S0004	哈密瓜	千克	水果	5.25	2016年6月30日	2000	新疆	☐
S0005	苹果	千克	水果	6.8	2016年7月10日	1000	陕西	☐
S0006	香蕉	千克	水果	5.2	2016年7月11日	300	海南	☑
*								☑

图 4-1-4　在数据表视图中改变字段的位置

五、在“商品信息表”的“进货单价”后面添加字段“出售单价”

1. 打开“商品信息表”的设计视图。

2. 将鼠标指针移动到“进货日期”字段上单击，在“表格”菜单“设计”选项卡中单击“插入行”命令按钮。在“进货单价”字段后面就添加了一个新的空字段，而该位置原来的字段自动向下移动。

3. 在空字段中输入字段名称（出售单价）、选择数据类型（数字）、字段大小（单精度型）、小数位数（2）等，如图 4-1-5 所示。

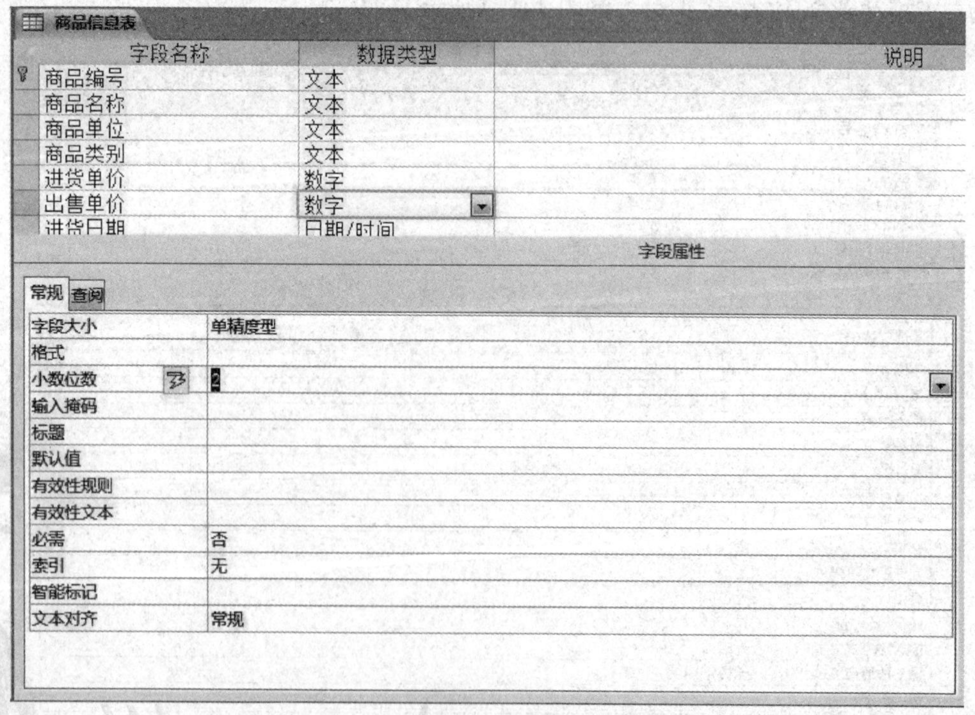

图 4-1-5　在设计视图中添加字段

小提示

在数据表视图中也可以添加字段，选择要添加字段的位置，单击鼠标右键，在弹出的快捷菜单中单击“插入字段”选项即可插入一个空列，但这种情况只能添加字段名称，不能设置数据类型和字段属性。

插入一个新的字段不会影响其他字段，如果在查询、窗体或报表中已经使用该表，则需要将添加的字段也增加到这些对象中去。

六、将“商品信息表中”的字段“出售单价”删除

在表的设计视图中，可以使用以下 3 种方法删除“出售单价”字段。

1. 单击“出售单价”字段，然后单击“Delete”键进行删除。

2. 将鼠标指针移动到“出售单价”字段，在“表格”菜单的“设计”选项卡中单击“删除行”命令按钮进行删除。

3. 将鼠标指针移动到“出售单价”字段，然后单击鼠标右键，在弹出的快捷菜单中选中“删除行”命令进行删除，如图 4–1–6 所示。

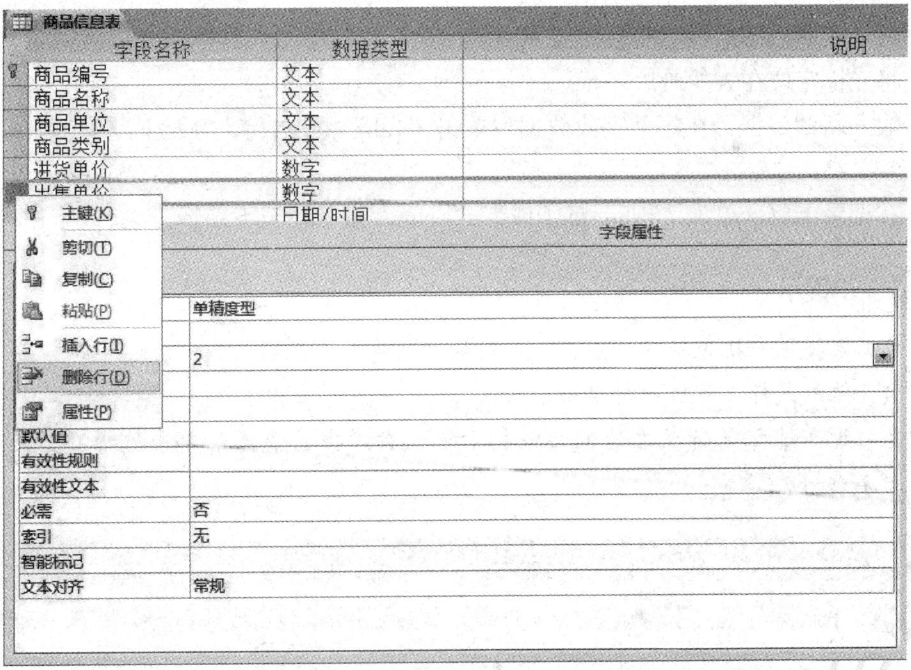

图 4–1–6　用“快捷菜单”删除“出售单价”字段

当删除的字段包含数据时，系统会弹出一个警告信息对话框，提示用户将丢失此字段的数据，如图 4–1–7 所示。如果表是空的，或者该字段下面的内容是空的，则不会弹出警告信息对话框。

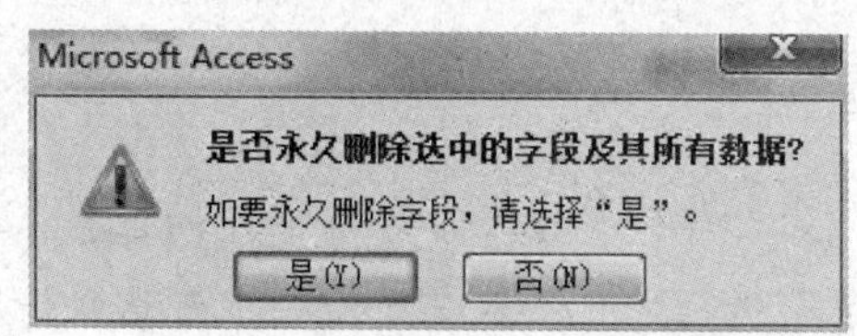

图 4-1-7　删除警告信息对话框

第 2 节　修改数据表的记录数据

随着时间的推移和情况的变化，可能需要不断对数据表的数据内容进行修改，主要包括添加记录、删除记录和更改记录数据，如“商品信息表”中新增了商品信息，需要增加新记录，某种商品已经销售完了需要删除记录，或是商品其他信息发生了改变等，都需要对记录进行修改。

一、在“商品信息表”中添加新的商品信息记录

1. 打开“商品信息表”的数据表视图。

2. 将光标定位在表的最后一行。

3. 输入新的数据，在每个字段数据后单击“Tab”键（或者“Enter”键）跳至下一个字段。

4. 在记录末尾，单击“Tab”键（或者“Enter”键）跳至下一个记录。

小提示

在数据表视图中把光标定位在最后一行的方法有如下几种：

（1）直接用鼠标在最后一行单击。

（2）右键单击记录行最左边的记录指示器，在弹出的快捷菜单中选择“新记录”命令，如图 4-2-1 所示。

商品信息表

商品编号	商品名称	商品单位	商品类别	进货单价	出售单价	进货日期	库存数量	商品产地	产品认证
S0004	哈密瓜	千克	水果	5.25		2016年6月30日	2000	新疆	☐
	莲	千克	水果	22.5		2016年7月12日	800	进口	☑
	果	千克	水果	6.8		2016年7月10日	1000	陕西	☐
	果黄瓜	千克	水果	5.2		2016年7月12日	200	江苏	☑
	密桃	千克	水果	13.5		2015年7月1日	1000	江苏	☑
	瓜	千克	水果	2.58		2016年7月8日	500	江苏	☑
	蕉	千克	水果	5.2		2016年7月11日	300	海南	☑
									☑

新记录(W)
删除记录(R)
剪切(T)
复制(C)
粘贴(P)
行高(R)...

图 4-2-1　选择快捷菜单中的“新记录”

二、修改“商品信息表”中的记录数据

要求修改“水密桃”的记录数据，具体内容为“进货单价”修改为“5.83”，再把“进货日期”修改为“2016 年 7 月 12 日”，具体操作步骤如下：

1. 打开“商品信息表”的数据表视图。

2. 把光标定位在“水密桃”（第 5 条记录）的“进货单价”字段双击，输入“5.83”。

3. 再将光标移动到“进货日期”字段上双击，输入“2016-7-12”。

修改结果如图 4-2-2 所示。

商品信息表

商品编号	商品名称	商品单位	商品类别	进货单价	出售单价	进货日期	库存数量	商品产地	产品认证
S0004	哈密瓜	千克	水果	5.25		2016年6月30日	2000	新疆	☐
S0003	榴莲	千克	水果	22.5		2016年7月12日	800	进口	☑
S0005	苹果	千克	水果	6.8		2016年7月10日	1000	陕西	☐
S0007	水果黄瓜	千克	水果	5.2		2016年7月12日	200	江苏	☑
S0002	水密桃	千克	水果	5.83		2016年7月12日	1000	江苏	☑
S0001	西瓜	千克	水果	2.58		2016年7月8日	500	江苏	☑
S0006	香蕉	千克	水果	5.2		2016年7月11日	300	海南	☑

图 4-2-2　修改“水密桃”的“进货单价”及“进货日期”

三、删除“商品信息表”中的部分记录数据

删除记录过程分两步进行，先选定要删除的（一条或多条）记录，然后将其删除，具体操作步骤如下：

1. 单击要删除的首记录的选定器，拖动鼠标到要删除的尾记录的选定器。

2. 单击键盘上的“Delete”键；或者在两记录的选定区域，单击右键选择快捷菜单中的“删除记录”命令，如图 4-2-3 所示。

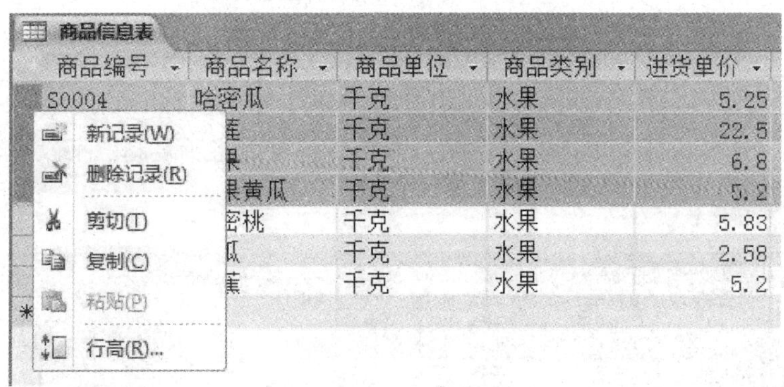

图 4-2-3　删除记录

3. 系统会弹出警告信息，如图 4-2-4 所示，单击“是”按钮，完成删除。

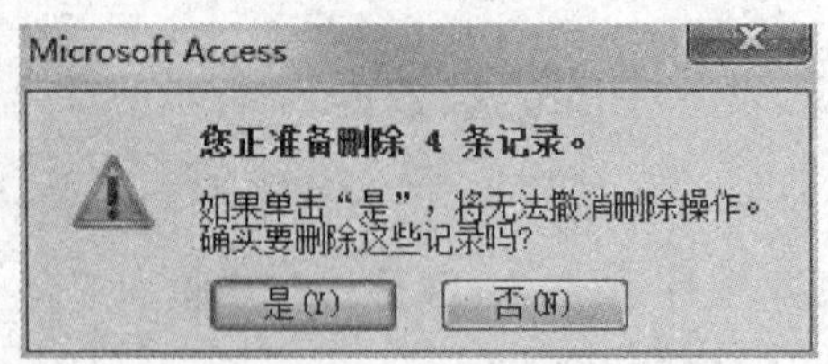

图 4-2-4　删除警告信息对话框

小提示

如果其他表中包含相关记录则不能删除。为了避免删除错误，在删除记录前最好进行备份。

四、复制粘贴“商品信息表”中的部分记录数据

当数据表中有部分相同或相似的数据时，可以利用复制和粘贴操作来简化输入，提高输入速度。以把“进货单价”内容复制到“出售单价”字段下为例，具体操作步骤如下：

1. 选中“进货单价”字段，取“开始”选项卡中的“复制”按钮；或者在字段上单击鼠标右键，选择快捷菜单中的“复制”命令，如图 4-2-5 所示。

商品信息表

商品编号	商品名称	商品单位	商品类别	进货单价	出售单价	进货日期	库存数量
S0004	哈密瓜	千克	水果			16年6月30日	2000
S0003	榴莲	千克	水果			16年7月12日	800
S0005	苹果	千克	水果			16年7月10日	1000
S0007	水果黄瓜	千克	水果			16年7月12日	200
S0002	水蜜桃	千克	水果			16年7月12日	1000
S0001	西瓜	千克	水果			016年7月8日	500
S0006	香蕉	千克	水果			16年7月11日	300

图 4-2-5　复制“进货单价”字段

2. 选中“出售单价”字段，选择“开始”选项卡中的“粘贴”按钮，或者在字段上单击鼠标右键，选择快捷菜单中的“粘贴”命令，就可以将所复制的字段内容粘贴到指定的字段处，如图 4-2-6 所示。

商品信息表

商品编号	商品名称	商品单位	商品类别	进货单价	出售单价
S0004	哈密瓜	千克	水果	5.25	5.25
S0003	榴莲	千克	水果	22.5	22.5
S0005	苹果	千克	水果	6.8	6.8
S0007	水果黄瓜	千克	水果	5.2	5.2
S0002	水蜜桃	千克	水果	5.83	5.83
S0001	西瓜	千克	水果	2.58	2.58
S0006	香蕉	千克	水果	5.2	5.2

图 4-2-6　粘贴完成后的“出售单价”

第 3 节　查找和替换记录数据

在数据表中查找特定的数据，或者用给定的数据来替换某些数据是数据管理中常用的操作之一，查找和替换操作都是在数据表视图中进行的。本节将查找“商品信息表”中“商品名称”为“水密桃”的记录，并把“水密桃”替换为“水蜜桃”。

一、在“商品信息表”中查找“商品名称”为“水密桃”的记录

1. 打开“商品信息表”的数据表视图。

2. 单击“商品名称”字段选定器，将“商品名称”全部选中。

3. 在“开始”选项卡中选择“查找”按钮，打开“查找和替换”对话框“查找”选项卡。

4. 在“查找内容”文本框中输入“水密桃”，其他设置都不变，单击“查找下一个”按钮，则将第一个商品名称为“水密桃”的记录找到，如图 4–3–1 所示。

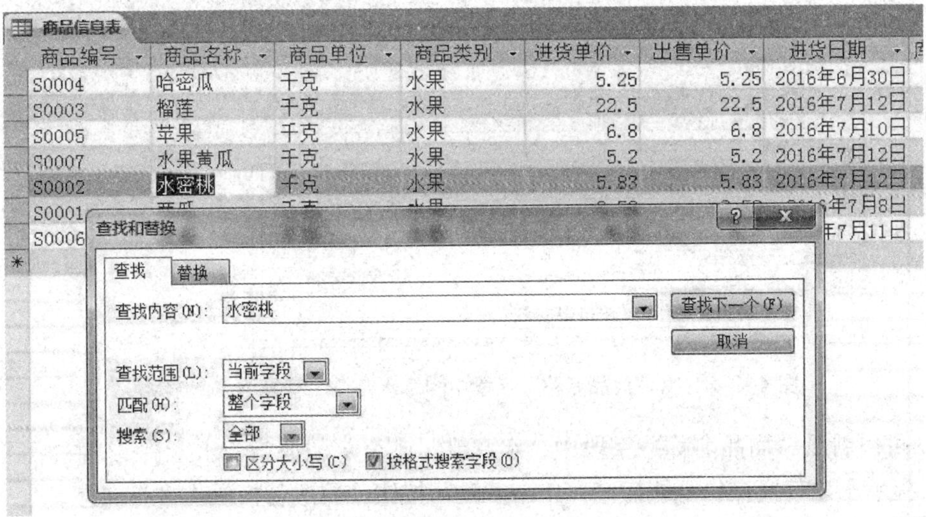

图 4–3–1　查找“商品名称”字段中名为“水密桃”的记录

5. 再一次单击“查找下一个”按钮，则找下一个商品名称为“水密桃”的记录，依次类推。

如果在数据表中没有查找到指定的内容或所有的查找已经完成，系统会弹出一个提示框，告知搜索任务结束，如图 4–3–2 所示。

图 4-3-2　搜索完成提示框

二、将“商品信息表”中的“水密桃”的记录全部替换为“水蜜桃”

1. 打开“商品信息表”的数据表视图。

2. 单击“商品名称”字段选定器，将“商品名称”全部选中。

3. 在“开始”选项卡中取“查找”按钮，打开“查找和替换”对话框“替换”选项卡。

4. 在“查找内容”文本框中输入“水密桃”，“替换内容”文本框中输入“水蜜桃”，“匹配”下拉列表中选择“整个字段”，其他设置不变，单击“全部替换”按钮，如图 4-3-3 所示。

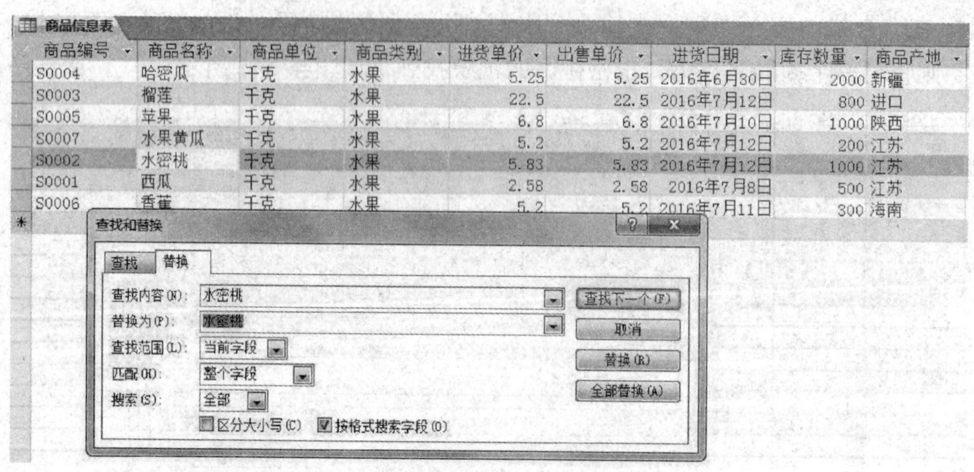

图 4-3-3　将“商品名称”字段中的“水密桃”替换为“水蜜桃”

5. 可以看到“商品名称”字段中“水密桃”已全部替换为“水蜜桃”，并打开信息提示框，提示用户替换操作不能撤销，单击“是”按钮，完成替换操作进行保存。

在“查找和替换”对话框中，“查找范围”列表框用来确定是在整个表还是在哪个字段中查找数据；“匹配”列表框用来确定匹配方式，包括“整个字段”“字段的任何部分”和“字段开关”3 种方式；“搜索”列表框用于确定搜索方式，包括“向上”“向下”和“全部”3 种方式。

三、查找通配符的使用

在查找中可以使用通配符进行更快捷的搜索，通配符的含义见表 4-3-1。

表 4-3-1　　通配符的含义

字符	含义	示例
*	与任何个数的字符匹配	St*，可以找到 St 开头的字符串
?	仅与 1 个字符匹配	B? ll，可以找到 Ball、Bell、Bill 等
[ ]	与方括号内任何单个字符匹配	B [ae] ll，可以找到 Ball、Bell，但找不到 Bill
!	匹配任何不在方括号之内的任何一个字符	B [! ae] ll，可以找到 Bill，但找不到 Ball、Bell
-	与某个范围内的任何一个字符匹配	B [a-c] d，可以找到 Bad、Bbd、Bcd
#	与任何单个数字字符匹配	2#0，可以找到 200、210、220 等

四、"记录导航"工具栏的使用

数据表视图下面的状态栏上有"记录导航"工具栏，如图 4-3-4 所示。上面有一些工具按钮和文本框，这些按钮用来移动当前记录的位置，依次是"第一条记录""上一条记录""记录编号""下一条记录""最后一条记录""到新记录"等，可利用鼠标左键单击选择所要查看的记录。

记录: 第 5 项(共 7 项)

图 4-3-4　"记录导航"工具栏

第 4 节　排序数据表的记录数据

在向 Access 2010 的数据表中输入数据时，一般是按照输入记录的先后顺序进行排列。但在实际应用中，可能需要将记录按照不同的要求重新排列顺序，排序的操作也是在数据表视图中完成的。本节将对"商品信息表"进行排序操作，将按照"进货日期"从低到高重新排列顺序，如果"进货日期"相同，再的按照"库存数量"从高到低排列。

一、排序的概念

排序是将表中的记录按照一个字段或多个字段的值进行排列。若排列的字段是从小到大，称为"升序"；若排序的字段值是从大到小，称为"降序"。对于不同的字段类型，有不同的排序规则。

二、排序的规则

1. 数字大小排序，升序时从小到大排序，降序时从大到小排序。

2. 英文字母按照 26 个字母的顺序排序（大小写视为相同），升序时按 A ~ Z 排序，降序时按 Z ~ A 排序。

3. 中文按照汉语拼音字母的顺序排序，升序时按 a～z 排序，降序时按 z～a 排序。

4. 日期和时间段，是按日期值的顺序排序，升序排序日期时间值从小到大，降序排序按日期时间值从大到小。

5. 数据类型为备注、超链接或者 OLE 对象的字段不能排序。

6. 在“文本”类型字段中保存的数字将作为字符串而不能按数值来排序。因此，如果要以数值顺序来排序，必须在较短的数字前面加上 0，使得全部的文本字符串具有相同的长度。例如，要以升序排序文本字符串：“1”“2”“10”“20”，其结果是：“1”“10”“2”“20”。必须在仅有一位数的字符串前面加上 0 或者空格，才能得到正确的排序结果，如“01”“02”“10”“20”。

7. 在以升序排列时，任何含有空字段（包含 NULL 值）的记录将列在列表的第一条。如果字段中包含 NULL 值和空字符串，包含 NULL 的记录将在第一条显示，紧接着是空字符串。

当对表进行排序后，在关闭数据表时会出现提示对话框，询问是否保存对表的布局更改，单击“是”按钮将保存更改结果。排序后，排序方式与表一起保存。

三、对“商品信息表”按“进货日期”从低到高排序

1. 打开“商品信息表”的数据表视图。

2. 在“进货日期”字段的记录上单击。

3. 单击“表格工具”选项卡中的“升序”按钮（若从高到低排序，则按 Z↓A 降序 “降序”）排序完成，结果如图 4-4-1 所示。

商品信息表

商品编号	商品名称	商品单位	商品类别	进货单价	出售单价	进货日期	库存数量	商品产地	产品认证
S0004	哈密瓜	千克	水果	5.25	5.25	2016年6月30日	2000	新疆	☐
S0001	西瓜	千克	水果	2.58	2.58	2016年7月8日	500	江苏	☑
S0005	苹果	千克	水果	6.8	6.8	2016年7月10日	1000	陕西	☐
S0006	香蕉	千克	水果	5.2	5.2	2016年7月11日	300	海南	☑
S0007	水果黄瓜	千克	水果	5.2	5.2	2016年7月12日	200	江苏	☑
S0003	榴莲	千克	水果	22.5	22.5	2016年7月12日	800	进口	☑
S0002	水蜜桃	千克	水果	5.83	5.83	2016年7月12日	1000	江苏	☑

图 4-4-1　对“进货日期”升序排序结果

四、对“商品信息表”，先按“进货日期”从低到高排序，如果“进货日期”相同，再按“库存数量”从高到低排序

这是多字段排序。先根据第一个字段的指定顺序进行排序，当第一个字段具有相同的值时，再按照第二个字段的值进行排序，以此类推，直到完成全部记录的排序，具体操作步骤如下：

1. 打开“商品信息表”的数据表视图。

2. 单击“表格工具”选项卡中的“高级”按钮，选择其下拉菜单中的“高级筛选 / 排

序”命令，打开“筛选”设计窗口。

3. 在“筛选”第一列字段的下拉列表中选择“进货日期”，排序下拉列表选择“升序”，在第二列的字段下拉列表中选择“库存数量”，排序下拉列表选择“降序”，如图 4-4-2 所示的。

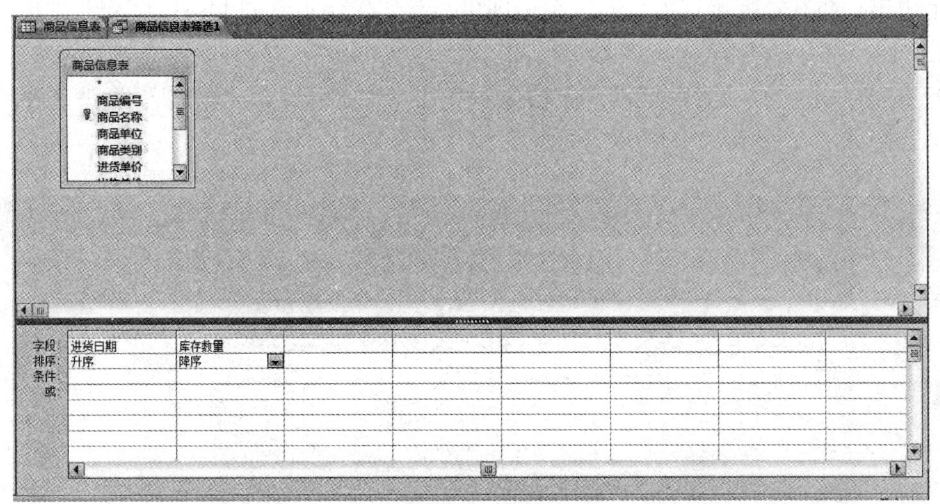

图 4-4-2　“筛选”设计窗口

4. 单击“表格工具”选项卡中的“高级”按钮，选择其下拉菜单中的“应用筛选 / 排序”命令，得到排序后的结果，如图 4-4-3 所示。

商品编号	商品名称	商品单位	商品类别	进货单价	出售单价	进货日期	库存数量	商品产地	产品认证
S0004	哈密瓜	千克	水果	5.25	5.25	2016年6月30日	2000	新疆	☐
S0001	西瓜	千克	水果	2.58	2.58	2016年7月8日	500	江苏	☑
S0005	苹果	千克	水果	6.8	6.8	2016年7月10日	1000	陕西	☐
S0006	香蕉	千克	水果	5.2	5.2	2016年7月11日	300	海南	☑
S0002	水蜜桃	千克	水果	5.83	5.83	2016年7月12日	1000	江苏	☑
S0003	榴莲	千克	水果	22.5	22.5	2016年7月12日	800	进口	☑
S0007	水果黄瓜	千克	水果	5.2	5.2	2016年7月12日	200	江苏	☑
*									☑

图 4-4-3　多字段排序后的结果

第 5 节　筛选数据表的记录数据

在实际应用中，常需要从数据表中找出满足一定条件的记录数据进行处理，例如，从“商品信息表”中查找某些商品，类似这样的操作就是“筛选”。在 Access 2010 中提供了按选定内容筛选、按窗体筛选、按筛选目标筛选、高级筛选 / 排序等筛选方式，本节将通过对“商品信息表”的记录数据进行不同要求的筛选，系统学习这几种不同的筛选操作方法。

一、按选定内容筛选

在“商品信息表”中，筛选出所有“商品产地”为江苏的商品，这是一种简单的筛选方式，只需要将光标在“商品产地”字段右侧的小箭头上单击，弹出下拉菜单，先在“全选”上单击，再在需要筛选的内容上单击即可，具体操作步骤如下：

1. 打开“商品信息表”的数据表视图。

2. 把光标定位在“商品产地”字段上，单击“商品产地”右侧的小箭头，弹开下拉菜单，如图 4-5-1 所示。

商品信息表

商品编号	商品名称	商品单位	商品类别	进货单价	进货日期	库存数量	商品产地
S0001	西瓜	千克	水果	2.58	2016年7月8日	500	江苏
S0002	水蜜桃	千克	水果	5.83	2016年7月12日	1000	江苏
S0003	榴莲	千克	水果	22.5	2016年7月12日	800	进口
S0004	哈密瓜	千克	水果	5.25	2016年6月30日	2000	新疆
S0005	苹果	千克	水果	6.8	2016年7月10日	1000	陕西
S0006	香蕉	千克	水果	5.2	2016年7月11日	300	海南
S0007	水果黄瓜	千克	水果	5.2	2016年7月12日	200	江苏
S0008	李子	千克	水果	6.35	2016年7月21日	500	江苏
S0009	芒果	千克	水果	8.36	2016年7月18日	800	广东
S0010	椰子	千克	水果	9.12	2016年7月19日	644	海南
S0011	牛油果	千克	水果	12.32	2016年7月18日	800	进口
S0012	香瓜	千克	水果	12.58	2016年7月10日	684	安徽
S0013	核桃	千克	水果	30.5	2016年7月12日	1500	山东
S0014	柠檬	千克	水果	20.5	2016年7月20日	1600	海南
S0015	葡萄	千克	水果	15.8	2016年7月22日	900	广西
S0016	草莓	千克	水果	20.5	2016年7月11日	800	江苏
S0017	杨桃	千克	水果	30.8	2016年7月18日	1530	福建
S0018	桔子	千克	水果	9.87	2016年7月16日	1200	江西
S0019	橙子	千克	水果	10.5	2016年7月19日	620	四川
S0020	猕猴桃	千克	水果	15.8	2016年7月17日	430	陕西
S0021	荔枝	千克	水果	16.5	2016年7月16日	230	广东

产品认证 说明

升序(S)
降序(O)
从“商品产地”清除筛选器(L)
文本筛选器(F)
(全选)
(空白)
安徽
福建
广东
广西
海南
江苏
确定 取消

图 4-5-1 筛选下拉菜单

3. 先在“全选”上单击，取消掉所有选项前面的“√”，然后再在“江苏”前面单击，加上“√”，完成筛选，如图 4-5-2 所示。

商品信息表

商品编号	商品名称	商品单位	商品类别	进货单价	进货日期	库存数量	商品产地	产品认证
S0001	西瓜	千克	水果	2.58	2016年7月8日	500	江苏	☑
S0002	水蜜桃	千克	水果	5.83	2016年7月12日	1000	江苏	☑
S0007	水果黄瓜	千克	水果	5.2	2016年7月12日	200	江苏	☑
S0008	李子	千克	水果	6.35	2016年7月21日	500	江苏	☑
S0016	草莓	千克	水果	20.5	2016年7月11日	800	江苏	☑

图 4-5-2 筛选后的结果

二、按筛选目标筛选

在“商品信息表”中，筛选出库存数量小于等于 500 的商品，按筛选目标筛选是使用输入值（或表达式）来查找包含该值的记录（或满足该条件表达式的记录）。

1. 打开“商品信息表”的数据表视图。

2. 把光标定位在“库存数量”字段上，单击“商品产地”右侧的小箭头，在弹开的下拉菜单中选择“数字筛选器”命令下面的“小于”，弹开如图 4–5–3 所示的对话框。

图 4–5–3　自定义筛选对话框

3. 在文本框中输入“500”，然后单击“确定”完成筛选，筛选结果如图 4–5–4 所示。

商品信息表

商品编号	商品名称	商品单位	商品类别	进货单价	进货日期	库存数量	商品产地	产品认证
S0001	西瓜	千克	水果	2.58	2016年7月8日	500	江苏	☑
S0006	香蕉	千克	水果	5.2	2016年7月11日	300	海南	☑
S0007	水果黄瓜	千克	水果	5.2	2016年7月12日	200	江苏	☑
S0008	李子	千克	水果	6.35	2016年7月21日	500	江苏	☑
S0020	猕猴桃	千克	水果	15.8	2016年7月17日	430	陕西	☐
S0021	荔枝	千克	水果	16.5	2016年7月16日	230	广东	☑

图 4–5–4　筛选后的结果

三、按窗体筛选

在“商品信息表”中，筛选出所有瓜类商品，这是一种快速筛选的方法，并且可以对两个以上字段的值进行筛选。按窗体筛选时，数据表转变为一个记录形式，并且在每个字段下都出现一个下拉列表框，可以从每个列表框中选取一个值作为筛选的内容。

1. 打开“商品信息表”的数据表视图。

2. 单击“表格工具”选项卡中的“高级”按钮，选择其下拉菜单中的“按窗体筛选”命令，打开“筛选”设计窗口，如图 4–5–5 所示。

图 4–5–5　按窗体筛选

3. 在“商品名称”下面单击，可以看到所有商品的列表，如果要筛选出所有瓜类商品，只要在“商品名称”下的文本框中输入“* 瓜”（通配符的使用如前文所示）。

4. 单击“表格工具”选项卡中的“高级”按钮，选择其下拉菜单中的“应用筛选 / 排序”命令，得到筛选后的结果如图 4–5–6 所示。

商品信息表

商品编号	商品名称	商品单位	商品类别	进货单价	进货日期	库存数量	商品产地	产品认证
S0001	西瓜	千克	水果	2.58	2016年7月8日	500	江苏	☑
S0004	哈密瓜	千克	水果	5.25	2016年6月30日	2000	新疆	☐
S0007	水果黄瓜	千克	水果	5.2	2016年7月12日	200	江苏	☑
S0012	香瓜	千克	水果	12.58	2016年7月10日	684	安徽	☑

图 4–5–6　筛选后的结果

该操作也可以利用筛选中的“包含”来实现，在“商品名称”字段右侧的箭头下单击，在弹出的快捷菜单中选择“文本筛选器”下面的“包含”命令，弹出如图 4–5–7 所示的对话框，在文本框中输入“瓜”，即可出现如图 4–5–6 所示的筛选结果。

图 4–5–7 自定义筛选对话框

四、高级筛选

在“商品信息表”中，筛选产地为“江苏”，并且库存数量大于 500 的商品，并按“进货日期”进行排序。前面的几种筛选都属于简单筛选，而使用“高级筛选 / 排序”可以根据较复杂的条件对数据进行筛选并且排序，具体操作步骤如下：

1. 打开“商品信息表”的数据表视图。

2. 单击“表格工具”选项卡中的“高级”按钮，选择其下拉菜单中的“高级筛选 / 排序”命令，打开“筛选”设计窗口。

3. 在“筛选”设计窗口的第一列中选择“进货日期”字段，在排序下选择“升序”；在第二列中选择“产地”字段，在条件内输入“江苏”；在第三列中选择“库存数量”字段，在条件中输入“>=500”，如图 4–5–8 所示。

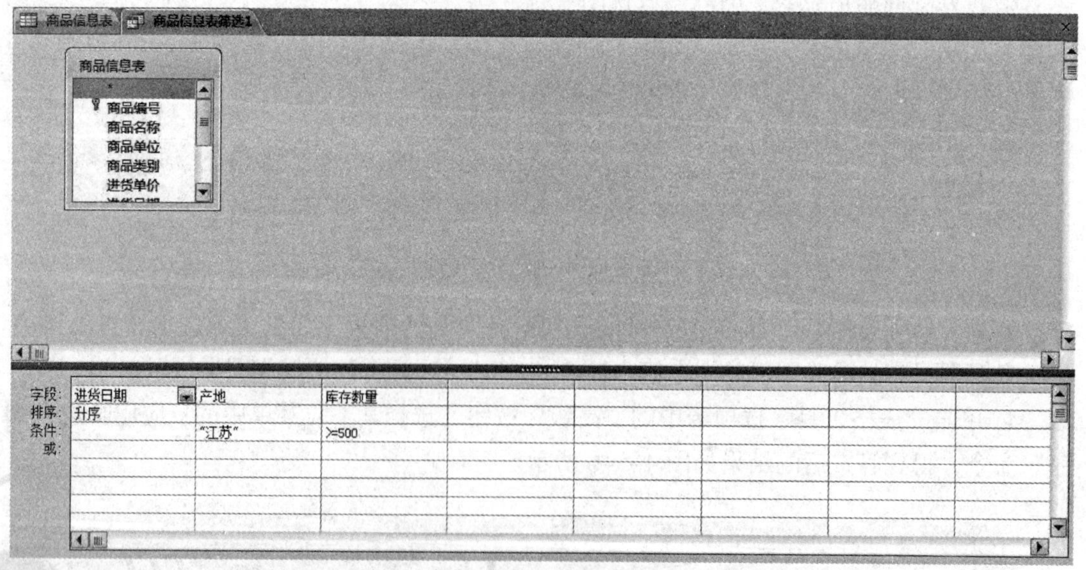

图 4–5–8 “筛选”设计窗口

4. 单击“表格工具”选项卡中的“高级”按钮，选择其下拉菜单中的“应用筛选 / 排序”命令，筛选后的结果如图 4–5–9 所示。

商品编号	商品名称	商品单位	商品类别	进货单价	进货日期	库存数量	商品产地	产品认证
S0001	西瓜	千克	水果	2.58	2016年7月8日	500	江苏	☑
S0016	草莓	千克	水果	20.5	2016年7月11日	800	江苏	☑
S0002	水蜜桃	千克	水果	5.83	2016年7月12日	1000	江苏	☑
S0008	李子	千克	水果	6.35	2016年7月21日	500	江苏	☑

图 4-5-9　筛选后的结果

在实际应用中经常需要按照某种条件进行筛选。当退出 Access 时，希望下次还能使用这个筛选条件，这时就需要保存筛选条件。

当退出“筛选”窗口时，系统会提示用户是否保存对表设计的更改，如图 4-5-10 所示。

单击“是”按钮，系统将保存筛选条件。下一次打开此表时，单击“表格工具”选项卡中的“高级”按钮，选择其下拉菜单中的“应用筛选 / 排序”命令，筛选就会自动进行。

在一个表上已经建立好一个筛选，如果又建立了一个新的筛选，最初的筛选条件就会被覆盖。如果想在一个表上建立多个筛选，而且想把这些筛选都保存下来，可以将其保存为查询，具体操作步骤如下：

1. 在建立的高级筛选设计窗口中的任意位置单击右键，在弹出的快捷菜单中选择“保存为查询”，弹出如图 4-5-11 所示的对话框。

2. 输入要保存筛选的名称，单击“确定”按钮。下次要想使用这个查询，可以直接打开。

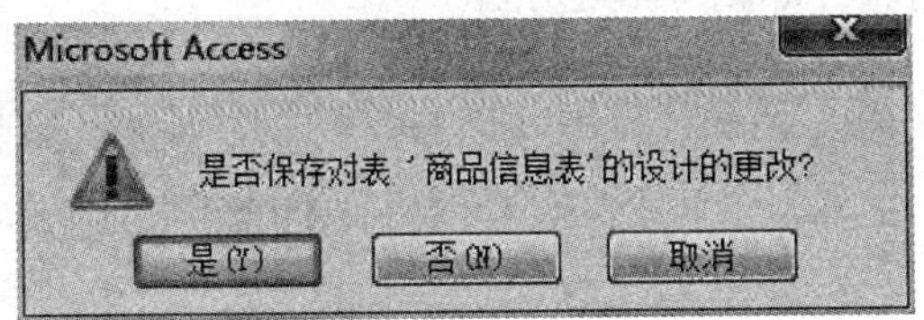

图 4-5-10　保存筛选

图 4-5-11　“另存为查询”对话框

第 6 节　设置数据表

如果不进行格式设置，数据表视图的格式就是 Access 2010 的默认格式，如图 4-6-1 所示就是“商品信息表”的默认格式，若用户对这种默认格式不满意，可以自行设置。本节通过对“商品信息表”的设置，学习在数据表视图中调整表的格式。

商品信息表

商品编号	商品名称	商品单位	商品类别	进货单价	进货日期	库存数量	商品产地	产品认证
S0004	哈密瓜	千克	水果	5.25	2016年6月30日	2000	新疆	☐
S0001	西瓜	千克	水果	2.58	2016年7月8日	500	江苏	☑
S0012	香瓜	千克	水果	12.58	2016年7月10日	684	安徽	☑
S0005	苹果	千克	水果	6.8	2016年7月10日	1000	陕西	☐
S0016	草莓	千克	水果	20.5	2016年7月11日	800	江苏	☑
S0006	香蕉	千克	水果	5.2	2016年7月11日	300	海南	☑
S0002	水蜜桃	千克	水果	5.83	2016年7月12日	1000	江苏	☑
S0003	榴莲	千克	水果	22.5	2016年7月12日	800	进口	☑
S0013	核桃	千克	水果	30.5	2016年7月12日	1500	山东	☐
S0007	水果黄瓜	千克	水果	5.2	2016年7月12日	200	江苏	☑
S0018	桔子	千克	水果	9.87	2016年7月16日	1200	江西	☑
S0021	荔枝	千克	水果	16.5	2016年7月16日	230	广东	☑
S0020	猕猴桃	千克	水果	15.8	2016年7月17日	430	陕西	☐
S0009	芒果	千克	水果	8.36	2016年7月18日	800	广东	☑
S0011	牛油果	千克	水果	12.32	2016年7月18日	800	进口	☑
S0017	杨桃	千克	水果	30.8	2016年7月18日	1530	福建	☐
S0019	橙子	千克	水果	10.5	2016年7月19日	620	四川	☑
S0010	椰子	千克	水果	9.12	2016年7月19日	644	海南	☑
S0014	柠檬	千克	水果	20.5	2016年7月20日	1600	海南	☑
S0008	李子	千克	水果	6.35	2016年7月21日	500	江苏	☑
S0015	葡萄	千克	水果	15.8	2016年7月22日	900	广西	☑

图 4-6-1 “商品信息表”的默认格式

一、设置列宽与行高

可以通过手动调节和设定参数两种方法来设置表的列宽和行高。

1. 手动调节列宽

由于“商品信息表”各列的数据宽度不同，因此应根据实际需要手动调节列宽。将鼠标指针移动到表中两个字段列定位器的交界处，当鼠标指针变成左右十字箭头形状后，单击鼠标左键，向左或向右拖曳至所需要的列宽，如图 4-6-2 所示。

商品信息表

商品编号	商品名称	商品单位	商品类别	进货单价	进货日期	库存数量	商品产地	产品认证
S0004	哈密瓜	千克	水果	5.25	2016年6月30日	2000	新疆	☐
S0001	西瓜	千克	水果	2.58	2016年7月8日	500	江苏	☑
S0012	香瓜	千克	水果	12.58	2016年7月10日	684	安徽	☑
S0005	苹果	千克	水果	6.8	2016年7月10日	1000	陕西	☐
S0016	草莓	千克	水果	20.5	2016年7月11日	800	江苏	☑
S0006	香蕉	千克	水果	5.2	2016年7月11日	300	海南	☑
S0002	水蜜桃	千克	水果	5.83	2016年7月12日	1000	江苏	☑
S0003	榴莲	千克	水果	22.5	2016年7月12日	800	进口	☑
S0013	核桃	千克	水果	30.5	2016年7月12日	1500	山东	☐
S0007	水果黄瓜	千克	水果	5.2	2016年7月12日	200	江苏	☑
S0018	桔子	千克	水果	9.87	2016年7月16日	1200	江西	☑
S0021	荔枝	千克	水果	16.5	2016年7月16日	230	广东	☑
S0020	猕猴桃	千克	水果	15.8	2016年7月17日	430	陕西	☐
S0009	芒果	千克	水果	8.36	2016年7月18日	800	广东	☑
S0011	牛油果	千克	水果	12.32	2016年7月18日	800	进口	☑
S0017	杨桃	千克	水果	30.8	2016年7月18日	1530	福建	☐
S0019	橙子	千克	水果	10.5	2016年7月19日	620	四川	☑
S0010	椰子	千克	水果	9.12	2016年7月19日	644	海南	☑
S0014	柠檬	千克	水果	20.5	2016年7月20日	1600	海南	☑
S0008	李子	千克	水果	6.35	2016年7月21日	500	江苏	☑
S0015	葡萄	千克	水果	15.8	2016年7月22日	900	广西	☑

图 4-6-2 手动调节列宽

手动调整行高与调节列宽类似，只要在行定位器上拖曳即可，只是行高的手工调节对所有行均起作用，列宽只是对所选列定位器前面的字段列起作用。

2. 设定参数调节行高

由于“商品信息表”各行的高度应该相同，因此可以通过设定参数来调节行高，在行定位器上单击鼠标右键，弹出如图 4–6–3 所示的快捷菜单。

在快捷菜单中选择“行高”命令，弹出“行高”对话框，输入行高的参数（如 18），如图 4–6–4 所示，单击“确定”按钮后，设置了行高参数以后的“商品信息表”的显示效果如图 4–6–5 所示。

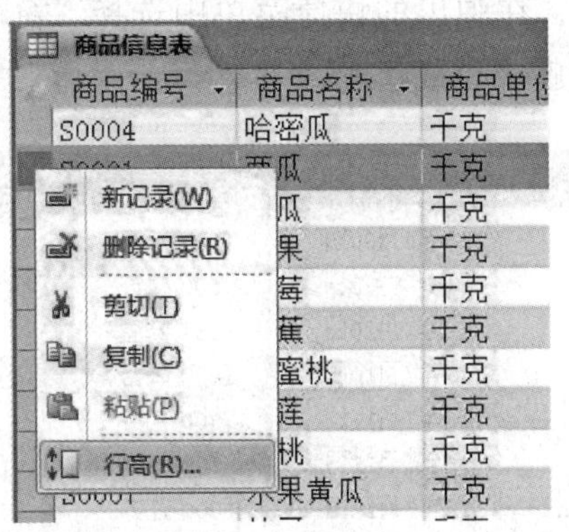

图 4–6–3　行高设计快捷菜单

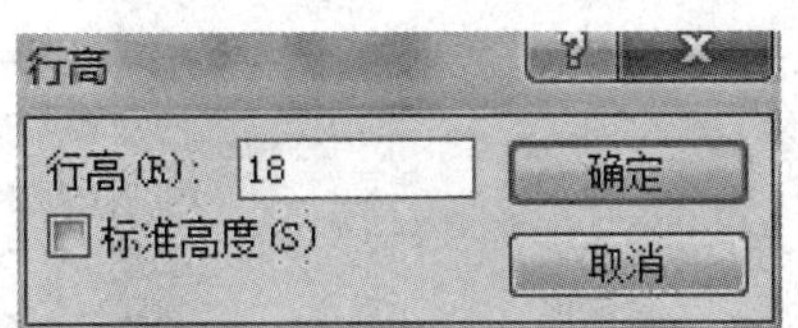

图 4–6–4　“行高”对话框

商品信息表

商品编号	商品名称	商品单位	商品类别	进货单价	进货日期	库存数量	商品产地	产品认证
S0004	哈密瓜	千克	水果	5.25	2016年6月30日	2000	新疆	☐
S0001	西瓜	千克	水果	2.58	2016年7月8日	500	江苏	☑
S0012	香瓜	千克	水果	12.58	2016年7月10日	684	安徽	☑
S0005	苹果	千克	水果	6.8	2016年7月10日	1000	陕西	☐
S0016	草莓	千克	水果	20.5	2016年7月11日	800	江苏	☑
S0006	香蕉	千克	水果	5.2	2016年7月11日	300	海南	☑
S0002	水蜜桃	千克	水果	5.83	2016年7月12日	1000	江苏	☑
S0003	榴莲	千克	水果	22.5	2016年7月12日	800	进口	☑
S0013	核桃	千克	水果	30.5	2016年7月12日	1500	山东	☐
S0007	水果黄瓜	千克	水果	5.2	2016年7月12日	200	江苏	☑
S0018	桔子	千克	水果	9.87	2016年7月16日	1200	江西	☑
S0021	荔枝	千克	水果	16.5	2016年7月16日	230	广东	☑
S0020	猕猴桃	千克	水果	15.8	2016年7月17日	430	陕西	☐
S0009	芒果	千克	水果	8.36	2016年7月18日	800	广东	☑
S0011	牛油果	千克	水果	12.32	2016年7月18日	800	进口	☑
S0017	杨桃	千克	水果	30.8	2016年7月18日	1530	福建	☐
S0019	橙子	千克	水果	10.5	2016年7月19日	620	四川	☑
S0010	椰子	千克	水果	9.12	2016年7月19日	644	海南	☑
S0014	柠檬	千克	水果	20.5	2016年7月20日	1600	海南	☑
S0008	李子	千克	水果	6.35	2016年7月21日	500	江苏	☑
S0015	葡萄	千克	水果	15.8	2016年7月22日	900	广西	☑

图 4–6–5　设置行高参数为“18”的“商品信息表”

二、隐藏列 / 取消隐藏字段

当一个数据表的字段较多，使得屏幕宽度无法全部显示表中所有字段时，可以将不需要显示的列暂时隐藏起来。隐藏不是删除，只是在屏幕上不显示而已，当需要显示时，还可以取消隐藏字段恢复。在使用鼠标拖动改变列宽时，当拖动右边界的分隔线超过左边线时，也可以隐藏字段。

将“商品信息表”中的“商品类别”字段暂时隐藏起来的步骤如下：

1. 打开“商品信息表”的数据表视图。

2. 右键单击“商品类别”字段的列定位器，在弹出的快捷菜单中选择“隐藏字段”命令，如图 4-6-6 所示，这时“商品类别”字段就被隐藏起来了。

商品信息表

商品编号	商品名称	商品单位	商品类别	进货单价	进货日期	库存数量	商品产地	产品认证
S0004	哈密瓜	千克	水果		16年6月30日	2000	新疆	☐
S0001	西瓜	千克	水果		016年7月8日	500	江苏	☑
S0012	香瓜	千克	水果		16年7月10日	684	安徽	☑
S0005	苹果	千克	水果		16年7月10日	1000	陕西	☐
S0016	草莓	千克	水果		16年7月11日	800	江苏	☑
S0006	香蕉	千克	水果		16年7月11日	300	海南	☑
S0002	水蜜桃	千克	水果		16年7月12日	1000	江苏	☑
S0003	榴莲	千克	水果		16年7月12日	800	进口	☑
S0013	核桃	千克	水果		16年7月12日	1500	山东	☐
S0007	水果黄瓜	千克	水果		16年7月12日	200	江苏	☑
S0018	桔子	千克	水果		16年7月16日	1200	江西	☑
S0021	荔枝	千克	水果		16年7月16日	230	广东	☑
S0020	猕猴桃	千克	水果		16年7月17日	430	陕西	☐
S0009	芒果	千克	水果		16年7月18日	800	广东	☑
S0011	牛油果	千克	水果		16年7月18日	800	进口	☑
S0017	杨桃	千克	水果	30.8	2016年7月18日	1530	福建	☐
S0019	橙子	千克	水果	10.5	2016年7月19日	620	四川	☑
S0010	椰子	千克	水果	9.12	2016年7月19日	644	海南	☑
S0014	柠檬	千克	水果	20.5	2016年7月20日	1600	海南	☑
S0008	李子	千克	水果	6.35	2016年7月21日	500	江苏	☑
S0015	葡萄	千克	水果	15.8	2016年7月22日	900	广西	☑
*								☑

升序(S)
降序(O)
复制(C)
粘贴(P)
字段宽度(F)
隐藏字段(F)
取消隐藏字段(U)
冻结字段(Z)
取消冻结所有字段(A)
查找(F)...
插入字段(F)
修改查阅(L)
修改表达式(E)
重命名字段(N)
删除字段(L)

图 4-6-6 选择“隐藏字段”命令

如果要将隐藏的字段重新显示出来，可以进行如下操作：

1. 右键单击任一字段的列定位器，在弹出的快捷菜单中选择“取消隐藏字段”命令，则弹出如图 4-6-7 所示的对话框。

2. 在“取消隐藏字段”列表框中，选中“商品类别”复选框，单击“关闭”按钮，这时“商品类别”字段就在数据表中重新显示出来。

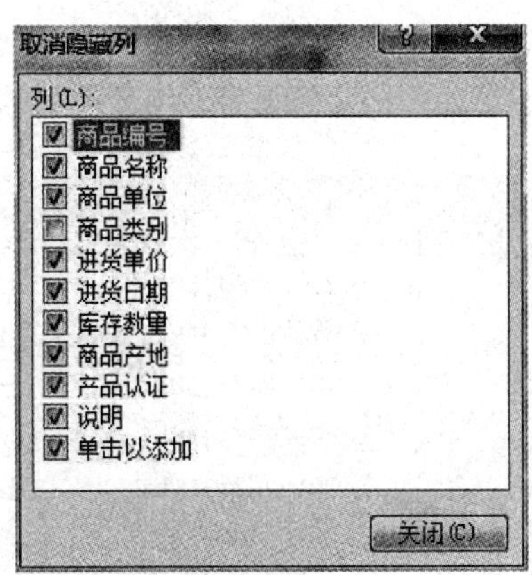

图 4-6-7 “取消隐藏字段”对话框

三、冻结 / 取消冻结字段

在实际应用中，有些数据表的字段比较多，数据表显得很宽，屏幕不能把所有字段都显示出来，只能通过水平滚动条移动显示，若要比对两个或多个间隔较远的字段时，很不方便。此时可以利用“冻结字段”的功能将表中一部分重要的字段固定在屏幕上，所有冻结的字段将连续排列于表的左端。

如要冻结“商品信息表”中的“商品编号”与“商品名称”两个字段，可以进行如下操作：

1. 打开“商品信息表”的数据表视图。

2. 选定“商品编号”和“商品名称”两列，在列定位器上单击鼠标右键，在弹出的快捷菜单中选择“冻结字段”命令，如图 4-6-8 所示。

商品信息表

商品编号	商品名称	商品单位	商品类别	进货单价	进货日期	库存数量	商品产地
S0004	哈密		果	5.25	2016年6月30日	2000	新疆
S0001	西瓜		果	2.58	2016年7月8日	500	江苏
S0012	香瓜		果	12.58	2016年7月10日	684	安徽
S0005	苹果		果	6.8	2016年7月10日	1000	陕西
S0016	草莓		果	20.5	2016年7月11日	800	江苏
S0006	香蕉		果	5.2	2016年7月11日	300	海南
S0002	水蜜		果	5.83	2016年7月12日	1000	江苏
S0003	榴莲		果	22.5	2016年7月12日	800	进口
S0013	核桃		果	30.5	2016年7月12日	1500	山东
S0007	水果		果	5.2	2016年7月12日	200	江苏
S0018	桔子		果	9.87	2016年7月16日	1200	江西
S0021	荔枝		果	16.5	2016年7月16日	230	广东
S0020	猕猴		果	15.8	2016年7月17日	430	陕西
S0009	芒果		果	8.36	2016年7月18日	800	广东
S0011	牛油		果	12.32	2016年7月18日	800	进口
S0017	杨桃	千克	水果	30.8	2016年7月18日	1530	福建

升序(S)
降序(O)
复制(C)
粘贴(P)
字段宽度(F)
隐藏字段(F)
取消隐藏字段(U)
冻结字段(Z)
取消冻结所有字段(A)
查找(F)...
插入字段(F)
修改查阅(L)
修改表达式(E)
重命名字段(N)
删除字段(L)

图 4-6-8 选择“冻结字段”命令

此时滚动水平滚动条，这两个字段始终显示在窗口最左边，如图 4-6-9 所示。如果要取消冻结字段，只需要选择快捷菜单中的“取消冻结所有字段”命令即可。

商品信息表

商品编号	商品名称	进货单价	进货日期	库存数量	商品产地	产品认证
S0004	哈密瓜	5.25	2016年6月30日	2000	新疆	☐
S0001	西瓜	2.58	2016年7月8日	500	江苏	☑
S0012	香瓜	12.58	2016年7月10日	684	安徽	☑
S0005	苹果	6.8	2016年7月10日	1000	陕西	☐
S0016	草莓	20.5	2016年7月11日	800	江苏	☑
S0006	香蕉	5.2	2016年7月11日	300	海南	☑
S0002	水蜜桃	5.83	2016年7月12日	1000	江苏	☑
S0003	榴莲	22.5	2016年7月12日	800	进口	☑
S0013	核桃	30.5	2016年7月12日	1500	山东	☐
S0007	水果黄瓜	5.2	2016年7月12日	200	江苏	☑
S0018	桔子	9.87	2016年7月16日	1200	江西	☑
S0021	荔枝	16.5	2016年7月16日	230	广东	☑
S0020	猕猴桃	15.8	2016年7月17日	430	陕西	☐
S0009	芒果	8.36	2016年7月18日	800	广东	☑
S0011	牛油果	12.32	2016年7月18日	800	进口	☑
S0017	杨桃	30.8	2016年7月18日	1530	福建	☐
S0019	橙子	10.5	2016年7月19日	620	四川	☑

记录：第 1 项(共 21 项　未筛选　搜索

图 4-6-9　冻结“商品编号”与“商品名称”字段后的显示

四、设置数据表的格式

数据表视图默认的表格样式是白底、黑字、细表格线形式，还可根据需要改变数据表视图的样式，使表格变得更加多样化，更加美观，具体操作步骤如下：

1. 打开“商品信息表”的数据表视图。

2. 在“开始”中单击“文本格式”选项卡中右下角按钮，打开“设置数据表格式”对话框，设置“商品信息表”的格式，如单元格效果（平面）、背景色（蓝色）、网络线颜色（红色）、边框（实线）、线型等，然后单击“确定”按钮，如图 4-6-10 所示。

五、设置数据表的字体

1. 打开“商品信息表”的数据表视图。

2. 在“开始”选项卡的“文本格式”中就可以对数据表进行格式设置。其操作方式类似于 Word 中对字体的操作，设置“商品信息表”的字体格式为：字体（仿宋）、字号（小四）、字体颜色（红色），其他设置不变。

图 4-6-10 “设置数据表格式”对话框

思考与练习

一、单项选择

1. 在表设计视图的“字段属性”框中，默认的“标题”属性是（　　）。

A. 字段名　　B. 空　　C. 字段类型　　D. NULL

2. 在表的设计视图中，要插入一个新的字段，应将光标移动到位于插入字段后的字段，在“插入”菜单中选择（　　）命令。

A. 新记录　　B. 新字段　　C. 行　　D. 列

3. 在表数据视图中将光标定位于最后一行，可以单击“插入”菜单，选取（　　）命令。

A. 新记录　　B. 新字段　　C. 行　　D. 列

4. 在对某些字符进行升序排序时，假设该字段存在这样的 4 个值：“100”“22”“18”和“3”，则最后排序的结果是（　　）。

A. “100”“22”“18”“3”　　B. “3”“18”“22”“100”

C. “100”“18”“22”“3”　　D. “18”“100”“22”“3”

5. 在对某字符型字段进行升序排序时，假设该字段存在这样的 4 个值，“中国”“美国”“俄罗斯”和“日本”，则最后排序的结果是（　　）。

A. “中国”“美国”“俄罗斯”“日本”　　B. “俄罗斯”“日本”“美国”“中国”

C. “中国”“日本”“美国”“俄罗斯”　　D. “俄罗斯”“美国”“日本”“中国”

6. 在查找和替换中，可以使用通配符，下列不是通配符的是（　　）。

A. * B. ? C. ! D. @

7. 在已经建立的数据表中，若在显示表中内容时使某些字段不移动显示位置，可以使用方法是（　　）。

A. 排序 B. 筛选 C. 隐藏 D. 冻结

二、判断题

1. 编辑修改表的字段，一般是在表的设计视图中进行的。(　　)

2. 数据表字段的最初排列顺序与数据表创建时输入的顺序是一致的。(　　)

3. 一个数据表中可以有多个主关键字。(　　)

4. 删除记录的过程分两步，先选定要删除的记录，然后再将其删除。(　　)

三、简答题

1. 修改字段的数据类型会出现什么问题？应该如何解决？

2. 在 Access 2010 中，中文、英文和数字的排序规则是什么？

3. 简述多字段排序的排序过程。

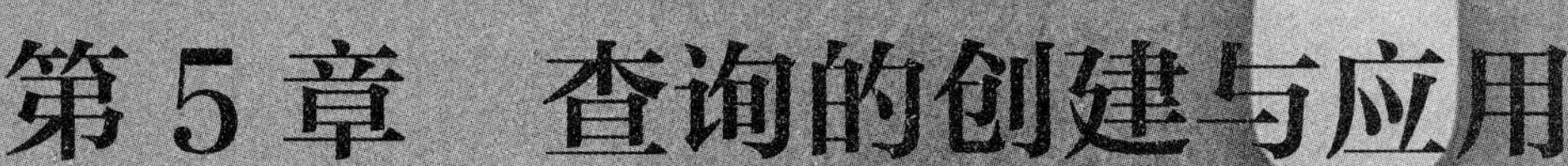

第5章 查询的创建与应用

建立数据库的目的是在数据库中保存大量的数据，并能够按照一定的条件从数据库中检索出所需的信息。在 Access 2010 中进行检索是通过创建查询并运行查询来实现。

查询是 Access 2010 数据库的主要对象，也是一项重要的操作。使用查询可以迅速从数据表中获得需要的数据，还可以通过查询对表中的数据进行添加、删除和修改等操作，查询结果还可以作为窗体、报表、查询和其他的数据来源，从而增加数据库设计的灵活性。

本章主要是以已经建立的“商品销售管理”数据库为例，介绍创建各种查询的方法和步骤。

第1节 定义数据表之间的关系

在“商品销售管理”数据库中，不同表内的数据并不是孤立的，而是有着各种各样的关联。例如，需要查询某一个商品的“进货日期”和“出货日期”等，就需要数据之间有一种“关系”连接起来，这种“关系”的建立是基于不同的字段来连接的，例如，“商品信息表”和“进货信息表”“出货信息表”之间就是通过“商品编号”字段连接起来的，形成一个新的数据集合。

一、关系的概念

关系是在两个表的字段之间所建立的联系。通过关系使数据库表间的数据合并起来，形成新的数据，以便以后应用于查询、窗体和报表等。

二、关系的类型

1. 一对一关系

若 A 表中的每一条记录只能与 B 表中的一条记录相匹配，同时 B 表中的每一条记录也只能与 A 表中的一条记录相匹配，则称 A 表与 B 表是一对一关系。这种关系不常用，因为大多数与此相关的信息都在一个表中。

2. 一对多关系

若 A 表中的一条记录能与 B 表中的多条记录相匹配，但 B 表中的一条记录仅与 A 表中的一条记录相匹配，则称 A 表和 B 表为一对多关系，其中“一”方的表称为父表，“多”方的表称为子表。在实际工作中，使用最多的是一对多关系。

3. 多对多关系

若 A 表中的一条记录能与 B 表中的多条记录相匹配，同时 B 表中一条记录也能与 A 表中的多条记录相匹配，则称 A 表与 B 表为多对多关系。

建立关系的类型取决于两个表中相同字段的定义。如果两个表中的相关字段都是主键，则创建一对一关系；如果仅有一个表中的相关字段是主键，则创建一对多关系。

三、建立关系

1. 打开“商品销售管理”数据库，单击“数据库工具”选项卡下面的“关系”按钮，则打开“关系”设计窗口，如图 5-1-1 所示。再单击“设计”中的“显示表”按钮，则弹出“显示表”对话框，对话框中显示数据库中的所有表，如图 5-1-2 所示。

图 5-1-1 “关系”设计窗口

图 5-1-2　显示表对话框

2. 将数据库中的表添加到“关系”窗口中，添加时，只需要在显示表对话框中的某一个表上双击即可，添加后的结果如图 5-1-3 所示。

图 5-1-3　“关系”窗口中添入数据库中的表

3. 选中“商品信息表”中的“商品编号”字段，将其拖到“进货信息表”中的“商品编号”字段上，弹出“编辑关系”对话框，选中“实施参照完整性”复选框，如图 5-1-4 所示。

4. 单击“创建”按钮，这时从“关系”窗口可以看出：在“商品信息表”和“出货信息表”之间出现了一条连线，并在“商品信息表”一端显示为“1”，在“出货信息表”一端显示为“∞”，如图 5-1-5 所示，表示在两表之间建立了一对多的关系。

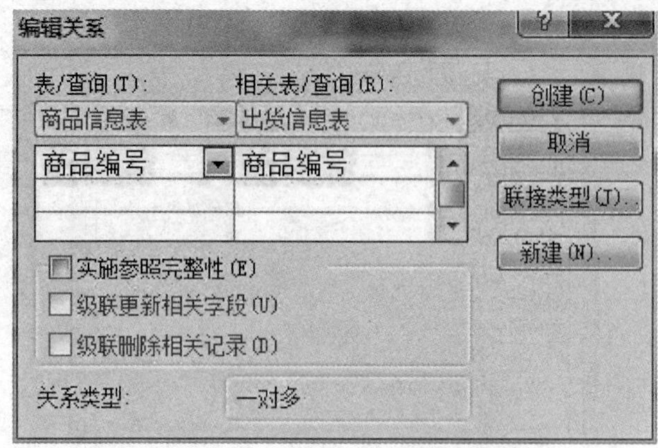

图 5–1–4 “编辑关系”对话框

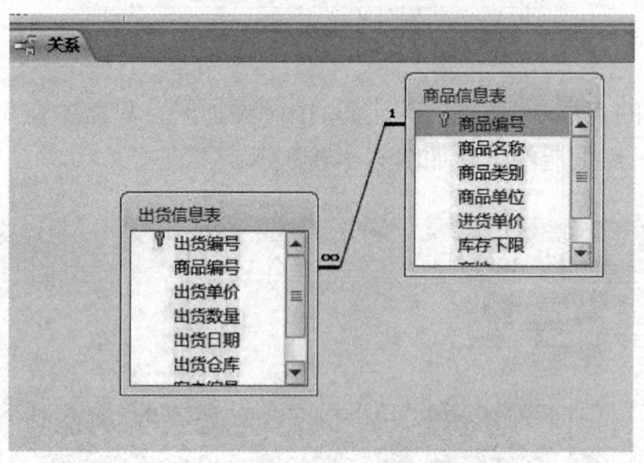

图 5–1–5 两表之间建立了关系

5. 使用同样的方法，在“商品信息表”和“进货信息表”也建立一对多的关系，如图 5–1–6 所示。单击关闭时会询问“是否保存”，单击“是”则保存此关系。

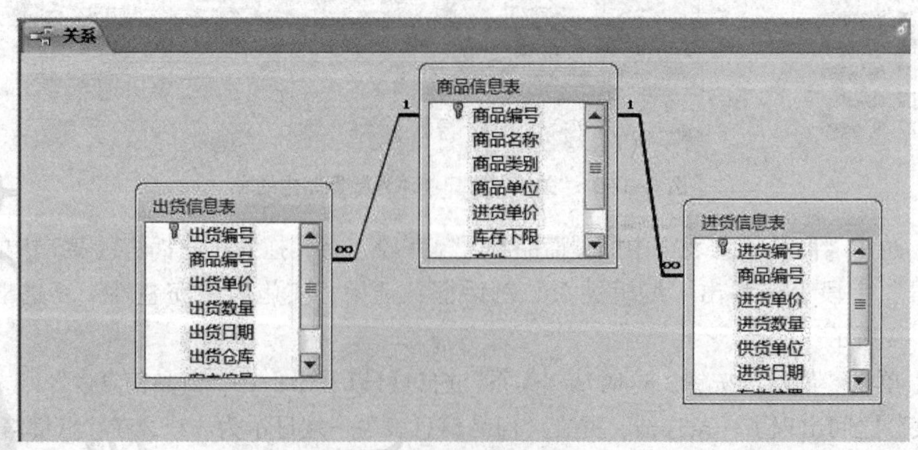

图 5–1–6 三表之间的关系

四、编辑、删除关系

1. 打开数据库窗口，单击“数据库工具”选项卡下面的“关系”按钮，则可以查看表间的关系。

2. 右键单击表间关系连线，在弹出的快捷菜单中选择“编辑关系”选项，弹出“编辑关系”对话框。

3. 在“编辑关系”对话框的列表中选择要建立的关系表和字段，单击“确定”按钮，即可编辑、修改表之间的关系。

4. 在“关系”窗口，右键单击表间的关系连接，在弹出的快捷菜单中，选择“删除”选项，可删除表之间的关系。

小提示

在“关系”窗口中，如果表间关系显示为 ∞╱¹，表示在定义表间关系时选择了“实施参照完整性”；如果表间关系显示为 ╲，则表示在定义表间关系时没有选择“实施参照完整性”。

五、参照完整性

已经为“商品信息表”与“出货信息表”之间建立了一对多的表间关系，并实施了参数完整性，若在“出货信息表”的“商品编号”字段中输入的数据与“商品信息表”中的“商品编号”不匹配，就会弹出如图 5-1-7 所示的出错提示信息。

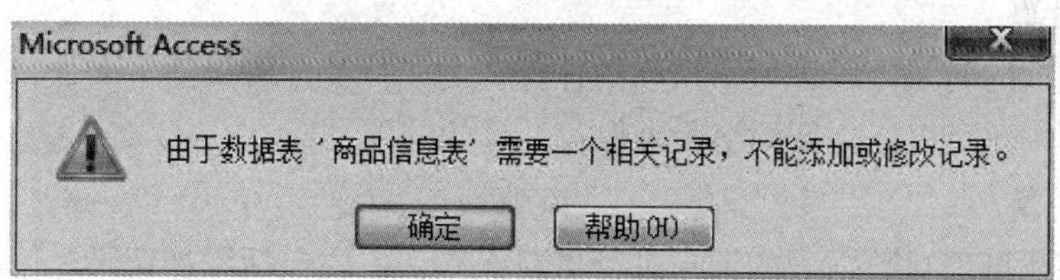

图 5-1-7　出错提示

反之，如果在“出货信息表”中有某个商品的编号，就不能删除“商品信息表”中该编号的记录，否则会弹出如图 5-1-8 所示的出错提示信息。

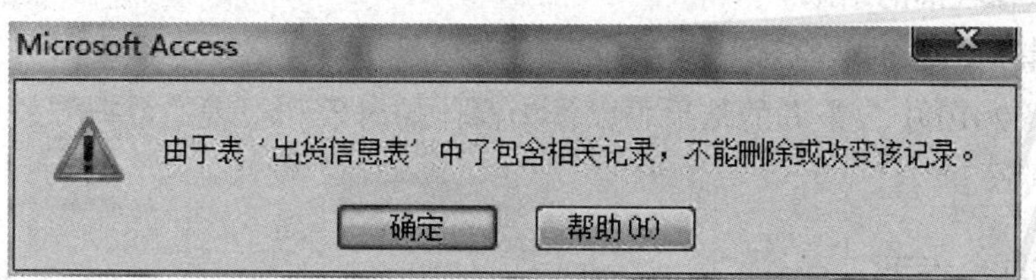

图 5-1-8　出错提示

由于设置参照完整性能确保相关表中各记录之间的有效性，并且确保不会出现意外删除，所以在建立表间关系时，一般应“实施参照完整性”。

对于“实施参照完整性”的关系，还可以选择是否“级联更新相关的字段”和“级联删除相关的记录”。

如果选择了“级联更新相关的字段”，则更改主表的主键值时，自动更新相关表中的对应数值，否则仅更新主表中与子表无关的主键值。

如果选择了“级联删除相关的记录”，则删除主表中的记录时，自动删除相关表中的有关记录，否则，仅删除主表中与子表记录无关的记录。

第2节　利用设计视图创建简单查询

数据库的表对象中保存着大量的数据，不同类别的数据保存在不同的表中。在实际工作中，经常需要从大量的数据中检索出所需要的信息，快速查询自然成为重要的工作手段。

一、查询的功能

1. 提取数据

可以从一个表或者多个表中选择部分或者全部字段，也可以从一个或多个表中将符合某个指定条件的记录选取出来，这两个操作可以单独也可以同时进行。

2. 进行计算

在建立查询的时候可以进行一系列的计算，例如，统计班级学生人数，计算每个学生的平均分数等，还可以建立新的字段来保存计算的结果。

3. 数据更新

利用查询还可以对数据表的记录进行更新操作，主要包括添加记录、修改记录和删除启示。

4. 产生新的表

因为查询的结果是一个动态的数据集合，如果想让这个数据集合永久保留，可以建立一个新表来保存查询的结果。

5. 作为其他对象的数据源

在 Access 2010 中，查询的结果可以作为窗体的对象和报表的数据源，也可以作为其他查询的数据源。

二、查询的类型

根据对数据源操作方式和操作结果的不同，Access 2010 中的查询可以分为 5 种类型：

1. 选择查询

选择查询是最基本、最常用的查询方式，它是根据指定的查询条件，从一个或多个表获取满足条件的数据，并且按指定的顺序显示数据。选择查询还可以将记录进行分组，并具有计算总和、计数、平均值及不同类型的总计等计算功能。

2. 参数查询

参数查询是一种交互式的查询方式，它可以提示用户输入查询信息，然后根据用户输入的查询条件来检索数据。例如，可以提示输入两个日期，然后检索在这两个日期之间的所有记录。若用参数查询的结果作为窗体、报表的数据源，还可以方便地显示或打印查询的结果。

3. 交叉表查询

交叉表查询是将源于某个表中的字段进行分组，一组列在数据表的左侧，一组列在数据表的上部，然后可以在数据表行与列的交叉处显示表中某个字段的各种计算值。例如，计算数据的平均值、计数或总和。

4. 操作查询

操作查询不仅可以进行数据查询，而且还可以对该查询所基于的表中的多条记录进行添加、编辑和删除等修改操作。

5. SQL 查询

SQL 查询是使用 SQL 语句创建的查询。前面介绍的几种查询，系统在执行时会自动将其转换成 SQL 语句执行。有一些特定的查询（如联合查询、传递查询、数据定义查询、子查询）必须直接在 SQL 视图中编写 SQL 语句。

三、查询的视图

查询的视图有 3 种，分别是数据表视图、设计视图和 SQL 视图，本节只讲解数据表视图和设计视图。

1. 查询的数据表视图

查询的数据表视图是以行和列的格式显示查询结果数据的窗口。在数据库窗口选择查询对象，双击后以数据表视图的形式打开当前查询。

2. 查询的设计视图

查询的设计视图是用来设计查询的窗口。使用查询设计视图不仅可以创建新的查询，还可以对已经存在的查询进行修改和编辑。

在数据库窗口选择查询对象，单击鼠标右键，选择快捷菜单中的“设计视图”，即可打开当前查询的设计视图。查询设计视图由上下两部分构成，上半部分是创建查询所基于的全部表和查询，称为查询基表，用户可以向其中添加或删除表或查询。具有关系的表之间带有连线，连线上的标记是两表之间的关系，用户可以添加、删除和编辑关系。查询设计视图的下半部分为查询设计窗口，称为“设计网格”。利用设计网格可以设置查询字段、来源表、排序顺序和条件等。

四、利用设计视图创建多表的简单查询

以“退货信息表”“商品信息表”“进货信息表”“分类信息表”和“供货商信息表”为查询数据源，查询与退货商品相关的信息，具体操作步骤如下：

1. 在数据库窗口中，选择“创建”工具栏中的“查询”选项卡，单击“查询设计”按钮，打开查询设计视图和“显示表”对话框，如图 5-2-1 所示。

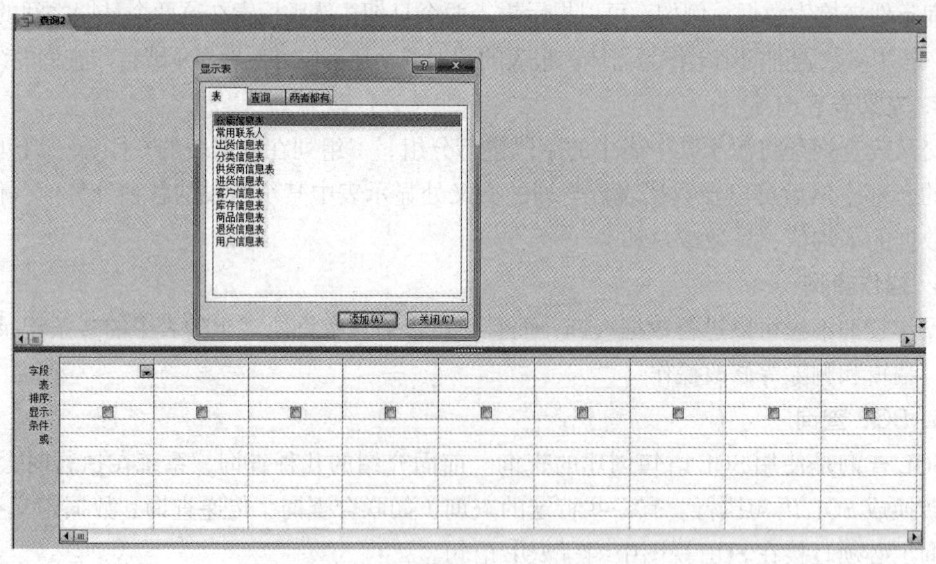

图 5-2-1　查询设计窗口和“显示表”对话框

2. 在“显示表”对话框中，依次把查询所需的数据源表添加到查询设计窗口的上半部分窗口中，“关闭”对话框，显示如图 5-2-2 所示。

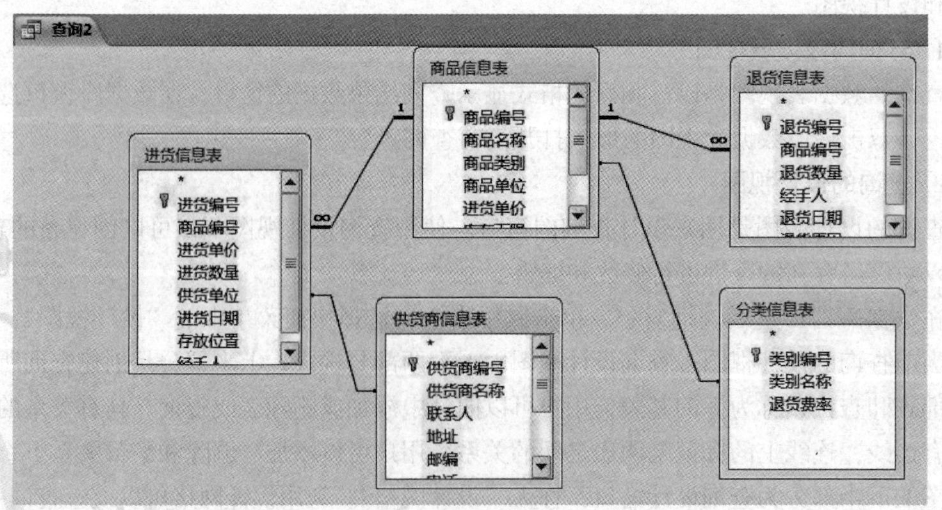

图 5-2-2　在查询设计窗口中添加数据源表的显示

3. 在查询设计窗口下半部分“设计网格”区域的“字段”行中，分别选定各列所要显示的字段，显示如图 5-2-3 所示。

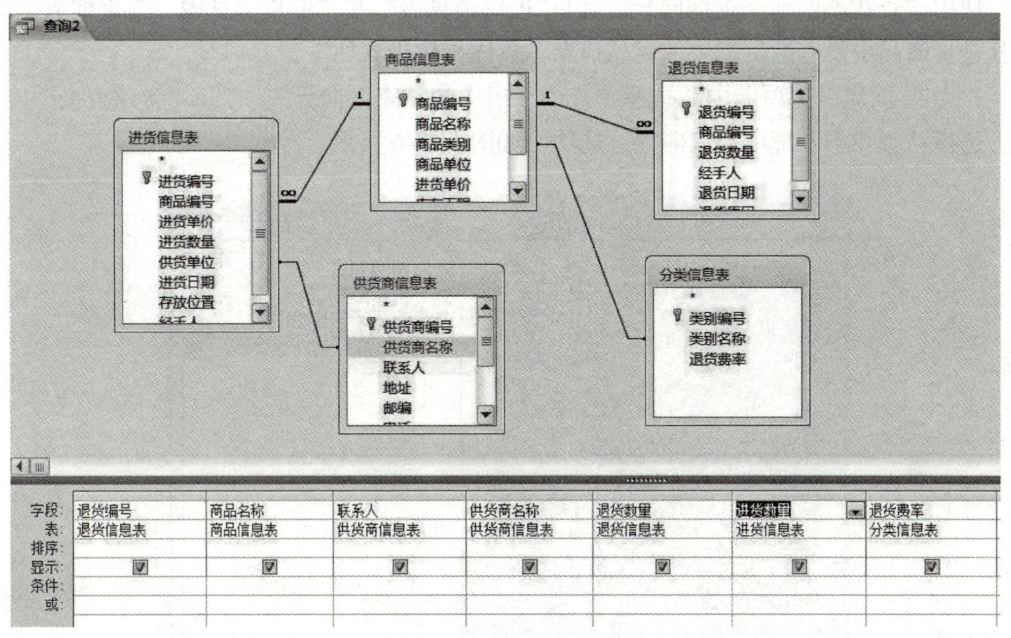

图 5-2-3　查询设计窗口中“设计网格”的设置显示

4. 单击“工具栏”中的“运行”按钮，查询的结果如图 5-2-4 所示。

查询2

退货编号	商品名称	联系人	供货商名称	退货数量	进货数量	退货费率
60200001	葡萄	吴健	辽宁田园食品公司	5	500	.2
50200001	牛油果	蒋琴	浙江永波家私公司	3	30	.2
40700001	香蕉	杨高雁	海南斯瑞蔬菜批发公司	100	10000	.2
40600001	水蜜桃	高寒乐	常州汇通水果批发市场	500	6000	.2
40500001	西瓜	高寒乐	常州汇通水果批发市场	100	5000	.2

图 5-2-4　查询结果

5. 单击“工具栏”上的“保存”按钮，弹出“另存为”对话框，在对话框中输入查询名称为“退货商品信息查询”，如图 5-2-5 所示。

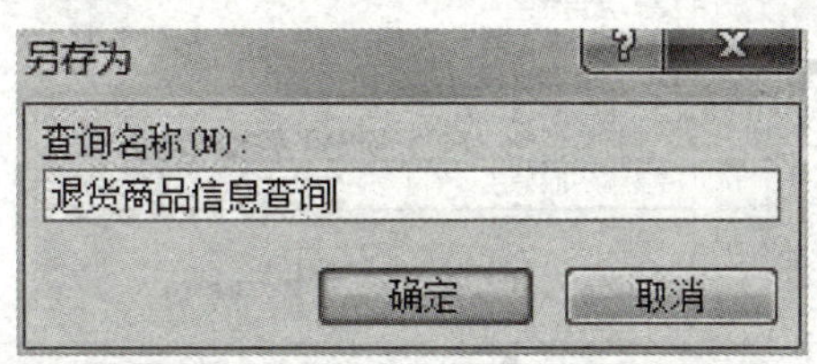

图 5-2-5　“另存为”对话框

五、使用向导来创建查询

使用“查找不匹配项查询向导”，以“进货信息表”和“退货信息表”为查询数据源，查找进货商品中没有退货记录的商品信息，具体操作步骤如下：

1. 在“创建”选项卡中，选择“查询”组中的“查询向导”，打开“新建查询”对话框，选择“查找不匹配项查询向导”选项，如图 5–2–6 所示。

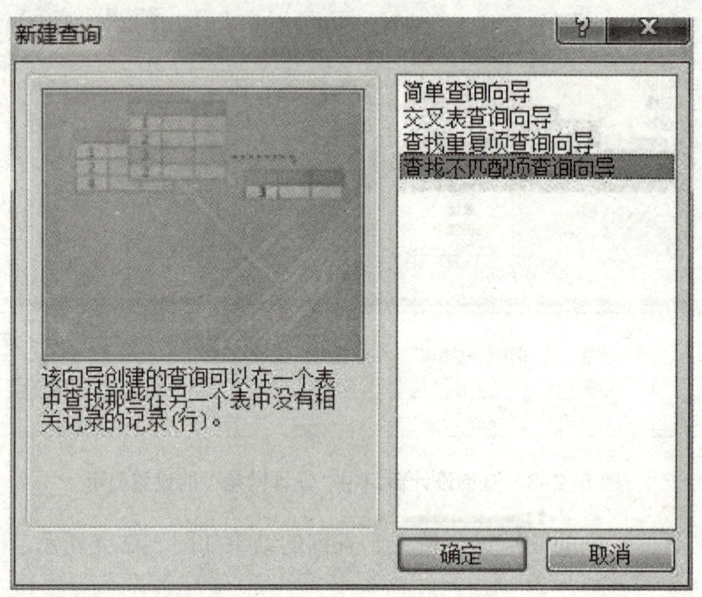

图 5–2–6 “新建查询”对话框

2. 单击“确定”按钮，打开“查找不匹配项查询向导”的第 1 个对话框，如图 5–2–7 所示，在该对话框中，单击选择“进货信息表”选项。

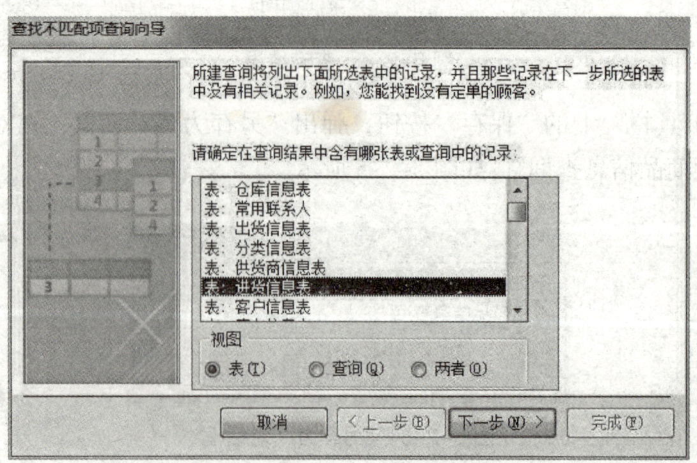

图 5–2–7 “查找不匹配项查询向导”对话框 1

3. 单击“下一步”按钮，打开“查找不匹配项查询向导”的第 2 个对话框，如图 5-2-8 所示，在该对话框中，单击选择“退货信息表”选项。

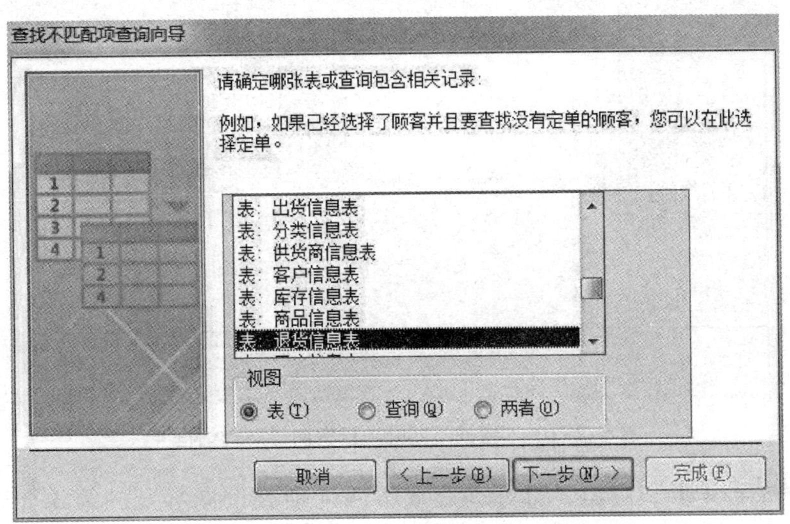

图 5-2-8 “查找不匹配项查询向导”对话框 2

4. 单击“下一步”按钮，打开“查找不匹配项查询向导”的第 3 个对话框，如图 5-2-9 所示，在该对话框中，分别选中两个表中的“商品编号”字段，单击 <=> 按钮创建匹配字段。

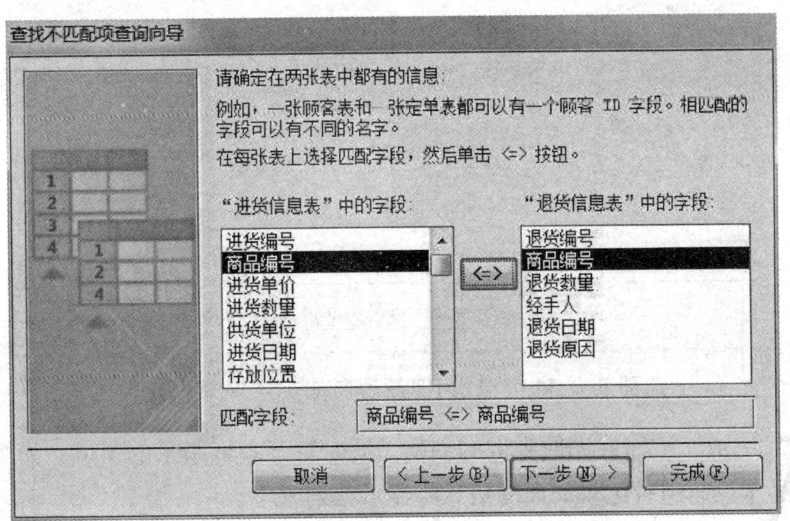

图 5-2-9 “查找不匹配项查询向导”对话框 3

5. 单击“下一步”按钮，打开“查找不匹配项查询向导”的第 4 个对话框，如图 5-2-10 所示，在该对话框中，双击左侧的所有可用字段，将其添加到右侧的“选用字段”列表中。

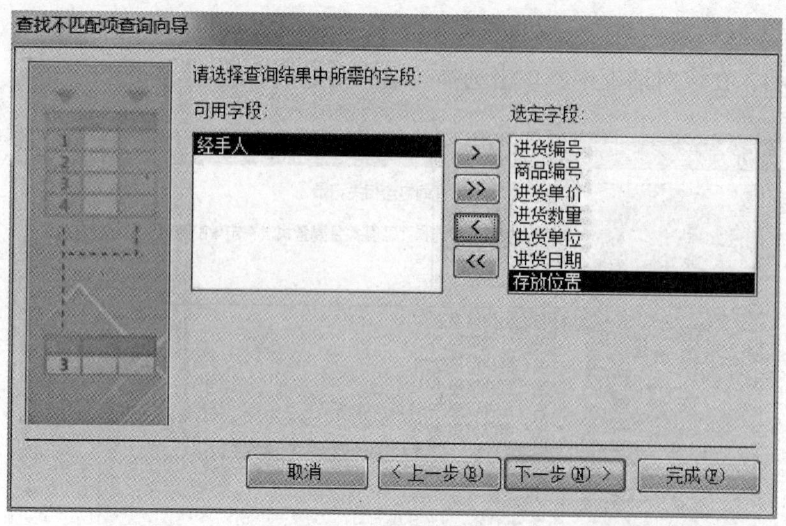

图 5-2-10 “查找不匹配项查询向导”对话框 4

6. 单击“下一步”按钮，打开“查找不匹配项查询向导”的第 5 个对话框，如图 5-2-11 所示。在该对话框中，设置查询名称为“进货信息表与退货信息表不匹配”。

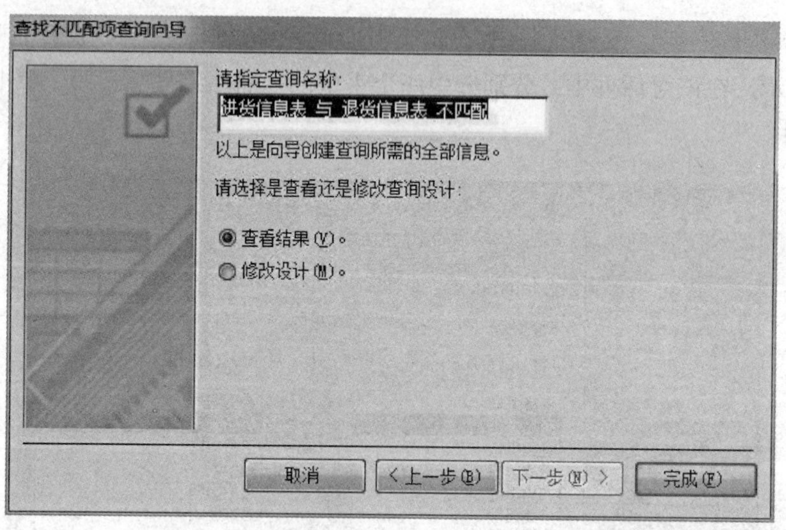

图 5-2-11 “查找不匹配项查询向导”对话框 5

7. 单击“完成”按钮，完成查询的创建，同时打开查询结果的窗口，如图 5-2-12 所示，进货商品中没有退货记录的商品信息将显示在列表中。

进货信息表 与 退货信息表 不匹配

进货编号	商品编号	进货单价	进货数量	供货单位	进货日期	存放位置
70300001	S0007	20.5	10000	海南斯瑞蔬菜批发公司	2016-7-25	C004
71500002	S0007	6.8	900	海南斯瑞蔬菜批发公司	2016-7-24	C004

图 5-2-12 查询结果

第 3 节　利用设计视图创建复杂查询

在实际应用中，常常需要对查询结果进行统计和计算，所谓计算查询，就是在成组的记录中完成一定的计算查询。

如果用户需要查询的字段来自不同的表中，这时就需要建立交叉表查询。创建的方法是先用“创建交叉表查询向导”创建一个交叉表查询的基本结构，然后再在设计视图中加以修改，当然也可以直接利用设计视图来创建交叉表查询。本节就是通过设计视图来创建总计查询和交叉表查询。

一、在设计视图中创建总计查询

利用查询设计视图创建以“出货信息表”和“仓库信息表”为数据源的“总计查询”来获取每个仓库的累计出货次数，具体操作步骤如下：

1. 在数据库窗口中，选择“创建”选项卡中的“查询”，单击“查询设计”按钮，打开查询设计视图和“显示表”对话框。

2. 在“显示表”对话框中，双击前面提到的数据源表，将它们添加到查询设计视图上半部分的窗口中，关闭“显示表”对话框。

3. 分别双击“仓库信息表”中的“仓库编号”和“仓库名称”字段，选择“出货信息表”中的“出货仓库”字段，将它们添加到设计网格中，如图 5-3-1 所示。

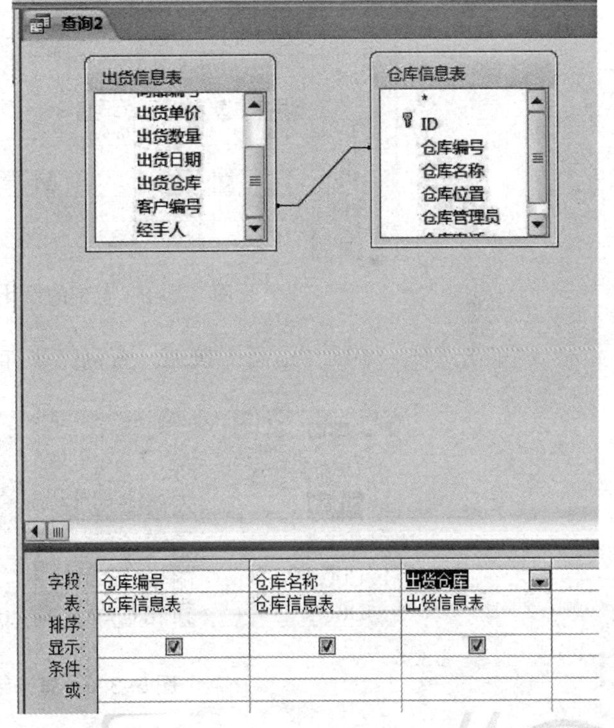

图 5-3-1　查询的设计视图设置

4. 单击“查询设计”选项卡中的“汇总”按钮，在设计网格中添加“总计”行，将“出货仓库”总计行的单元格改为“计数”，如图 5-3-2 所示。

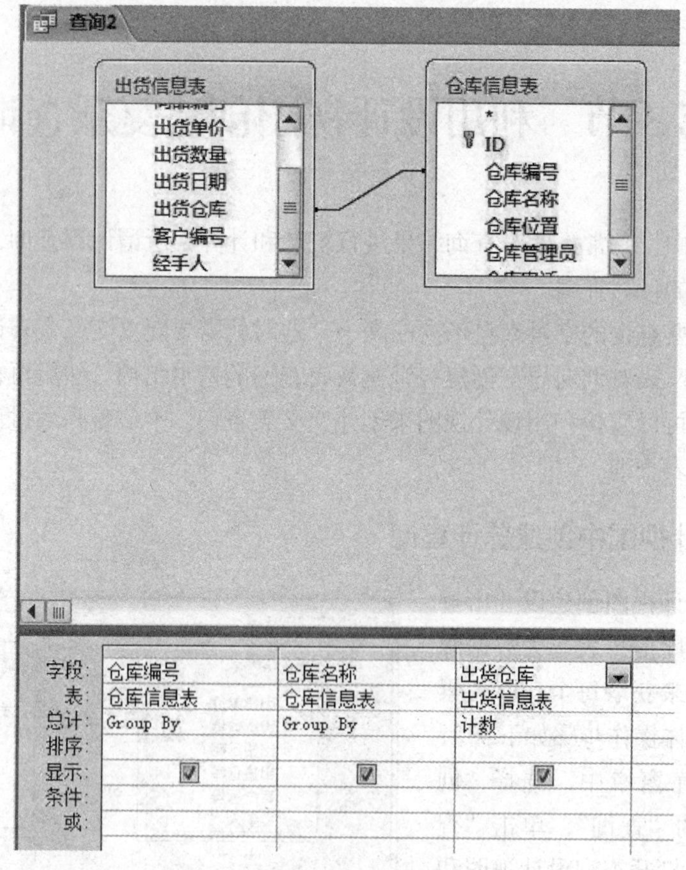

图 5–3–2　查询的设计视图设置

5. 单击选项卡中的“运行”按钮，查询结果如图 5–3–3 所示。

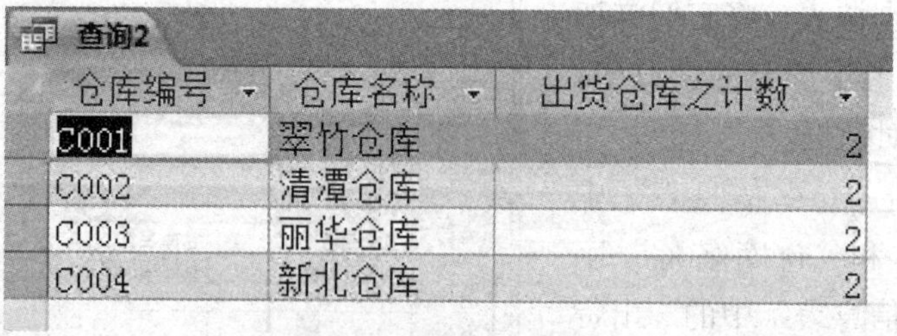

查询2

仓库编号	仓库名称	出货仓库之计数
C001	翠竹仓库	2
C002	清潭仓库	2
C003	丽华仓库	2
C004	新北仓库	2

图 5–3–3　查询结果

6. 如果需要改变查询的标题，可以在查询的设计视图中选择出货仓库字段，单击鼠标右键，在弹出的快捷菜单中选择“属性”命令，弹开如图 5–3–4 所示的“属性表”，在其“标题”栏中输入“出货次数”。

7. 单击选项卡中的“运行”按钮，查询结果如图 5–3–5 所示。

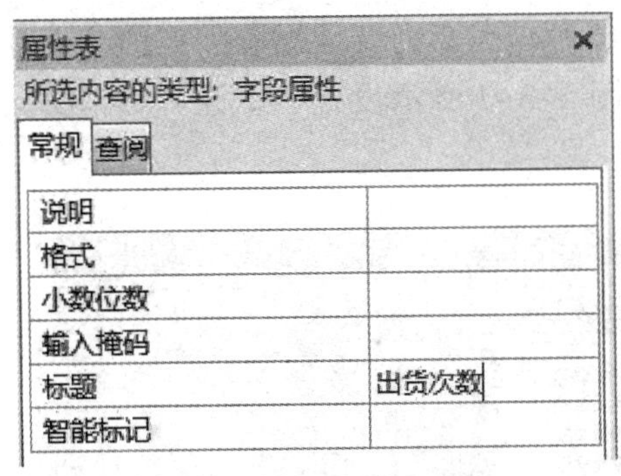

图 5-3-4　设计总计标题

查询2

仓库编号	仓库名称	出货次数
C001	翠竹仓库	2
C002	清潭仓库	2
C003	丽华仓库	2
C004	新北仓库	2

图 5-3-5　改变查询标题

8. 单击“工具栏”上的“保存”按钮，弹出“另存为”对话框，在对话框中输入查询名称为“统计每个仓库累计出货次数”，单击“确定”按钮，完成查询的创建。

二、在设计视图中创建交叉表查询

利用查询设计视图创建以“供货商信息表”“进货信息表”“商品信息表”为数据源的“交叉表查询”，来获得不同供货商提供的不同种类商品的数量，具体操作步骤如下：

1. 在数据库窗口中，选择“创建”选项卡中的“查询”，单击“查询设计”按钮，打开查询设计视图和“显示表”对话框。

2. 在“显示表”对话框中，双击上述提到的数据源表，将它们添加到查询设计窗口的上半部分，关闭“显示表”对话框，如图 5-3-6 所示。

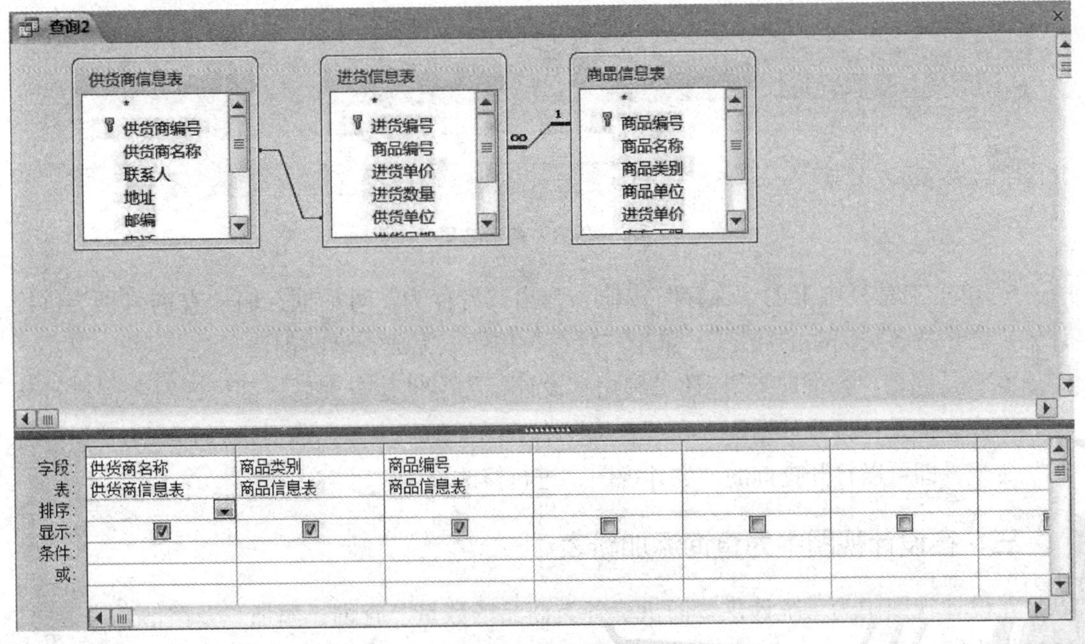

图 5-3-6　在查询设计视图中添加数据源表

3. 执行“查询”选项卡中的“交叉表查询”命令，在查询设计视图下方的“设计网格”中出现了“总计”和“交叉表”行，并按图 5-3-7 所示设置“总计”和“交叉表”行。

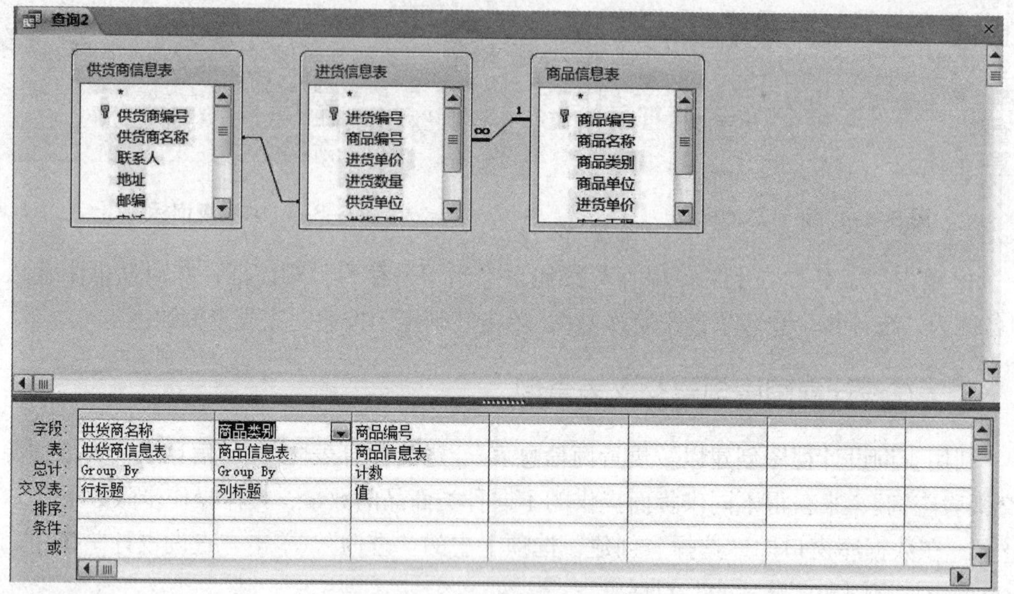

图 5-3-7　查询设计视图的设置

4. 单击工具栏上的“运行”按钮，打开“交叉表查询”窗口，如图 5-3-8 所示。

查询2

供货商名称	办公用品	电器	食品	蔬菜	水果
常州汇通水果批发市场					2
海南斯瑞蔬菜批发公司		2		1	
辽宁田园食品公司			1		
浙江永波家私公司	1				

图 5-3-8　查询结果

5. 单击工具栏中上的“保存”按钮，弹出“另存为”对话框，输入查询名称为“统计供货商供货各类商品的数量”，单击“保存”按钮，完成查询的创建。

不管是利用“查询向导”，还是利用“设计视图”创建查询后，都可以对查询进行修改。操作方法是：打开数据库，在“查询”右侧的导航栏上单击右键选择其中的“设计视图”命令，即可以打开查询的“设计视图”进行修改。

三、在设计视图中为查询添加新表

在设计视图中为“统计供货商供货各类商品的数量”查询，添加“分类信息表”，具体操作步骤如下：

1. 打开数据库，打开“统计供货商供货各类商品的数量”查询的设计视图。

2. 在设计视图的上半部分单击鼠标右键，在弹出的快捷菜单中选择“显示表”命令，打开“显示表”对话框，如图 5-3-9 所示。

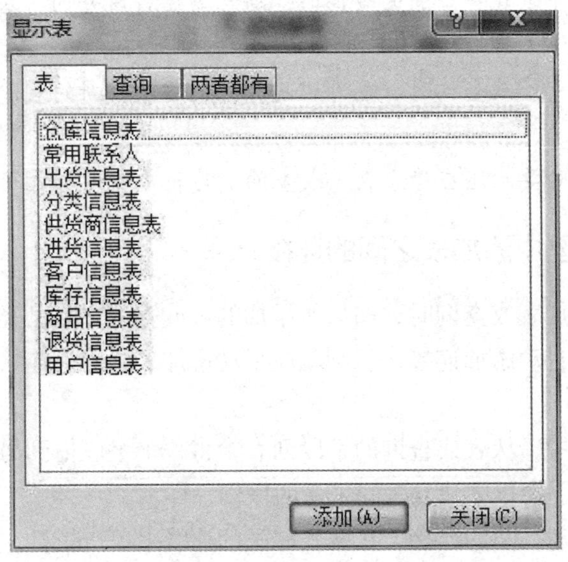

图 5-3-9 “显示表”对话框

3. 在“显示表”对话框的“表”选项卡中，双击“分类信息表”，可将选中的表添加到查询设计视图中，如图 5-3-10 所示。

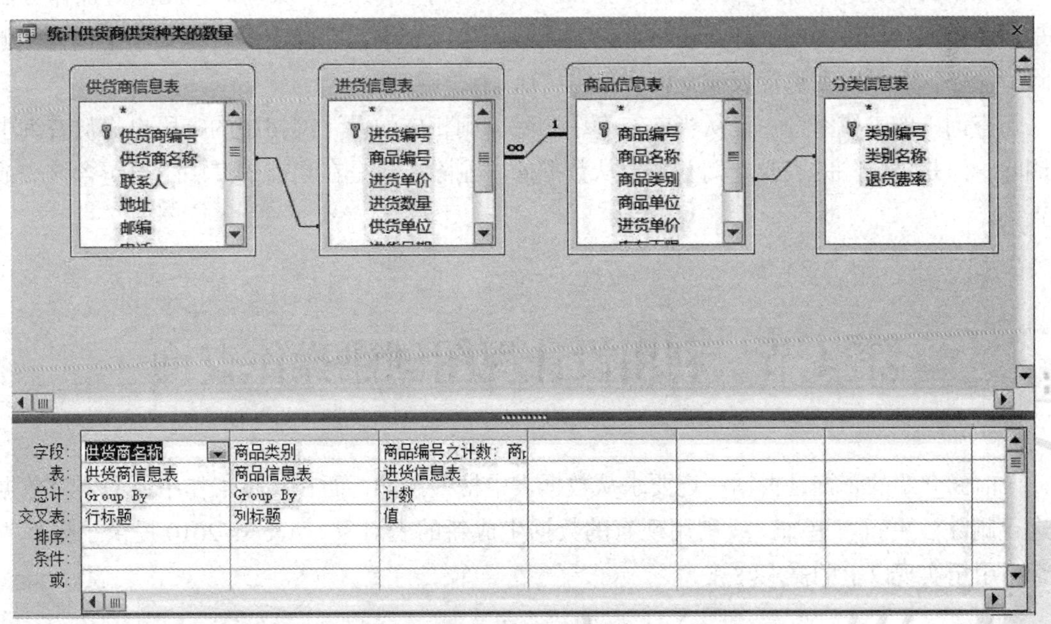

图 5-3-10 “统计供货商供货各类商品的数量”查询设计视图设置

4. 添加完成后，单击“关闭”按钮，关闭“显示表”对话框。

在查询设计视图中创建一个新的查询时，通常需要将该查询所基于的表或者查询添加到设计视图中。

在查询设计视图中修改查询时，也可以用相同的方法将新的表和查询添加到查询设计视图的上半部分。

如果是多个表，必要时还应建立表（或查询）与表（查询）之间的关系。

四、在设计视图中添加表之间的连接

在设计视图中添加表或查询时，如果所添加的表或查询之间已经建立了关系，则在添加表或查询的同时也自动添加连接，否则就应手动添加表之间的连接。手动添加表之间的连接方法如下：

在查询设计视图中，从表或查询的字段列表中将一个字段拖到另一个表或查询的相等字段上（与在“关系”窗口中建立表间关系的操作一样）。

如果要删除两个表之间的连接，在两表之间的连线上单击鼠标，连线将变粗，然后在连线上单击鼠标右键，在弹出的菜单中选择“删除”即可。

五、在查询中删除表或查询

如果当前查询的某个表或者查询已经不再需要，可以将其从查询中删除。操作方法是：在查询设计视图的上部，右键单击要删除的表或查询，在弹出的快捷菜单中选择“删除”命令，也可以在选定表或查询后单击“Delete”键删除。

查询中的表或查询一旦从当前查询中删除，则相应的设计网格中的字段也将从查询中删除，但是被删除的表或查询并不会从数据库中删除，只是在当前查询中不再包含该表或查询。

第 4 节　利用设计视图创建操作查询

前面介绍的查询是根据一定要求从数据表中检索数据，而在实际工作中还需要对数据进行删除、更新、追加，或利用现有的数据生成新的表对象。Access 2010 提供了操作查询，用于实现以上的需求。

一、操作查询概述

操作查询是指仅在一个操作中更改许多记录的查询，它不但可以利用查询对数据库中的数据进行简单的检索、显示和统计，还可以根据需要对数据库进行一定的修改。

操作查询共有4种类型：删除查询的作用是从现有表中删除记录；更新查询的作用是在现有表中替换现有数据；追加查询的作用是在现有表中添加新记录；生成表查询的作用是创建新表。

操作查询和选择查询、交叉表查询以及参数查询有所不同。选择查询、交叉表查询以及参数查询只是根据要求从表中选择数据，并不对表中的数据进行修改，而操作查询除了从表中选择数据外，还可以对表中的数据进行修改。由于运行操作查询时，可能会对数据库中的表做大量的修改，因此，为避免因错误操作引起不必要的改变，Access 2010 在数据库导航窗格中的每个操作查询图标后面会和其他的查询图标不同，以引起用户的注意。创建和使用操作查询时可遵循以下4个基本步骤：

1. 设计一个简单的选择查询，选择要操作或要更新的字段。

2. 将这个选择查询转换为具体的操作查询类型，完成相应的设置操作。

3. 通过单击选项卡中的“视图”按钮，预览操作查询所选择的记录。确定后，再单击“运行”按钮执行操作查询。

4. 到相应的表中查看操作结果。

由于操作查询会修改数据，在多数情况下，这种修改是不能恢复的，这就意味着操作查询具有破坏数据的能力，如果希望数据更安全一些，就应先对相应的表进行备份，然后再运行操作查询。

二、利用“生成表”查询生成“常州汇通水果批发市场”的供货记录信息

创建以“供货商信息表”“进货信息表”“商品信息表”“库存信息表”和“仓库信息表”为数据源的“生成表”查询。运行查询后，可以生成“常州汇通水果批发市场供货信息表”，并将符合条件的记录添加到该表中，具体操作步骤如下：

1. 在数据库窗口中，选择“创建”选项卡中的“查询”，单击“查询设计”按钮，打开查询设计视图和“显示表”对话框。

2. 在“显示表”对话框中，双击上述提到的数据源表，将它们添加到查询设计视图的上半部分窗口中，关闭“显示表”对话框。

3. 在查询设计视图下方的“设计网格”区域中，按照内容设置表和字段行的各列信息，在第一列“条件”行的单元格中输入“常州汇通水果批发市场”，如图5-4-1所示。

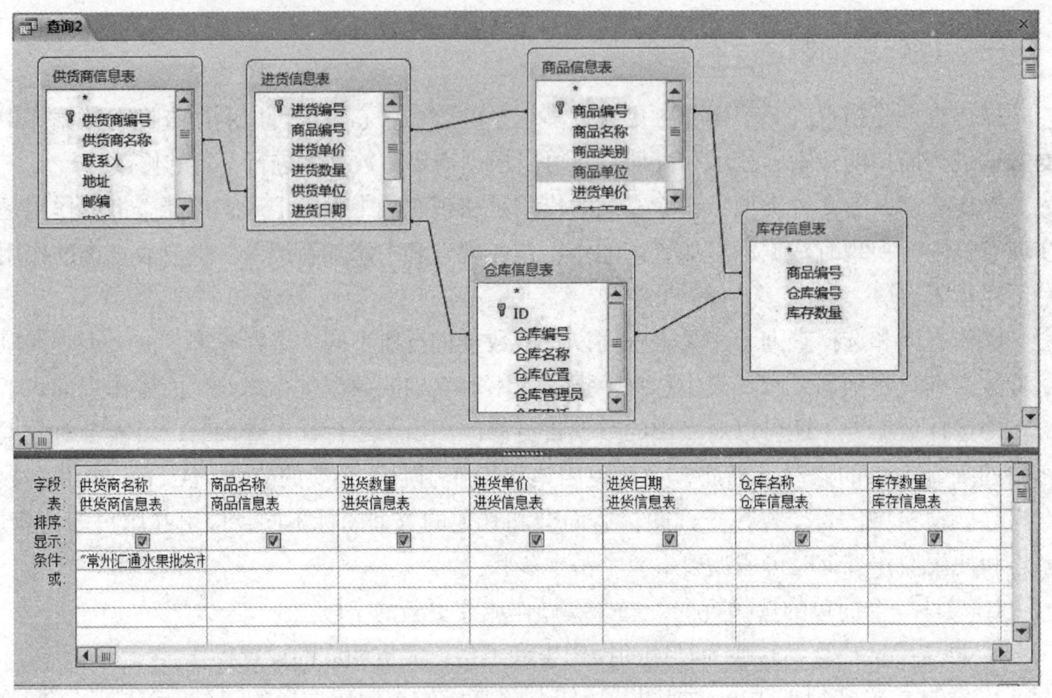

图 5–4–1　查询设计视图的设置

4. 执行“查询”选项卡中的“生成表查询”命令，弹出“生成表”对话框。在该对话框中输入“常州汇通水果批发市场供货信息”，如图 5–4–2 所示，单击“确定”按钮，关闭该对话框。

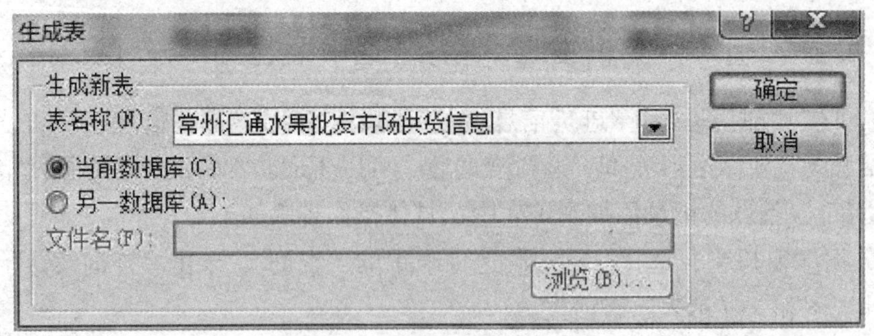

图 5–4–2　“生成表”对话框

5. 单击“工具栏”上的“运行”按钮，弹出提示对话框，如图 5–4–3 所示。单击“是”按钮将生成新表，单击“否”按钮放弃生成新表，本步骤单击“是”按钮。

6. 此时，可以看到在数据库的导航窗格中增加了一个名为“常州汇通水果批发市场供货信息”的新表，双击此表可以看到具体的内容，如图 5–4–4 所示。

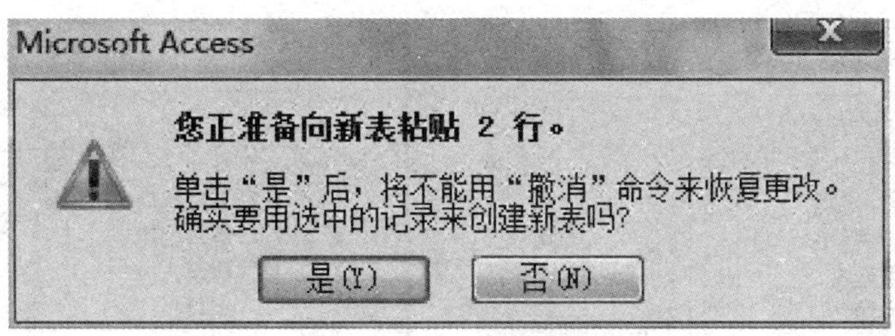

图 5-4-3　提示对话框

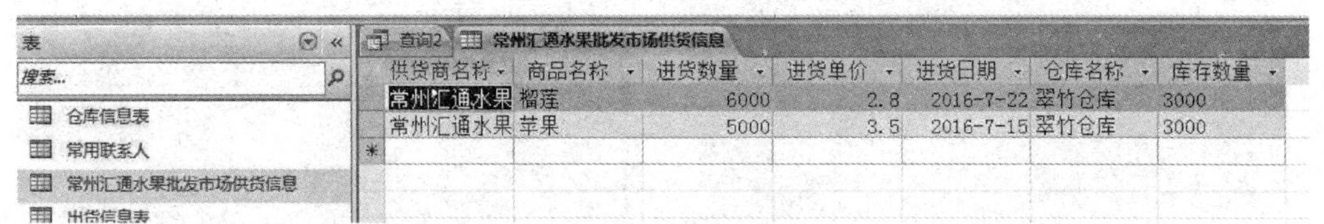

供货商名称	商品名称	进货数量	进货单价	进货日期	仓库名称	库存数量
常州汇通水果	榴莲	6000	2.8	2016-7-22	翠竹仓库	3000
常州汇通水果	苹果	5000	3.5	2016-7-15	翠竹仓库	3000

图 5-4-4　新生成的表及内容

三、利用“删除查询”将“客户信息表”中已经流失客户的信息删除

创建以“客户信息表”为数据源的“删除查询”，运行查询后，将“客户信息表”中的“客户名称”为“光明食品公司”的记录从表中删除。原“客户信息表”中的数据如图 5-4-5 所示，具体操作步骤如下：

客户编号	客户名称	联系人	地址	邮编	电话
k00001	泰富百货公司	陈广春	经二路125号	570100	8254XXXX
k00002	永盛百货公司	孙义平	红河路5号	132254	8745XXXX
k00003	科高电器城	周俊	惠山路8号	314000	8459XXXX
k00004	雨萱水果批发公司	李黎	火华路128号	130445	8657XXXX
k00005	凌家塘蔬菜批发市场	吴甜	青山桥58号	512000	8752XXXX
k00006	心愿食品供销公司	唐春菊	翠竹大道193号	133854	8695XXXX
K00007	光明食品公司	朱诩	黄河本路265号	232156	5967XXXX

图 5-4-5　“客户信息表”中原有记录数据

1. 在数据库窗口中，选择“创建”选项卡中的“查询”，单击“查询设计”按钮，打开查询设计视图和“显示表”对话框。

2. 在“显示表”对话框中，双击“客户信息表”，将它添加到查询设计视图的上半部分窗口中，关闭“显示表”对话框。

3. 在查询设计视图的下方的“设计网格”区域，按照图 5-4-6 所示的内容设置表和字段行信息，在第一列“条件”行的单元格中输入“光明食品公司”，如图 5-4-6 所示。

4. 执行“查询”选项卡中的“删除查询”命令，设置如图 5-4-7 所示。

5. 单击工具栏上的“运行”按钮，弹出提示对话框，如图 5-4-8 所示。单击“是”按钮将生成新表，单击“否”按钮放弃生成新表，此处单击“是”按钮。

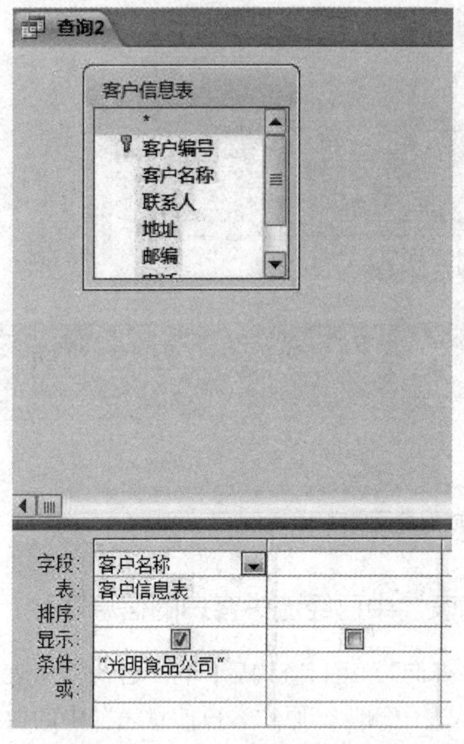

图 5-4-6　查询设计视图的设置

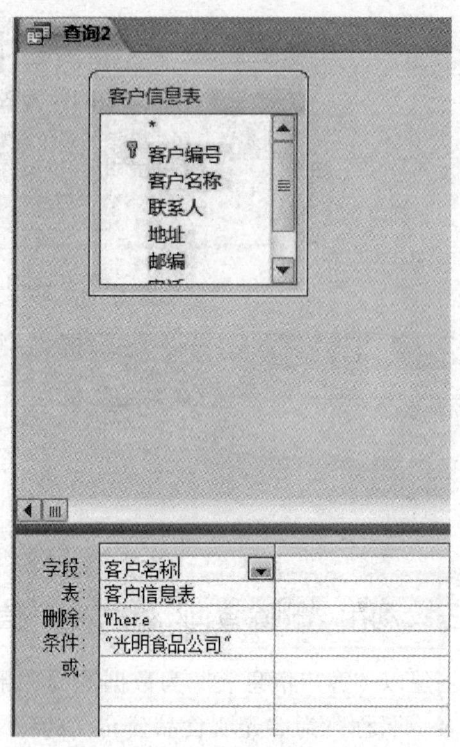

图 5-4-7　执行"删除查询"命令

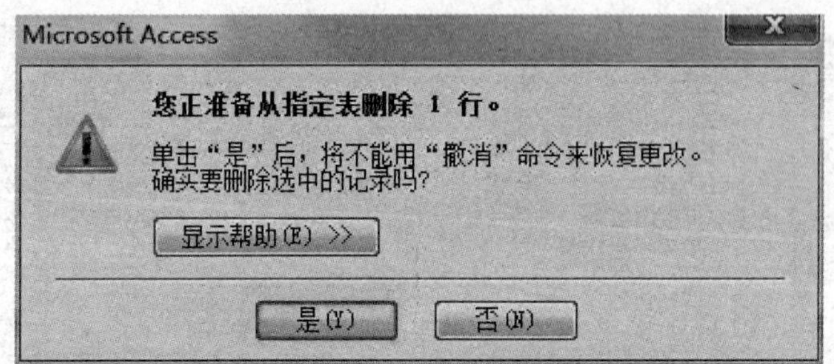

图 5-4-8　提示对话框

6. 此时再打开"客户信息表"，就会发现已经删除了"光明食品公司"的记录，如图 5-4-9 所示。

客户编号	客户名称	联系人	地址	邮编	电话	说明
k00001	泰富百货公司	陈广春	经二路125号	570100	8254XXXX	
k00002	永盛百货公司	孙义平	红河路5号	132254	8745XXXX	
k00003	科高电器城	周俊	惠山路8号	314000	8459XXXX	
k00004	雨豐水果批发公司	李黎	火举路128号	130445	8657XXXX	
k00005	凌家塘蔬菜批发市场	吴甜	青山桥58号	512000	8752XXXX	
k00006	心愿食品供销公司	唐春菊	翠竹大道193号	133854	8695XXXX	

图 5-4-9　删除记录后的"客户信息表"

本操作只是演示“删除查询”的创建方法和功能，在实际的管理系统中并不适用。若把参数查询和删除查询结合起来，就可以灵活地按照每次输入的客户编号或客户名称来删除流失的记录信息。

四、利用“更新查询”将“客户信息表”中“客户编号”为“k00006”的联系人由“唐春菊”改为“邹轩民”

创建以“客户信息表”为数据源的“更新查询”。结合参数查询，首先根据输入的“客户编号”定位要更新的客户记录，其次把“请输入新的联系人”对话框的联系人信息更新到表中对应的记录，具体操作步骤如下：

1. 在数据库窗口中，选择“创建”选项卡中的“查询”，单击“查询设计”按钮，打开查询设计视图和“显示表”对话框。

2. 在“显示表”对话框中，双击“客户信息表”，将它添加到查询设计视图的上半部分窗口中，关闭“显示表”对话框。

3. 在查询设计视图下方的“设计网格”区域中，按照图 5-4-10 所示的内容设计表和字段行的信息，在第一列的“条件”行单元格中输入“[请输入客户编号：]”。

4. 执行“查询”选项卡中的“更新查询”命令，在“设计网格”中出现“更新到”行。在联系人列的“更新到”行单元格中输入“[请输入新的联系人：]”，如图 5-4-11 所示。

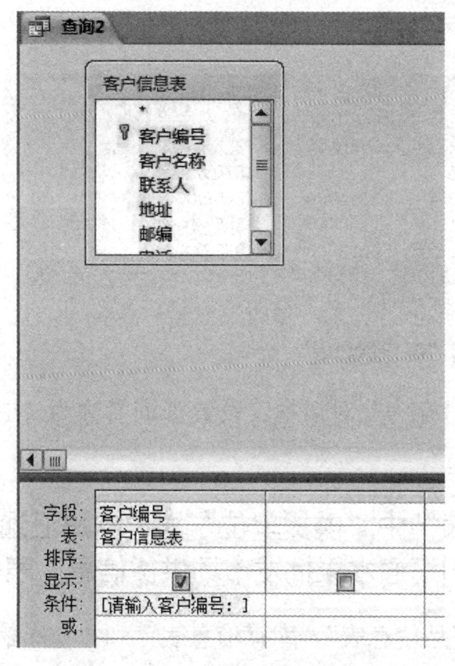

图 5-4-10　查询设计视图设置

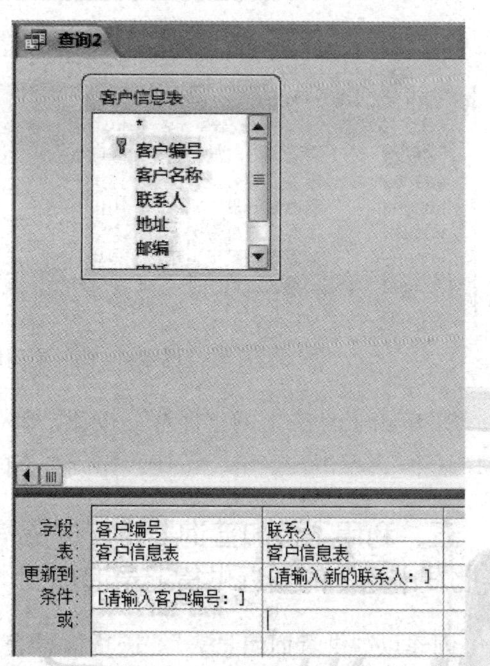

图 5-4-11　查询设计视图设置

5. 单击选项卡上的“运行”按钮，弹出“输入新的联系人”对话框，输入新的联系人为“邹轩民”，如图 5–4–12 所示。

6. 单击“确定”按钮，弹出“输入客户编号”对话框，输入客户编号为“k00006”，如图 5–4–13 所示。

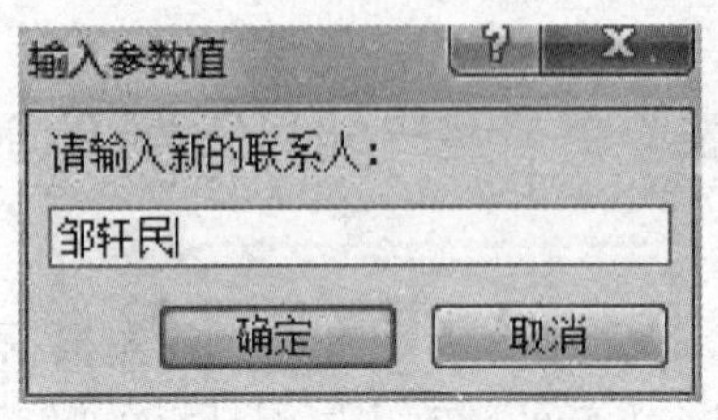

图 5–4–12 输入新的联系人

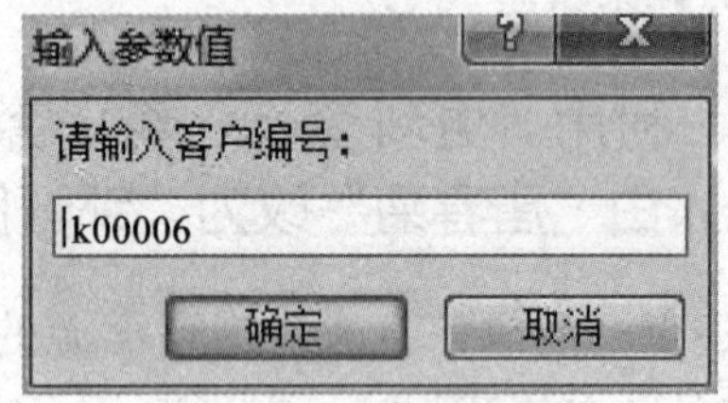

图 5–4–13 输入客户编号

7. 单击“确定”按钮，弹出提示对话框，如图 5–4–14 所示。单击“是”按钮更新记录，单击“否”放弃更新记录，本例单击“是”按钮。打开更新后的“客户信息表”，其中信息已经发生了更新，如图 5–4–15 所示。

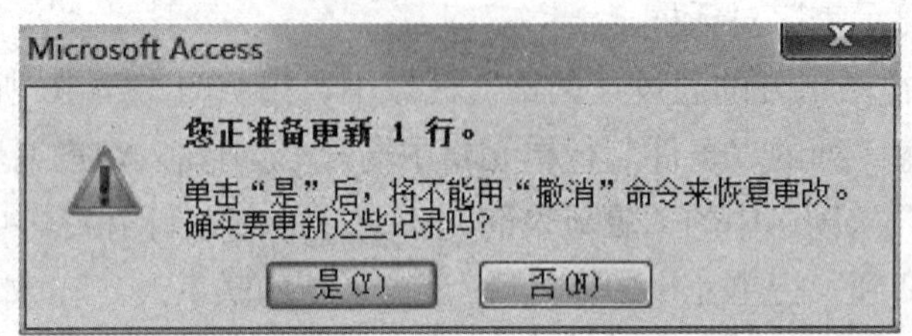

图 5–4–14 提示对话框

查询2　客户信息表

客户编号	客户名称	联系人	地址	邮编	电话	说明
k00001	泰富百货公司	陈广春	经二路125号	570100	8254XXXX	
k00002	永盛百货公司	孙义平	红河路5号	132254	8745XXXX	
k00003	科高电器城	周俊	惠山路8号	314000	8459XXXX	
k00004	雨豐水果批发公司	李黎	火举路128号	130445	8657XXXX	
k00005	凌家塘蔬菜批发市场	吴甜	青山桥58号	512000	8752XXXX	
k00006	心愿食品供销公司	邹轩民	翠竹大道193号	133854	8695XXXX	
*						

图 5–4–15 更新以后的“客户信息表”

8. 单击工具栏上的“保存”按钮，弹出“另存为”对话框，设置查询名称为“更新客户联系”，单击“确定”按钮，完成查询的创建。

五、利用“追加查询”将“进货信息表”中“供货单位”为“常州汇通水果批发市场”的最近供货记录追加到“常州汇通水果批发市场供货信息”表中

创建以“供货商信息表”“进货信息表”“商品信息表”“库存信息表”和“仓库信息表”为数据源的“追加查询”，把之前生成的“常州汇通水果批发市场供货信息”表中的

供货记录（“2016-7-22”是以前的，本次查询要求把“2016-7-22”以后的供货记录）追加到表中，具体操作步骤如下：

1. 在数据库窗口中，选择“创建”选项卡中的“查询”，单击“查询设计”按钮，打开查询设计视图和“显示表”对话框。

2. 在“显示表”对话框中，双击“客户信息表”，将它添加到查询设计视图的上半部分窗口中，关闭“显示表”对话框。

3. 在查询设计视图下方的“设计网格”区域中，按照内容设置表和字段行的各列信息，在第一列“条件”行的单元格中输入“常州汇通水果批发市场”，如图 5-4-16 所示。

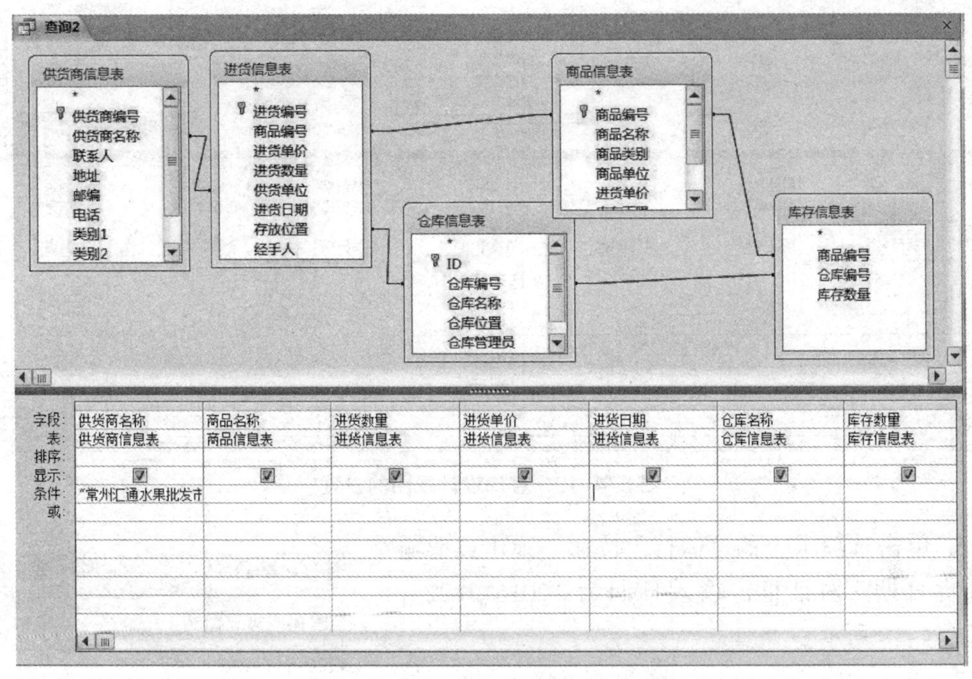

图 5-4-16　查询设计视图的设置

4. 执行“查询”选项卡中的“追加查询”命令，弹出“追加”对话框。在对话框中，选择追加的表名称为“常州汇通水果批发市场供货信息”，如图 5-4-17 所示，单击“确定”按钮，关闭该对话框。

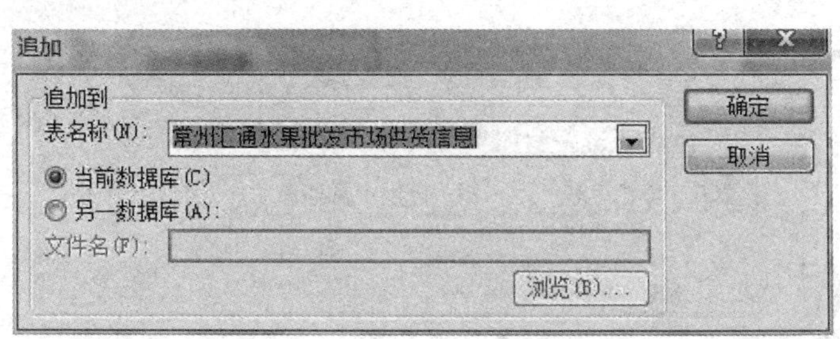

图 5-4-17　“追加”对话框

5. 在查询设计视图下方的“设计网格”中出现了“追加到”行，在“条件”行的“进货日期”列的单元格中输入“>［请输入进货日期：］”，如图 5–4–18 所示。

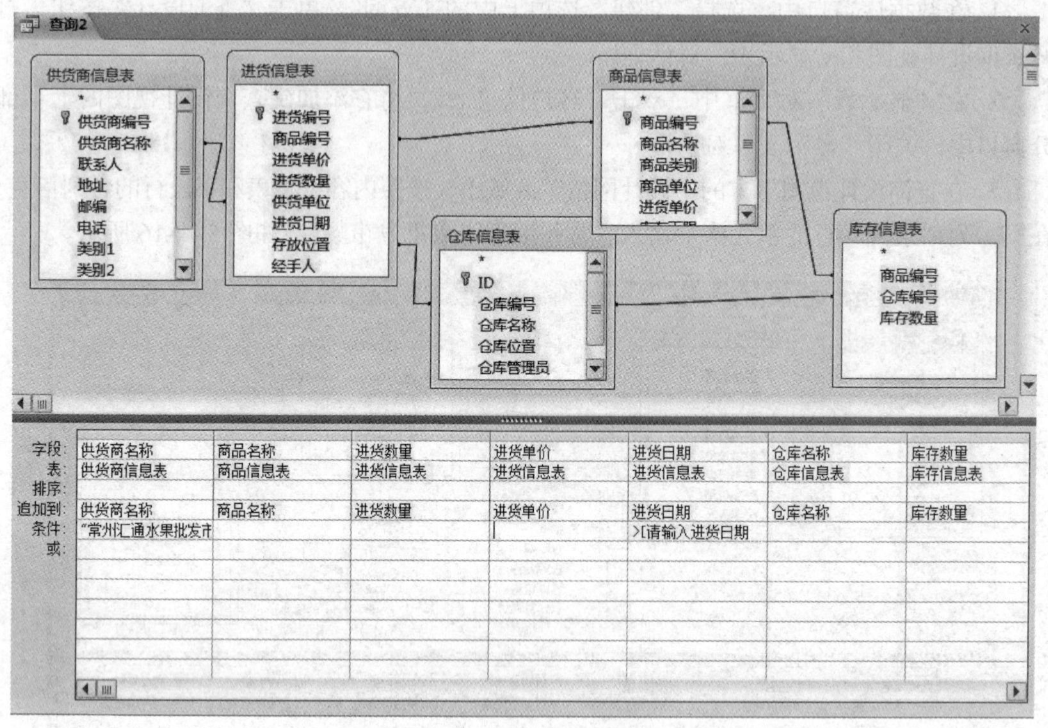

图 5–4–18　查询设计视图的设置

6. 单击选项卡上的“运行”按钮，弹出“请输入进货日期”对话框，输入日期为“2016–7–22”，如图 5–4–19 所示。

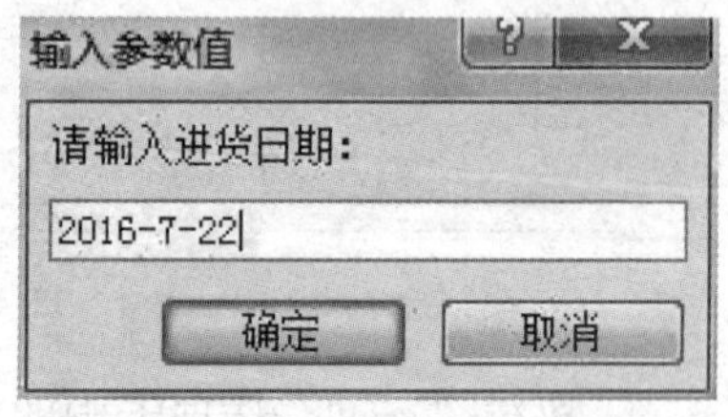

图 5–4–19　输入进货日期

7. 单击“确定”按钮，弹出提示对话框，如图 5–4–20 所示。单击“是”按钮更新记录，单击“否”放弃更新记录，本例单击“是”按钮。打开更新后的“客户信息表”，其中信息已经发生了更新，如图 5–4–21 所示。

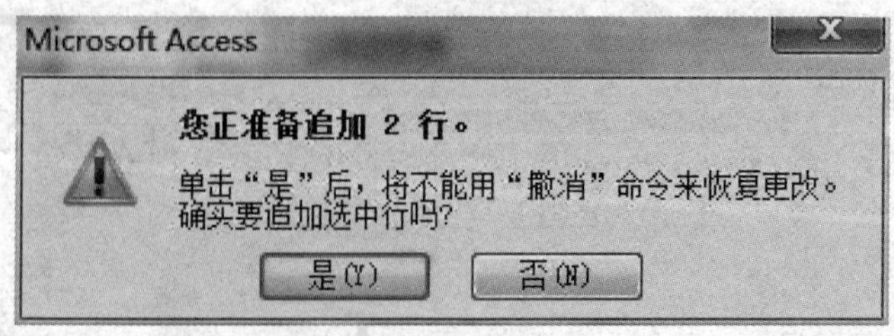

图 5–4–20　提示对话框

追加常州汇通水果批发市场供货信息　常州汇通水果批发市场供货信息

供货商名称	商品名称	进货数量	进货单价	进货日期	仓库名称	库存数量
常州汇通水果批发市场	苹果	5000	3.5	2016-7-15	翠竹仓库	3000
常州汇通水果批发市场	榴莲	6000	2.8	2016-7-22	翠竹仓库	3000
常州汇通水果批发市场	橙子	900	7.5	2016-7-25	丽华仓库	900
常州汇通水果批发市场	桔子	800	6.5	2016-7-25	新北仓库	800
*						

图 5-4-21　追加以后的“常州汇通水果批发市场供货信息表”

思考与练习

一、选择题

1. Access 2010 支持的查询类型有（　　）。

A. 选择查询、交叉表查询、参数查询、SQL 查询和操作查询

B. 选择查询、基本查询、参数查询、SQL 查询和操作查询

C. 多表查询、单表查询、参数查询、SQL 查询和操作查询

D. 选择查询、汇总查询、参数查询、SQL 查询和操作查询

2. 根据指定的查询条件，从一个或多个表中获取数据并显示的查询称为（　　）。

A. 交叉表查询　　B. 参数查询　　C. 选择查询　　D. 操作查询

3. 在企业人事表中，查询工龄工资为 100～300（不含）的员工信息，正确的条件设置应该是（　　）。

A. >99 or<299　　B. Between 100 and 300

C. >=100 and <300　　D. in（100，300）

4. 参数查询时，一般是在查询条件中写上（　　），并在其中输入提示信息。

A. ( )　　B. <>　　C. { }　　D. [ ]

5. 使用查询向导时，不要创建（　　）。

A. 单表查询　　B. 多表查询　　C. 带条件查询　　D. 不带条件查询

二、判断题

1. 表与表之间的关系包括一对一、一对多两种类型。（　　）

2. 一个查询的数据只能来自于一个表。（　　）

3. 查询中的字段显示名称可通过字段属性修改。（　　）

三、简答题

1. 什么是查询？查询有哪些类型？

2. 什么是选择查询？什么是操作查询？

第 6 章　窗体的创建与应用

当一个数据库开发完成之后，对数据库的所有操作都是在窗体界面中进行的。本章主要学习窗体的设计方法，重点讲解窗体中控件的使用和如何使用窗体操作数据。

第 1 节　创建窗体

Access 2010 为创建窗体提供了大量的方法，其功能区“创建”选项卡下的“窗体”组提供了多种创建窗体的功能按钮，包括“窗体”“窗体设计”和“空白窗体”，以及“窗体向导”“导航”和“其他窗体”等，如图 6-1-1 所示，本节主要介绍窗体的设计方法。

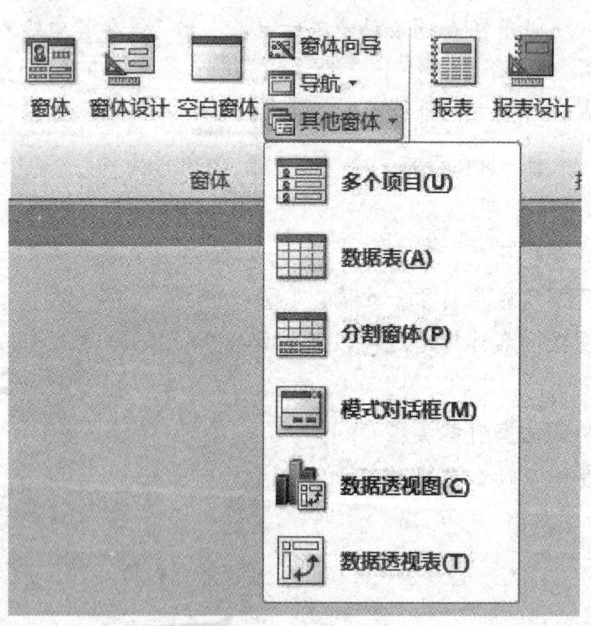

图 6-1-1 “窗体”组

一、窗体的概念和作用

1. 窗体的概念

窗体是 Access 2010 中的一个重要对象，在用户与数据库之间起着桥梁的作用。利用窗体可以向数据库中输入数据，也可以作为输出界面，输出显示一些记录集中的文字、图形、图像以及多媒体数据。窗体也是一种维护表中数据最灵活的方法。在窗体中可以安排各种类型的控制，用于对表中数据的添加、删除、修改等操作。

2. 窗体的作用

（1）显示与编辑数据

这是窗体最基本的功能，数据可以来自一个表也可以来自多个表。一般情况下，窗体上只显示一条记录。用户可以使用窗体的移动按钮或滚动条查看其他记录，还可以通过窗体进行添加、删除和修改等操作。

（2）接受输入的数据

用户可以设计一个专用的窗体，作为数据库数据的输入界面。

（3）控制应用程序流程

Access 2010 的窗体可以与函数、过程等 VBA（Microsoft Office 的内置编程语言 Visual Basic Application 的英文缩写）结合，来实现一些特定的功能。

（4）信息显示

在窗体中可以采取各种形式显示一些警告提示或解释信息。

（5）打印数据

可以使用窗体打印所需数据。

二、窗体的类型

1. 单页窗体

用来显示表或查询中的每一条记录的完整信息。

2. 多页窗体

每一页只显示一个记录的部分信息，可以通过切换按钮，在不同的分页中切换，适用于记录字段很多或者对记录的信息进行分类查看的场合。

3. 连续窗体

能够在同一屏中显示多条记录，它是以数据表的方式显示已经格式化的记录，适用于记录的字段不多时，浏览记录。

4. 弹出式窗体

用来显示信息或提示用户输入数据。即使其他窗体正式处理活动状态，弹出式窗体也会显示在已经打开的窗体之上。弹出式窗体分为独占式和非独占式两种，独占式窗体打开后，用户将不能访问其他数据库对象以及菜单命令，而非独占式窗体在打开后，用户仍然可以访问其他数据库对象以及菜单命令。

5. 含子窗体的窗体

窗体中可以包含窗体，此窗体称为子窗体，适用于显示来自多个表中的具有一对多关系的数据。

三、利用“自动创建窗体”创建窗体

利用“自动创建窗体”创建“商品信息管理”窗体，以“商品信息表”作为数据源。创建好的“商品信息管理”窗体可以对“商品信息表”的记录进行添加、删除、修改和浏览等操作，具体操作步骤如下：

1. 在数据库窗口的左侧列表中，选择“商品信息表”选项。在“创建”选项卡中，单击“窗体”按钮，弹出“新建窗体”对话框，如图 6-1-2 所示。

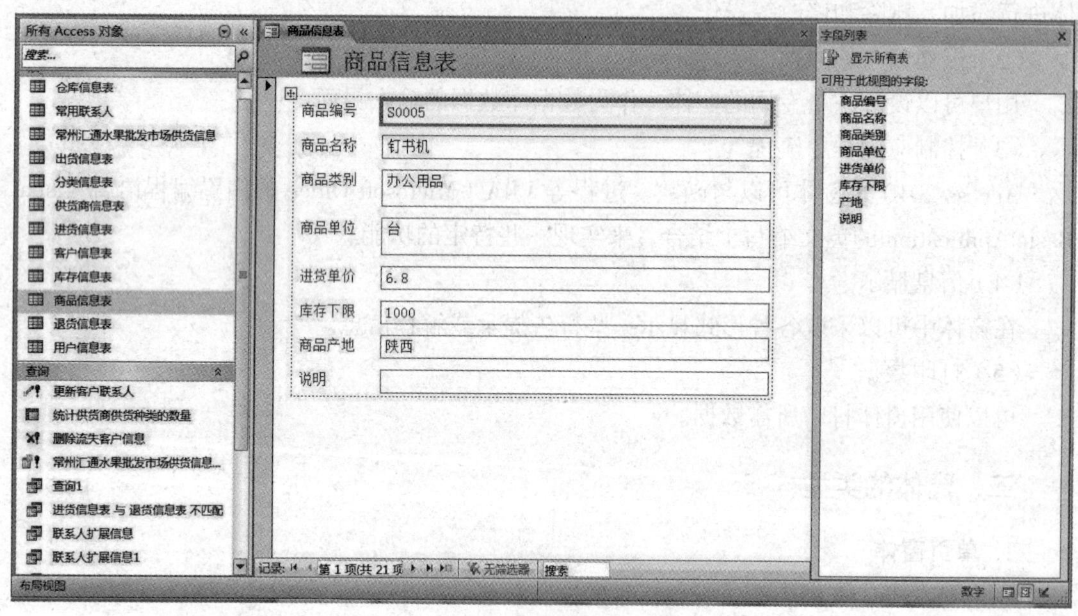

图 6-1-2 “新建窗体”对话框

2. 单击“保存”按钮，屏幕显示出“另存为”对话框，输入窗体名称为“商品信息管理”，如图 6-1-3 所示，单击“确定”按钮。

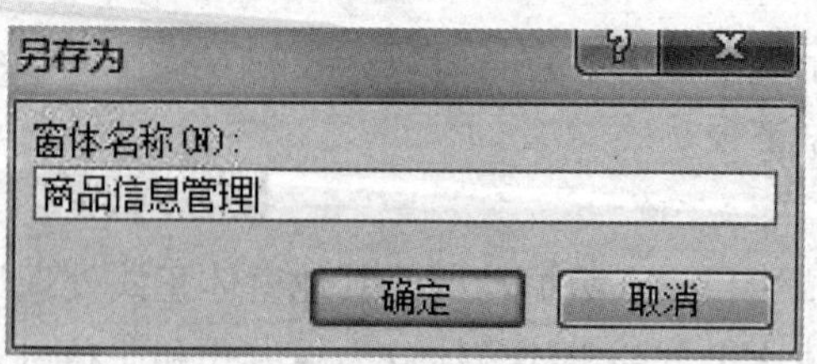

图 6-1-3 “另存为”对话框

四、使用“多个项目”创建窗体

多个项目即在窗体上显示多条记录的一种窗体布局形式。仍以“商品信息表”作为数据源，具体操作步骤如下：

1. 在数据库窗口的左侧列表中，选择“商品信息表”选项。在“创建”选项卡中，单击“其他窗体”按钮，在打开的下拉列表中选择“多个项目”选项，窗体创建完成，同时打开窗体布局视图，如图 6-1-4 所示。

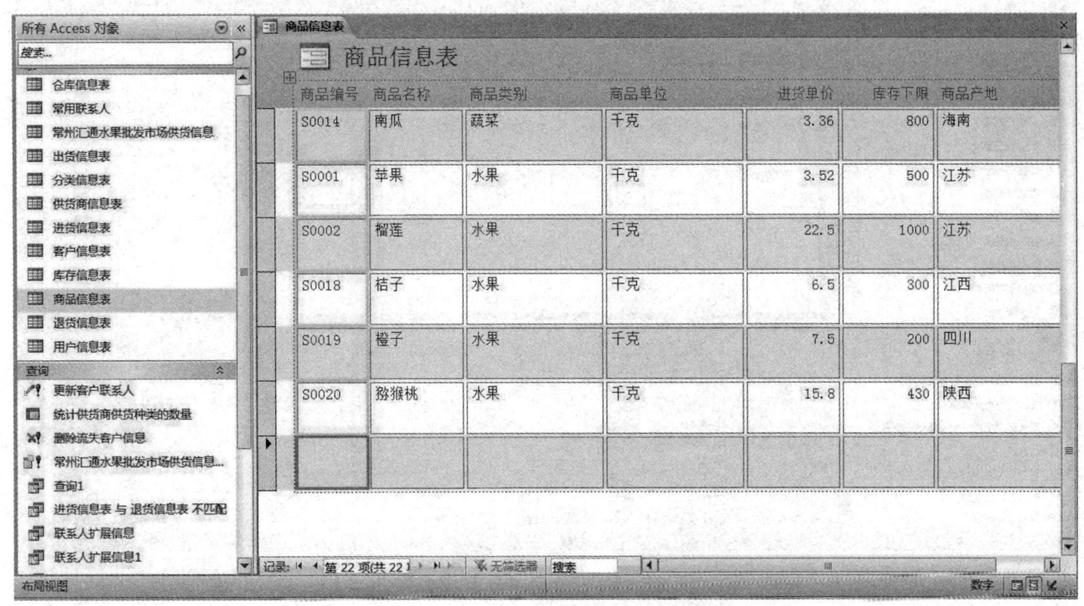

图 6-1-4　“多个项目”创建窗体

2. 单击“保存”按钮，屏幕显示出“另存为”对话框，输入窗体名称为“多个项目商品信息管理”，如图 6-1-5 所示，单击“确定”按钮。

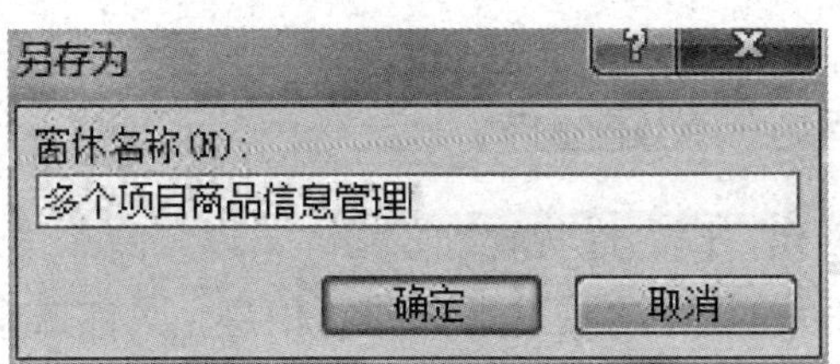

图 6-1-5　“另存为”对话框

五、创建“分割窗体”

“分割窗体”是一种用于创建两种布局形式的窗体，窗体的上半部分是单一记录布局方式，窗体的下半部分是多个记录的数据表布局方式。这种分割窗体为用户浏览记录带来了方便，既可以宏观浏览多个记录，又可以详细浏览一条记录。以“商品信息表”作为数据源，具体操作步骤如下：

1. 在数据库窗口的左侧列表中，选择“商品信息表”选项。在“创建”选项卡中，单击“其他窗体”按钮，在打开的下拉列表中选择“分割窗体”选项，窗体立即创建完成，同时打开窗体布局视图，如图 6–1–6 所示。

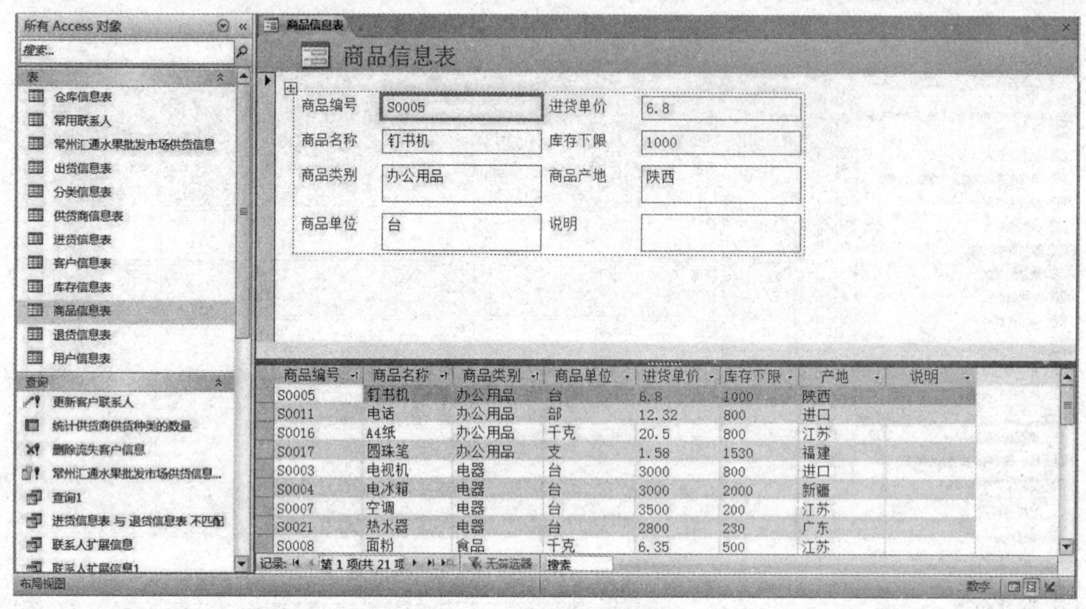

图 6–1–6　创建“分割窗体”

2. 窗体创建完成后，窗体的上半部分以布局视图显示，在窗体的下半部分单击最下方导航条中的下一条记录，则窗体上半部分显示该记录的信息。

3. 单击“保存”按钮，屏幕显示出“另存为”对话框，输入窗体名称为“商品信息管理分割窗体浏览”。

六、利用“窗体向导”创建窗体

利用“窗体向导”创建“商品进货管理”窗体，以“商品信息表”和“进货信息表”为数据源。主窗体显示商品信息，子窗体显示进货信息，具体操作步骤如下：

1. 在数据库窗口的左侧列表中，选择“商品信息表”选项。在“创建”选项卡中单击“窗体向导”按钮，弹出“窗体向导”第 1 个对话框，如图 6–1–7 所示。

2. 单击“表 / 查询”下拉列表框右侧箭头按钮，从下拉列表中选择“表：进货信息表”选项，单击 >> 按钮选择所有字段，如图 6–1–8 所示。

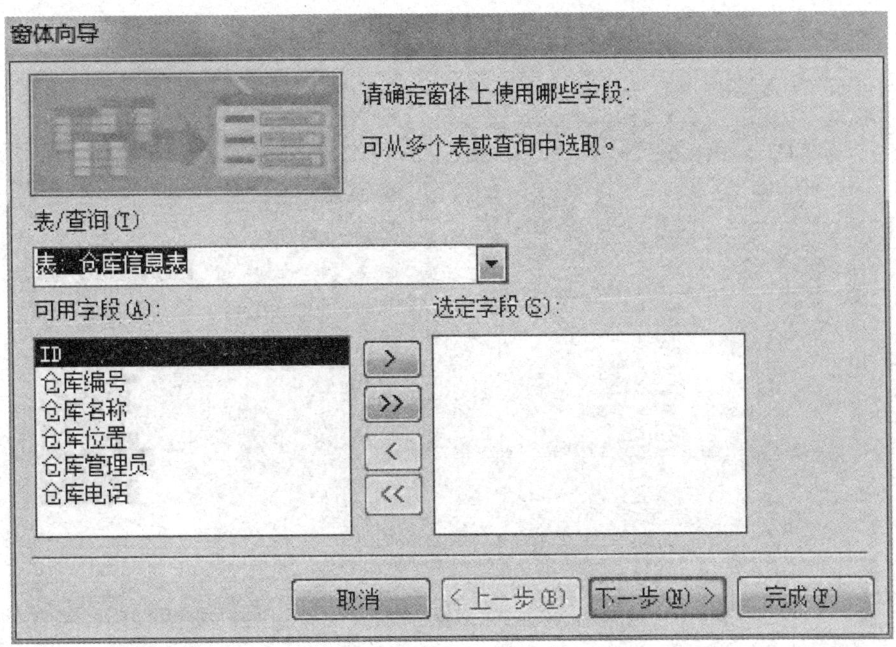

图 6–1–7　“窗体向导”选择信息表

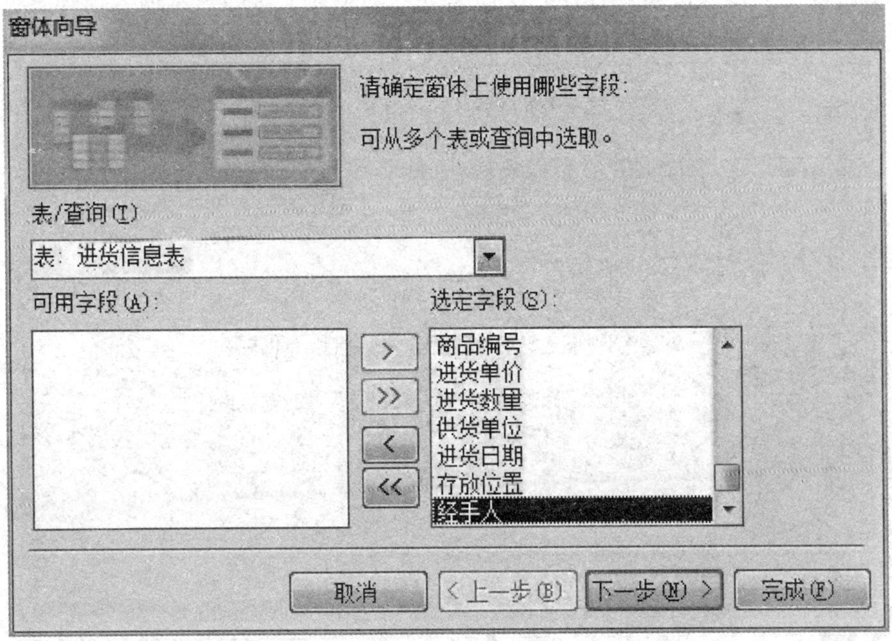

图 6–1–8　“窗体向导”选择字段

3. 单击“下一步”按钮，屏幕上显示“窗体向导”的第 2 个对话框，在该对话框中选择窗体使用的布局方式，单击选择“纵栏表”选项，如图 6–1–9 所示。

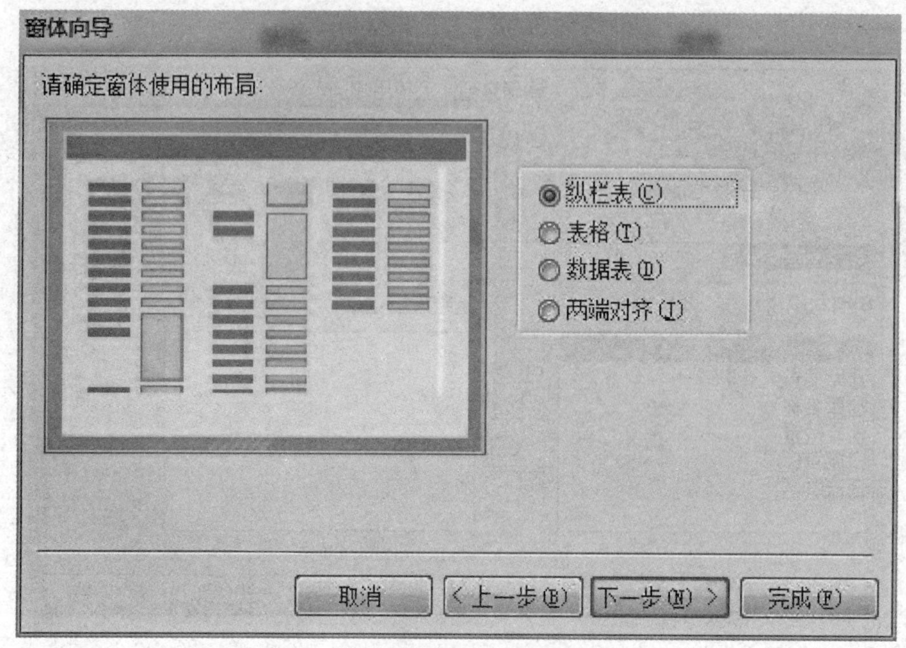

图 6–1–9 “窗体向导”选择布局样式

4. 单击“下一步”按钮，打开“窗体向导”的第 3 个对话框，输入窗体标题为“进货信息表”，其他的保持默认值，如图 6–1–10 所示。

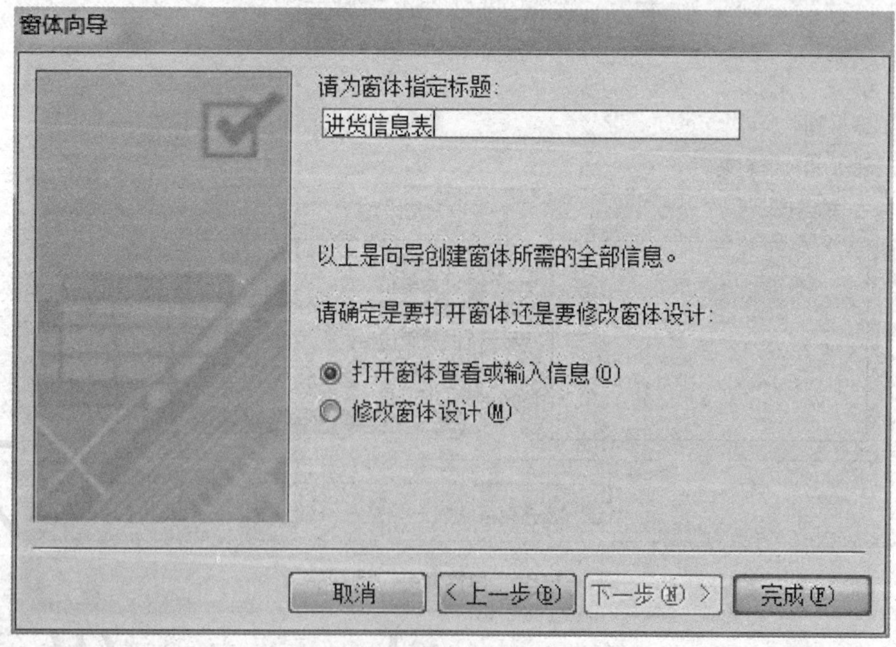

图 6–1–10 “窗体向导”设置窗体标题

5. 单击“完成”按钮，此时打开窗体视图，显示所创建的窗体，如图 6-1-11 所示。

进货信息表

进货信息表

进货编号	70100001
商品编号	S0001
进货单价	3.5
进货数量	5000
供货单位	常州汇通水果批发市场
进货日期	2016-7-15
存放位置	C001
经手人	王丽霞

图 6-1-11　创建窗体结果

小提示

利用向导创建窗体，既简单又快捷，但是往往不能满足需要，例如，需要调整窗体的布局，需要在窗体上加入视频、音频等多媒体数据，这些都只能通过设计窗体来实现。

七、利用“空白”按钮创建窗体

利用“空白”按钮创建窗体是在布局视图中创建数据表式窗体，这种“空白”就像一张白纸。使用“空白”创建窗体的同时，Access 2010 打开窗体的数据表视图，根据需要可以把表中的字段拖到窗体上从而完成窗体创建工作。以“进货信息表”“商品信息表”和“库存信息表”为数据源，建立“商品进货情况窗体”，具体操作步骤如下：

1. 在“创建”选项卡中单击“空白向导”按钮，弹出空白窗体，如图 6-1-12 所示。如果窗体右侧没有“字段列表”，则可以单击“添加现有字段”按钮添加。

2. 在“字段列表”中显示有当前数据库的所有表，单击“进货信息表”前面的“+”号，展开该表包含的所有字段，如图 6-1-13 所示。

3. 依次双击“进货编号”“商品名称”等字段，这些字段则被添加到空白窗体中，并显示出“进货信息表”中的第一条记录。同时，“字段列表”的布局从一个窗格变成了 3 个小窗格，分别是“可用于此视图的字段”“相关表中的可用字段”和“其他表中的可用字段”，如图 6-1-14 所示。

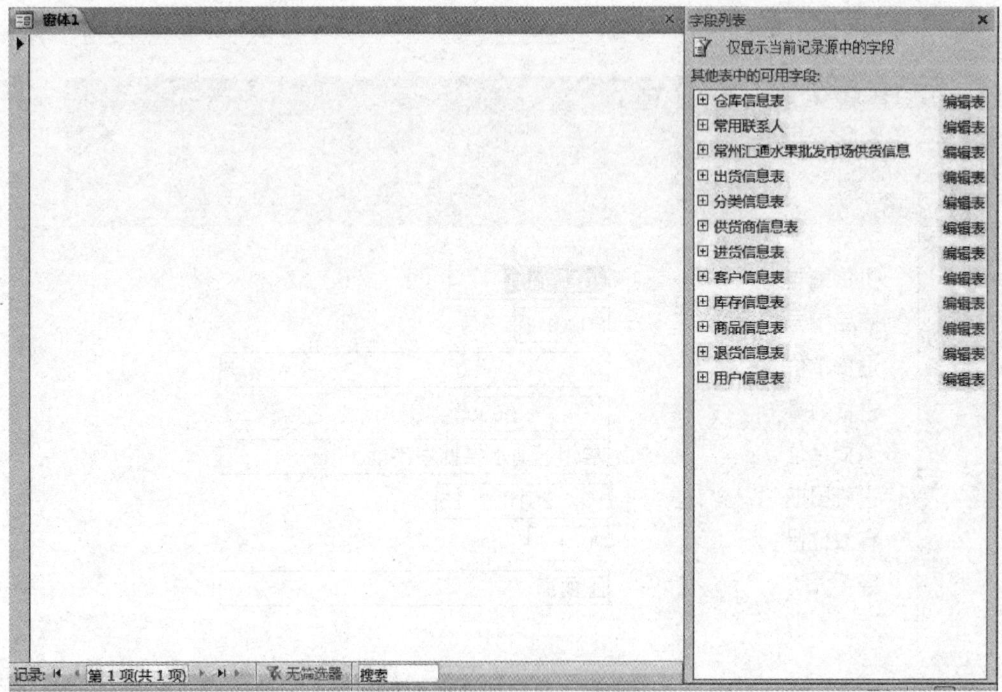

图 6-1-12　空白窗体

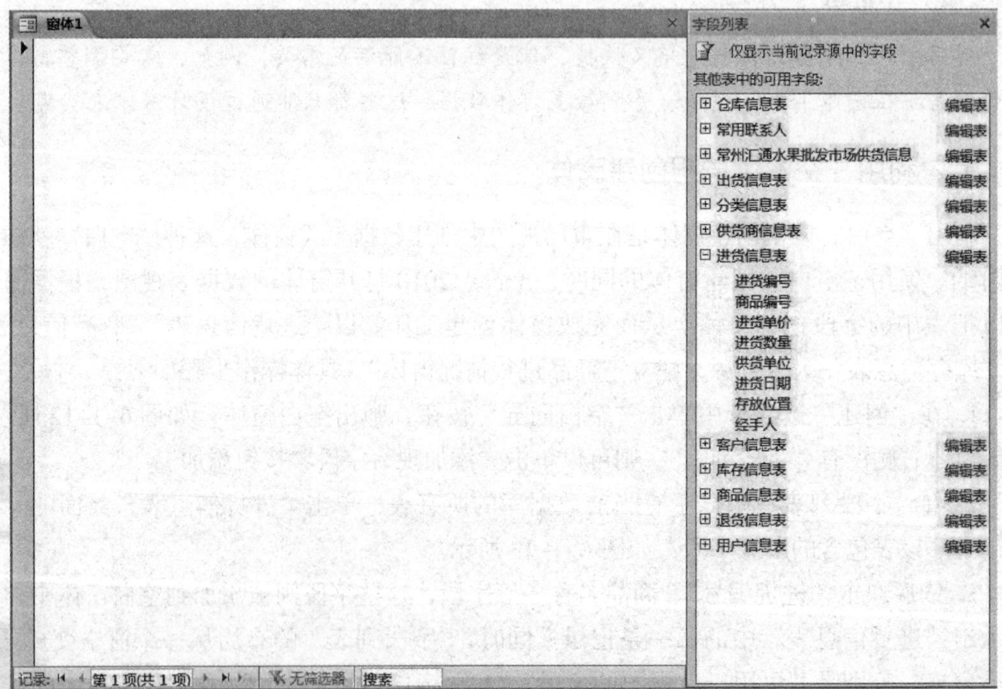

图 6-1-13　字段列表

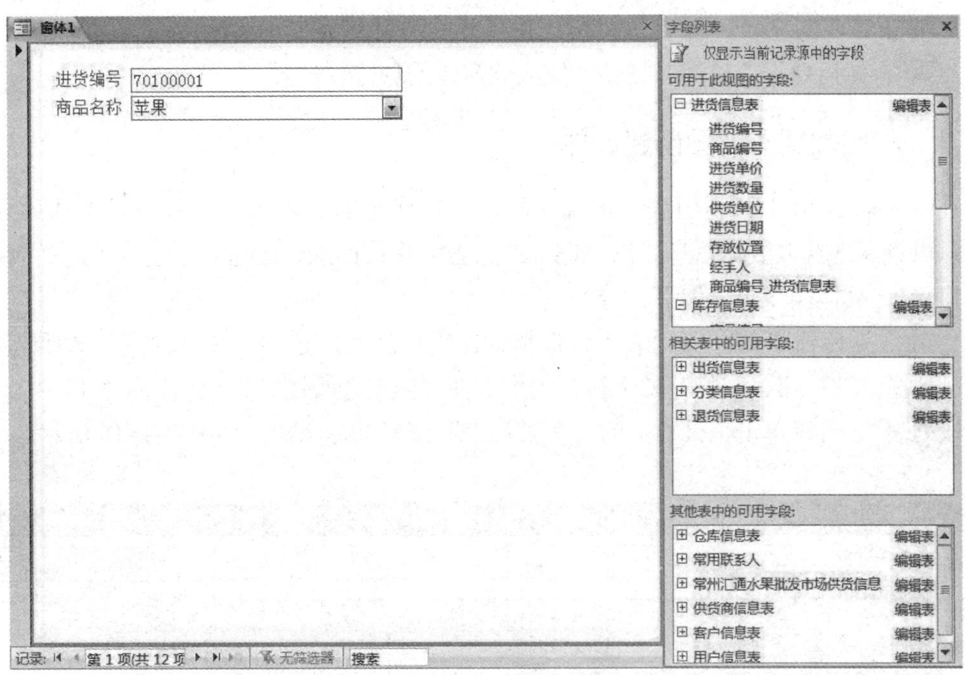

图 6–1–14　添加字段

4. 如果选择了相关表字段，由于表之间已经建立了关系，因此将会自动创建出“主窗体 / 子窗体结构”的窗体，展开“商品信息表”和“库存信息表”将相应的字段添加到空白窗体中，如图 6–1–15 所示。

图 6–1–15　添加相关表中的字段

5. 单击工具栏上的“保存”按钮，在打开的“另存为”对话框中输入窗体名称“进货信息表”，然后单击“确定”按钮，完成此窗体的创建。

八、利用数据透视图创建窗体

在 Access 2010 中，利用数据透视图可以将数据库中的数据以图形的方式显示出来，从而可以直观地获取数据信息。以“进货信息表”为数据源，建立“各进货单进货数量统计图窗体”，具体操作步骤如下：

1. 在数据库窗口的左侧列表中，选择“进货信息表”选项。在“创建”选项卡中单击“其他窗体”按钮，在打开的下拉列表中选择“数据透视图”选项。如果窗口中无“图表字段列表”，可以单击工具栏上的“字段列表”按钮进行添加，如图 6–1–16 所示。

图 6–1–16　数据透视图创建窗体

2. 把“供货单位”拖到“行字段”处，把“进货数据”拖动到“数据字段处”，此时图表区显示出柱形图，如图 6–1–17 所示。

3. 单击工具栏上的“保存”按钮，在打开的“另存为”对话框中输入窗体名称为“各进货单进货数量统计图窗体”，然后单击“确定”按钮，完成此窗体的创建。

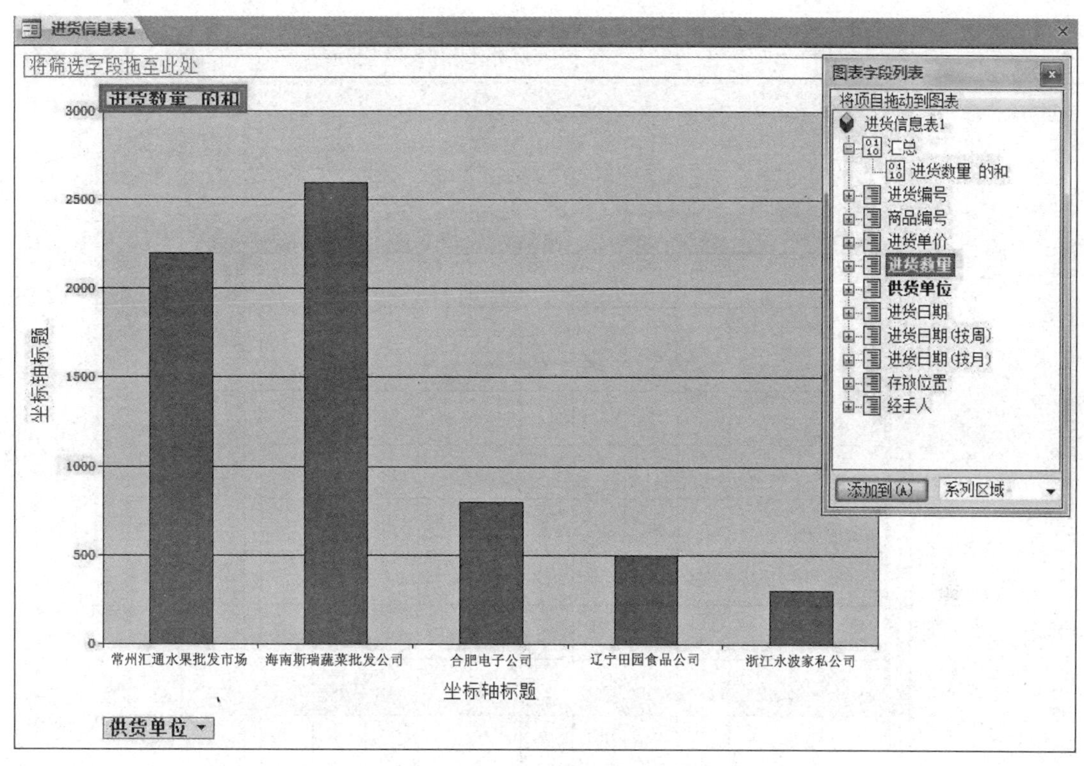

图 6-1-17　创建完成的视图窗体

第 2 节　利用设计视图创建窗体

虽然 Access 2010 提供了各种向导工具可以创建多种形式的窗体，但是在格式和字段的分布上不够完善，不能满足创建复杂窗体的需要。

如果要设计灵活复杂的窗体，则需要使用窗体设计视图来创建，或者使用向导及其他方法创建窗体之后，再在窗体设计视图中进行修改。

一、窗体设计视图的结构

窗体设计视图包括窗体页眉、页面页眉、主体、页面页脚和窗体页脚 5 个部分，每一个部分称为一个“节”。打开设计视图时，默认只有主体节。如果需要添加其他节，需要在窗体中单击鼠标右键，在快捷菜单中选择“窗体页眉 / 页脚”或“页面页眉 / 页脚”等选项即可将其他各节添加到窗体上，如图 6-2-1 所示，窗体中各节的作用见表 6-2-1。

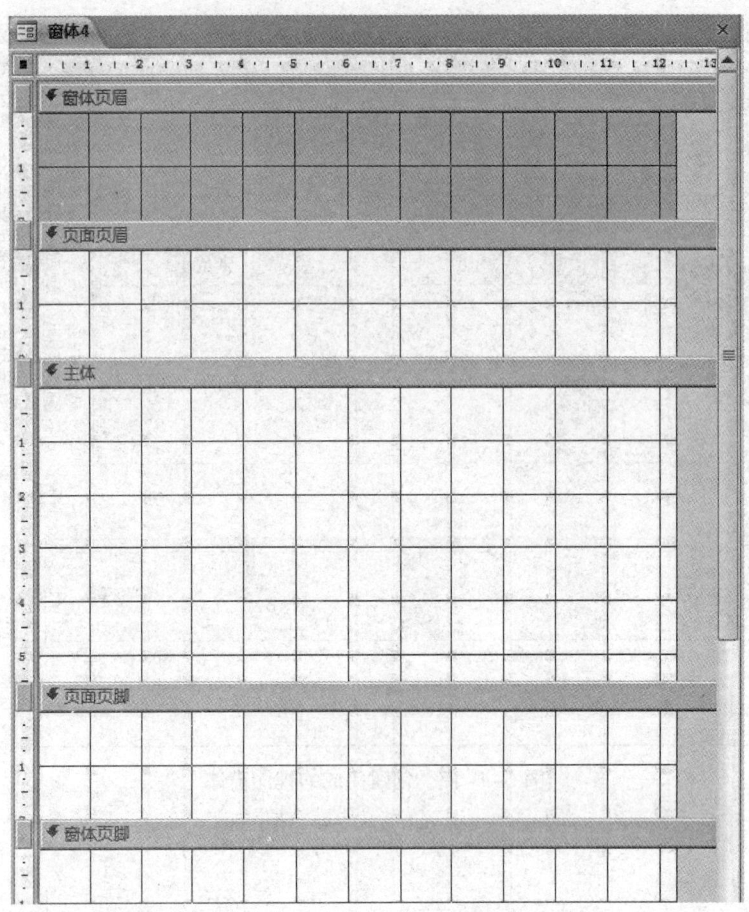

图 6-2-1　窗体设计视图

表 6-2-1　　窗体中各节的作用

窗体各节	作用
窗体页眉	一般用于显示窗体的标题等
页面页眉	用于显示在第一页上部出现的页面标题、日期、页码等，只在设计视图或打印窗体时出现
主体	窗体的主要设计区域，通常用来显示或操作数据源中的记录
页面页脚	在每页底部出现的内容，如日期、页码等，只在设计视图或打印窗体时出现，每页末尾打印一次
窗体页脚	出现在窗体的底部，一般用于显示所有记录的内容、使用命令的操作说明等信息，常用来显示日期、汇总信息等

窗体各个节的分界横条被称为节选择器，使用它可以选定节，上下拖动它可以调整节的高度。在窗体的左上角标尺最左侧的小方块 ■，是“窗体选择器”按钮，双击它可以打开窗体“属性表”窗口，如图 6-2-2 所示。

图 6-2-2　窗体“属性表”

在属性窗口中包含 5 个选项卡，具体内容见表 6-2-2。

表 6-2-2　属性窗口的选项卡

选项卡名称	说明
格式	用来设置窗体的显示方式，如视图类型、窗体的位置和大小、图片、分割线、边框样式等
数据	设置窗体对象的数据源、数据规则、输入掩码等
事件	设置窗体对象针对不同的事件可以执行相应的宏、表达式、代码控制的自定义操作等
其他	设置窗体对象的其他属性
全部	包括以上所有属性

二、窗体设计工具选项卡

如图 6-2-3 所示，打开窗体设计视图后，出现“窗体设计工具”选项卡，该选项卡由“设计”“排列”和“格式”子选项组成。

图 6–2–3　窗体设计工具选项卡

其中“排列”选项卡主要用来对齐和排列窗体中的控件，包括“表”“行和列”“合并 / 拆分”“移动”“位置”和“调整大小和排序”6 个组。

“格式”选项卡用来设置控件的格式，包括“所选内容”“字体”“数字”“背景”和“控件格式”5 个组。

“设计”选项卡则提供了窗体的设计工具，包括“视图”“主题”“控件”“页眉 / 页脚”以及“工具”5 个组。

三、利用标签和文本框控件创建“进货商品基本信息”窗体

标签和文本框控件是最常用的控件。标签控件主要用来显示说明性文本，文本框主要用来输入或编辑字段数据，它是一种交互式的控件，具体操作步骤如下：

1. 打开“商品销售管理”数据库，单击“创建”选项卡“窗体”组中的“窗体设计”按钮，打开窗体设计窗口，同时打开“字段列表”，面板中显示数据库中的所有表，如图 6–2–4 所示。

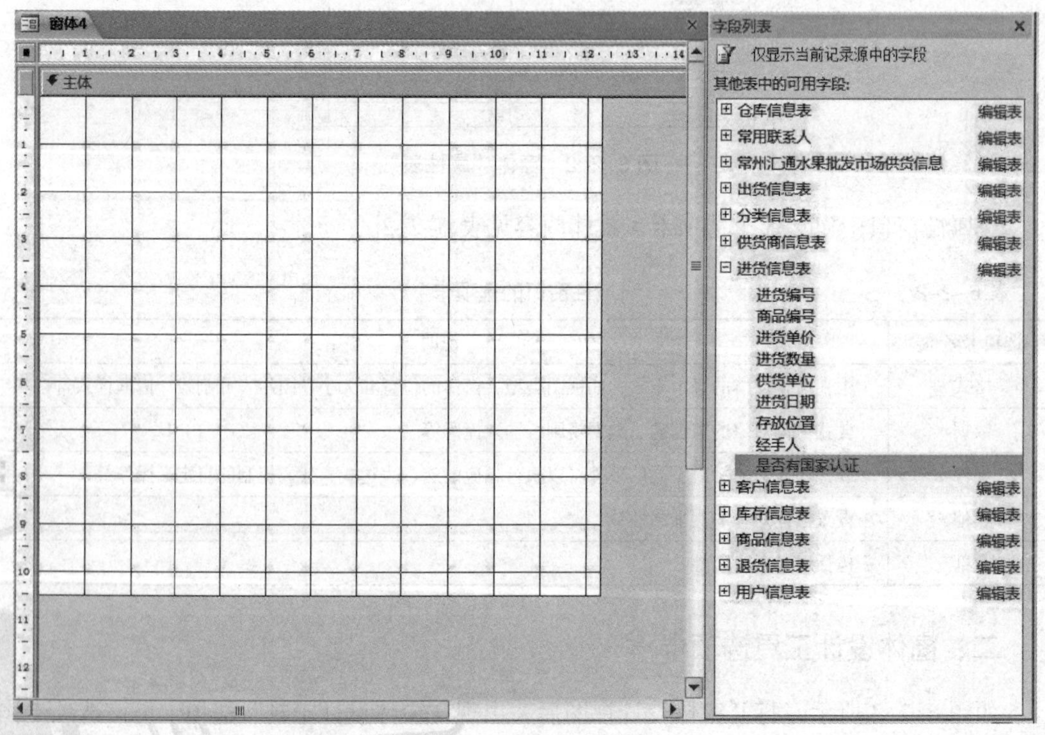

图 6–2–4　窗体设计视图

2. 右键单击窗体主体的空白处，在打开的快捷菜单中选择“窗体页眉 / 页脚”，在窗体中添加一个“窗体页眉”。单击“窗体设计工具 / 设计”选项卡中“控件”组的“标签”按钮，在“窗体页眉”处拖放鼠标，设置标签的位置，然后输入标签内容为“进货商品信息”，在“属性表”“格式”选项中将字号设置为“24”，如图 6–2–5 所示。

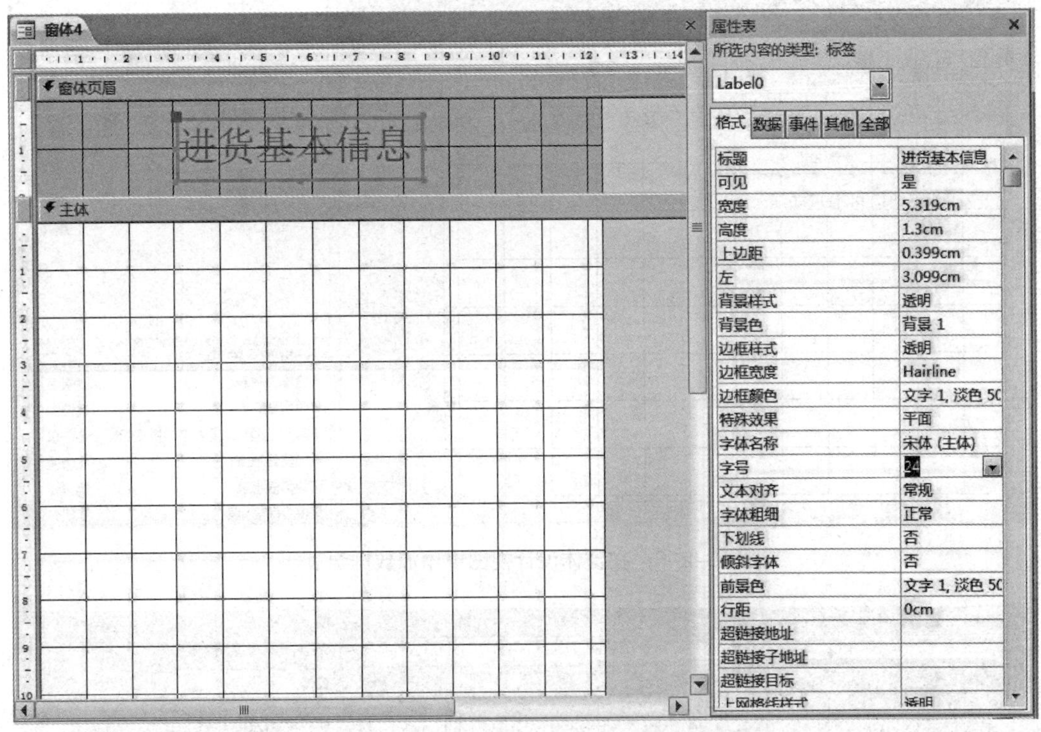

图 6–2–5　在窗体设计视图中添加页眉

小提示

如果要删除“窗体页眉”和“窗体页脚”，只需要在窗体中单击鼠标右键，在弹开的“快捷菜单”中的“窗体页眉 / 页脚”命令上再次单击，就可以删除。

3. 单击“字段列表 ”面板中的“进货信息表”前面的展开按钮“+”，展开该表包含的所有字段，依次双击“进货编号”“商品编号”“进货单价”“进货数量”“供货单位”“进货日期”，这些字段添加到空白窗体中同时显示了该表的第一条记录，此时，“字段列表”布局从一个窗格变成了三个小窗格，分别是“可用于此视图的字段”“相关表中的可用字段”和“其他表中可用字段”，如图 6–2–6 所示。

4. 在窗体“属性表”面板的“格式”选项卡中将“记录选择器”的属性设为“否”，将“导航按钮”设为“是”，如图 6–2–7 所示。

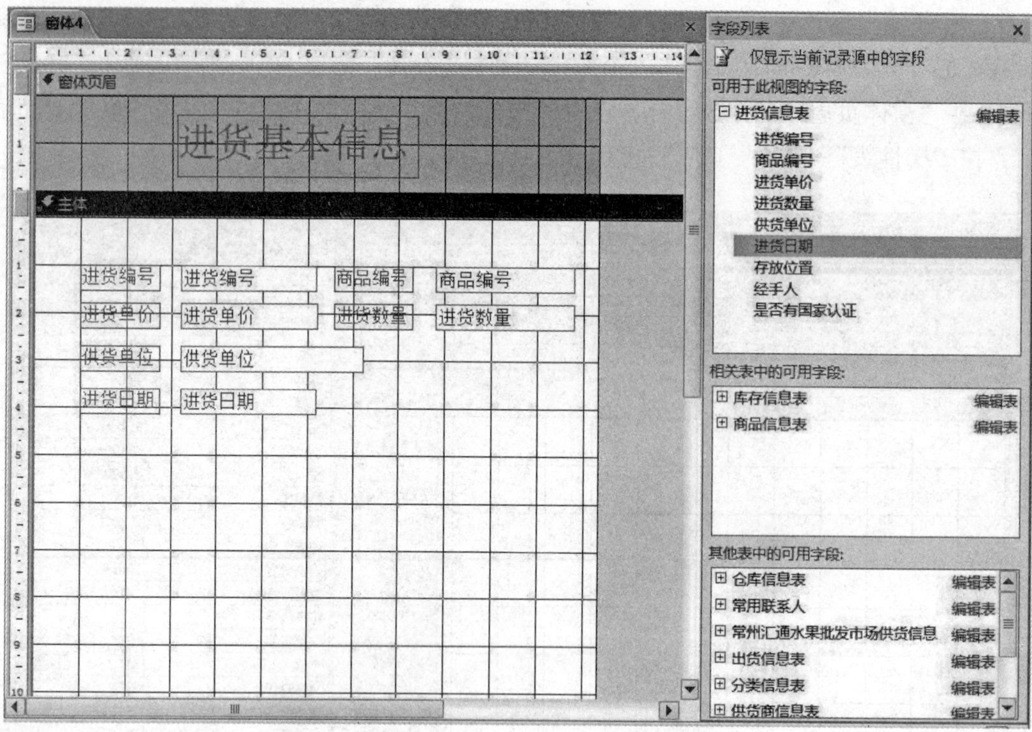

图 6-2-6　在窗体设计视图中添加数据源表

图 6-2-7　在窗体视图中设计属性

5. 保存此窗体的名称为“进货商品基本信息”，结果如图 6-2-8 所示。

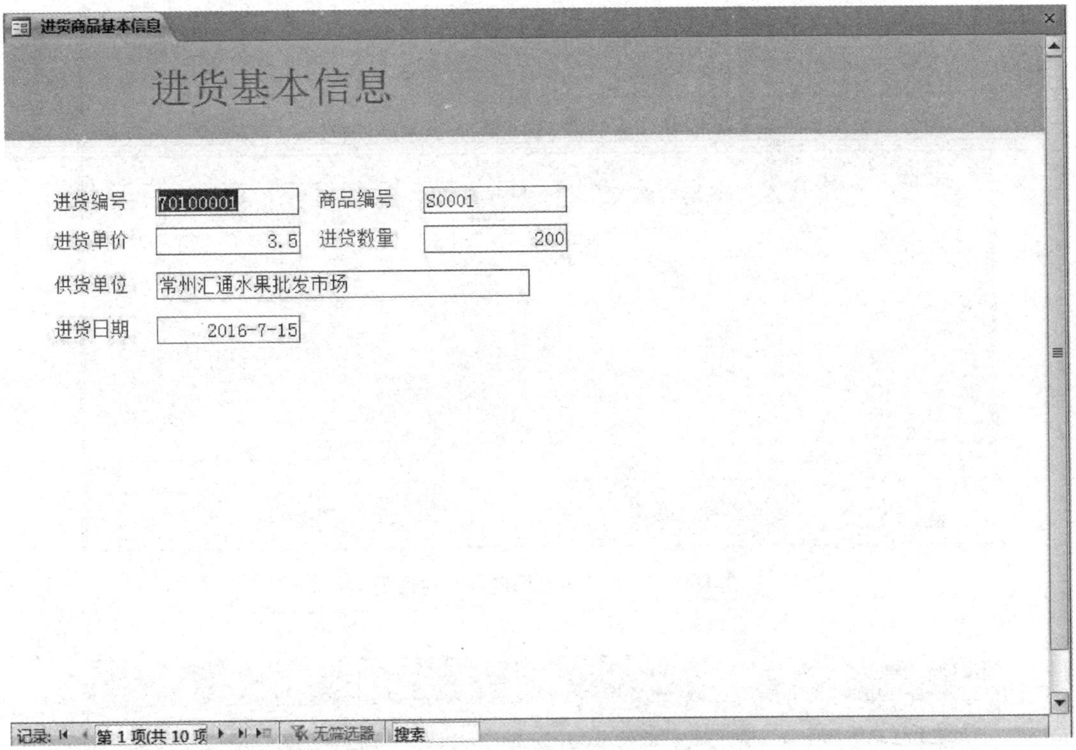

图 6-2-8　窗体视图结果

四、利用组合框控件来完善“进货商品基本信息”窗体

如果在窗体输入数据总是来自一个表或查询中的记录数据，或者取自某固定内容的数据，可以用组合框或列表框控件来完成。这样既可以保证输入数据的准确性，又可以提高数据的输入速度。本例中，在输入“存放位置”时，其值只有“C001”“C002”“C003”和“C004”4 个取值，若将这 4 种取值放在组合框或列表框中，用户只需要通过单击鼠标就可以完成数据的输入，这样不仅可以避免输入的错误，同时也可以减少文字输入的工作量。把“存放位置”用组合框来完善“进货商品基本信息”，具体操作步骤如下：

1. 打开“进货商品基本信息”窗体，进入窗体设计视图，单击“窗体设计工具 / 设计”选项卡“控件”组中的“组合框”按钮，在窗体上单击要放置组合框的位置，弹出“组合框向导”对话框，如图 6-2-9 所示。在这里单击选中“自行键入所需的值”按钮。

2. 单击“下一步”按钮，显示如图 6-2-10 所示的对话框。在“第 1 列”列表中依次输入“C001”“C002”“C003”和“C004”。

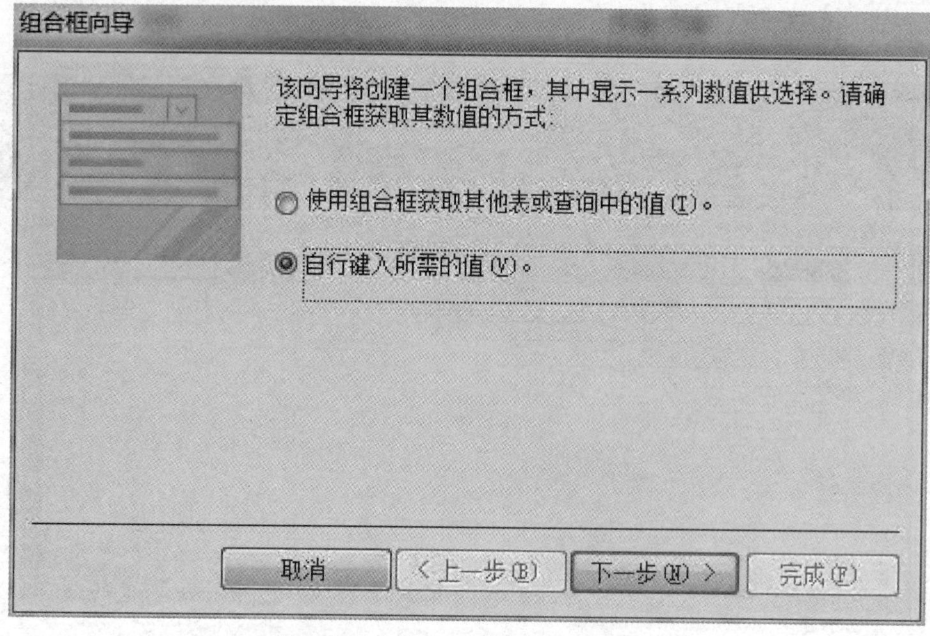

图 6-2-9 “组合框向导”对话框

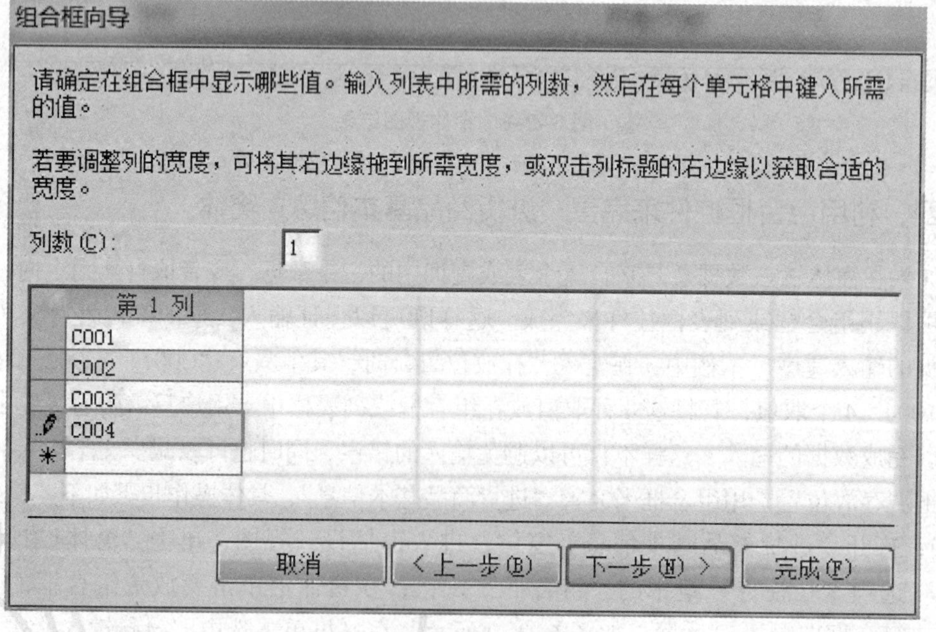

图 6-2-10 输入组合框的值

3. 单击“下一步”按钮，显示如图 6-2-11 所示对话框。选中“将该数据值保存在这个字段中”单选按钮，并从下拉列表中选择“存储位置”字段。

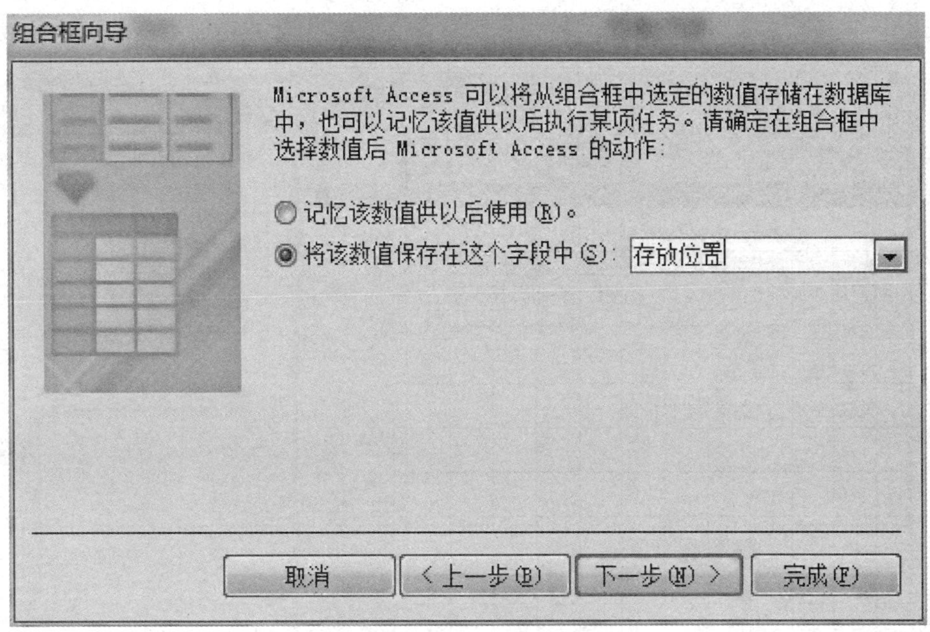

图 6-2-11　选择字段

4. 单击“下一步”按钮，显示如图 6-2-12 所示对话框，在对话框的“请为组合框指定标签”文本框中输入“存放位置”，作为组合框的标签。完成后窗体设计视图显示如图 6-2-13 所示。

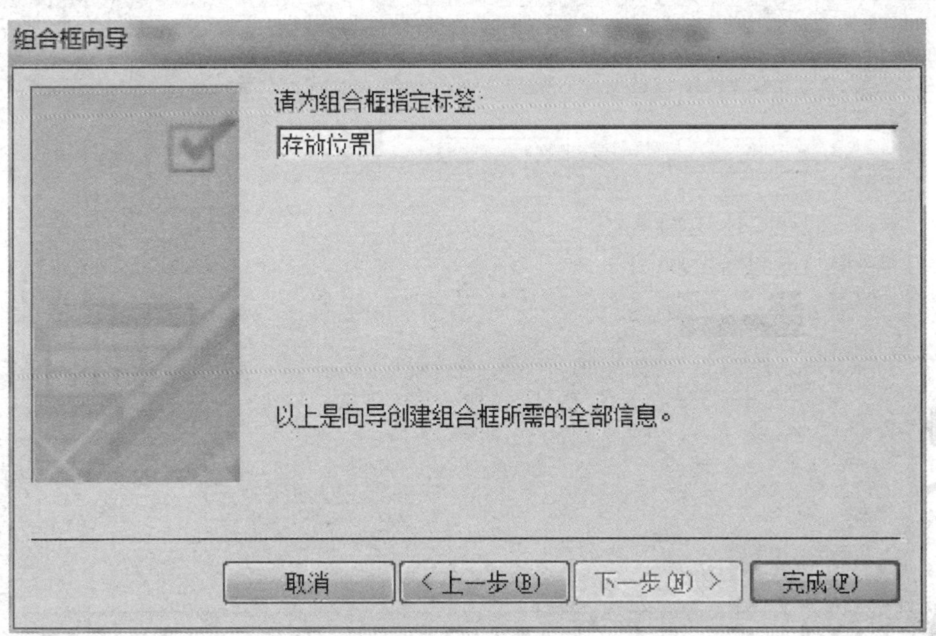

图 6-2-12　指定标签

进货商品基本信息
属性表
所选内容的类型：节
主体
格式 数据 事件 其他 全部
窗体页眉
进货基本信息
主体
进货编号 进货编号 商品编号 商品编号
进货单价 进货单价 进货数量 进货数量
供货单位 供货单位
进货日期 进货日期
存放位置 存放位置

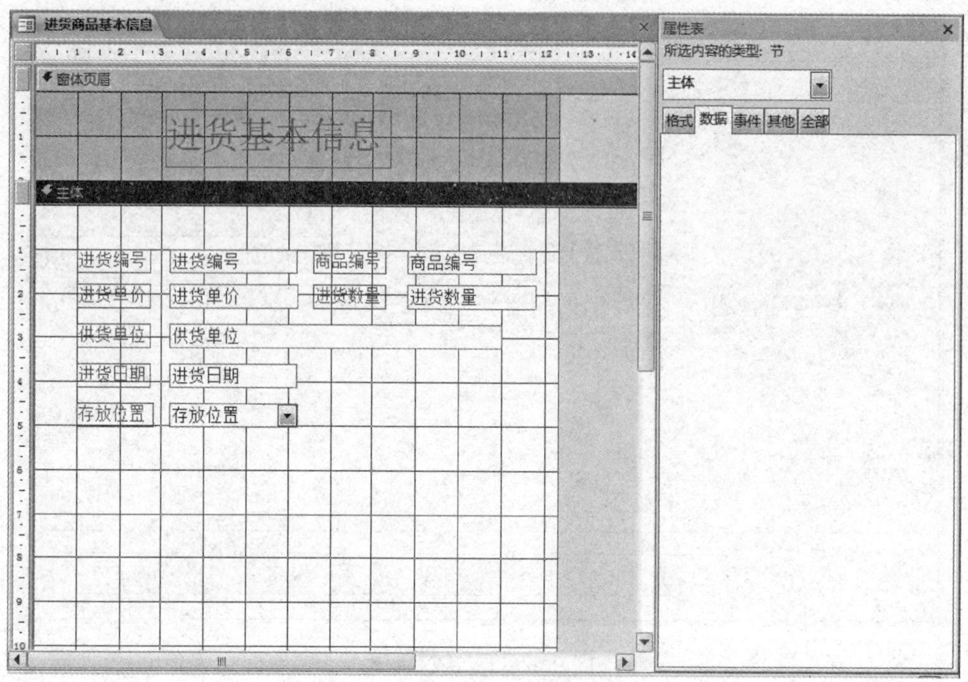

图 6-2-13　窗体设计视图显示

5. 单击“完成”按钮，保存此窗体，完成后的窗体效果如图 6-2-14 所示。

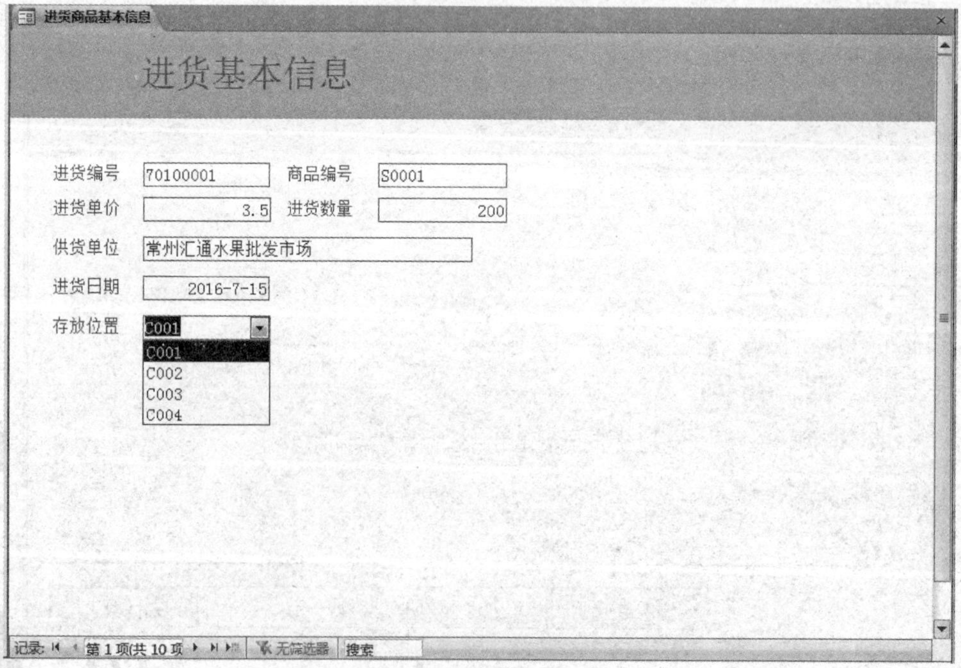

进货商品基本信息
进货基本信息
进货编号 70100001 商品编号 S0001
进货单价 3.5 进货数量 200
供货单位 常州汇通水果批发市场
进货日期 2016-7-15
存放位置 C001
C001
C002
C003
C004
记录：第 1 项(共 10 项
无筛选器
搜索

图 6-2-14　窗体视图结果

五、利用列表框控件来完善“进货商品基本信息”窗体

窗体中的列表框可以包含一列或几列数据，用户只能从列表中选择一个值而不能输入新值，组合框的列表可以由多行数据组成，但通常只显示一行，需要选择其他数据时，可以单击右侧的下拉箭头。组合框和列表框的区别在于：使用组合框既可以进行选择，又可以输入文本，而列表框只能进行选择。

列表框控件也分为绑定型和非绑定型两种。用户可以使用控件向导来创建列表框，也可以在窗体的设计视图中直接创建。

“进货信息表”中的“经手人”只是仓库的管理人员，是相对固定的人员，下面用列表框来完善“进货商品基本信息”，具体操作步骤如下：

1. 打开“进货商品基本信息”窗体，进入窗体设计视图，单击“窗体设计工具 / 设计”选项卡“控件”组中的“列表框”按钮，在窗体上单击要放置组合框的位置，弹出“组合框向导”对话框，如图 6-2-15 所示。在这里选中“使用列表框获取其他表或查询中的值”按钮。

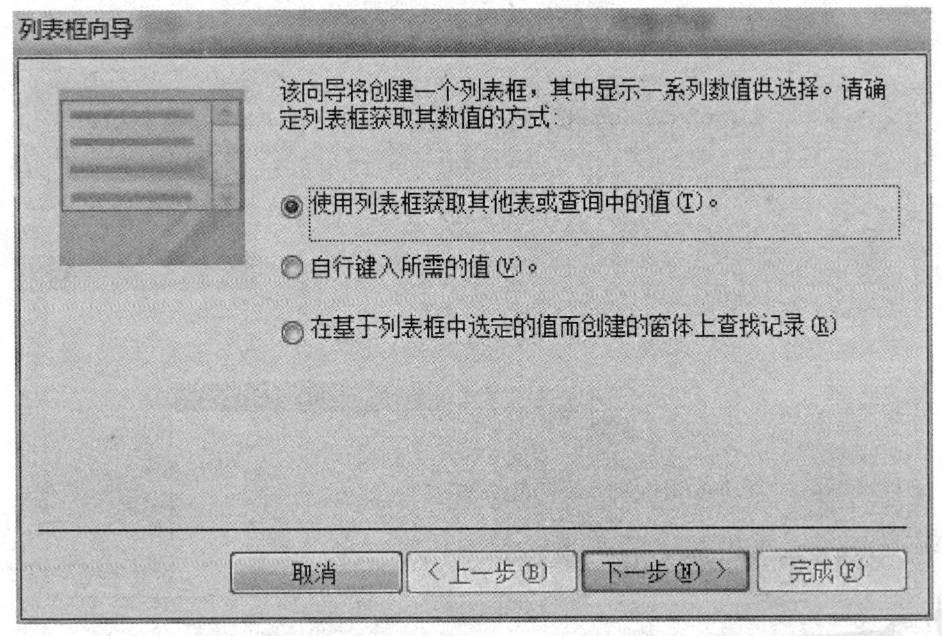

图 6-2-15　“列表框”向导对话框

2. 单击“下一步”按钮，显示如图 6-2-16 所示对话框。选中“视图”组中的“表”单选按钮，然后从列表中选择“表：进货信息表”。

3. 单击“下一步”按钮，显示如图 6-2-17 所示的对话框。选中“可用字段”列表框中的“经手人”字段，并将其移到右侧的“选定字段”列表框中。

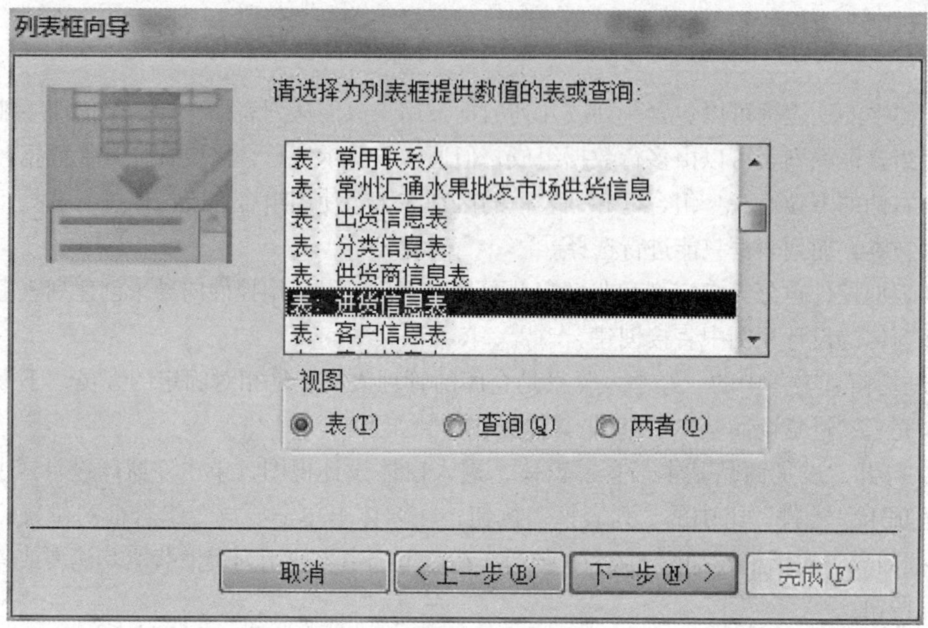

图 6-2-16　选择数据源表

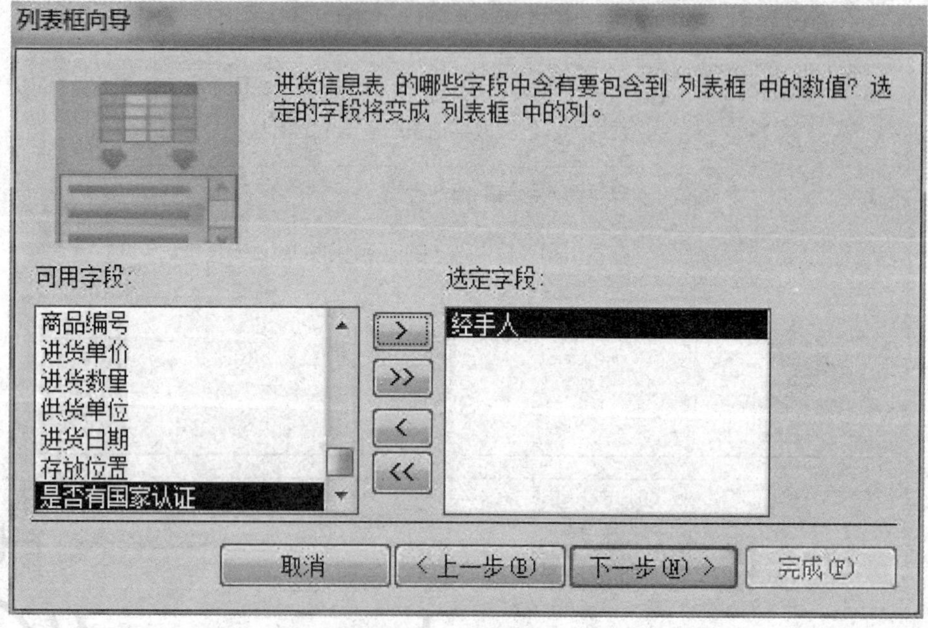

图 6-2-17　选择字段

4. 单击“下一步”按钮，显示如图 6-2-18 所示的对话框，在该对话框中设置“经手人”字段升序排序。

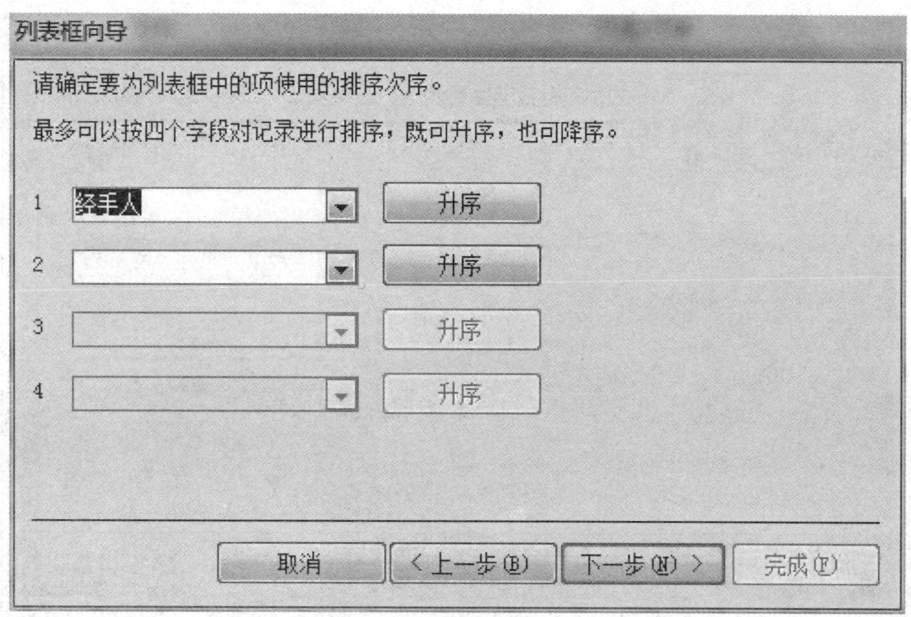

图 6-2-18　确定排序条件

5. 单击“下一步”按钮，显示如图 6-2-19 所示的对话框，这里选中“将数据值保存在这个字段中”按钮。

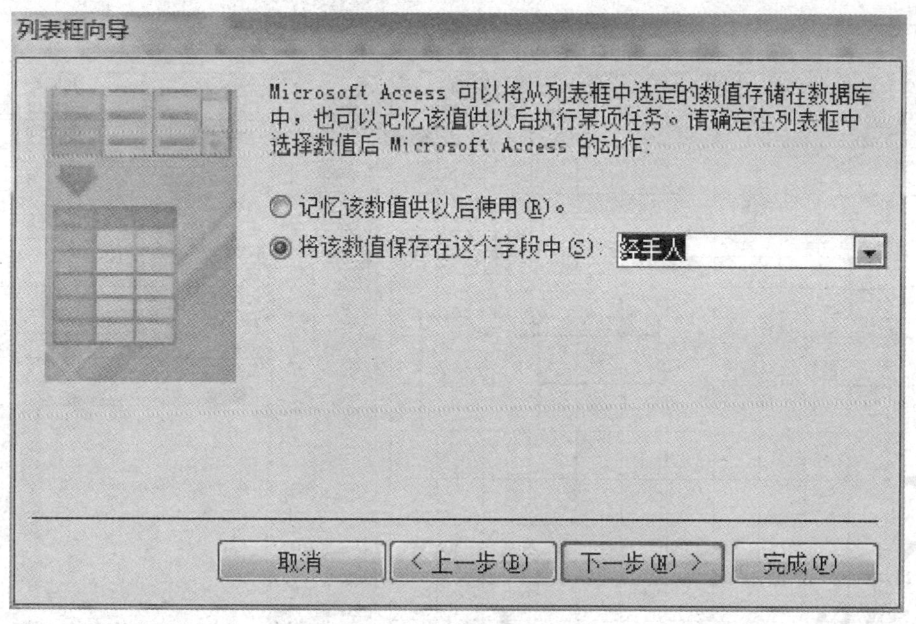

图 6-2-19　选择字段

6. 单击“下一步”按钮，在显示的对话框输入标题名“经手人”，如图 6-2-20 所示，窗体设计视图如图 6-2-21 所示。

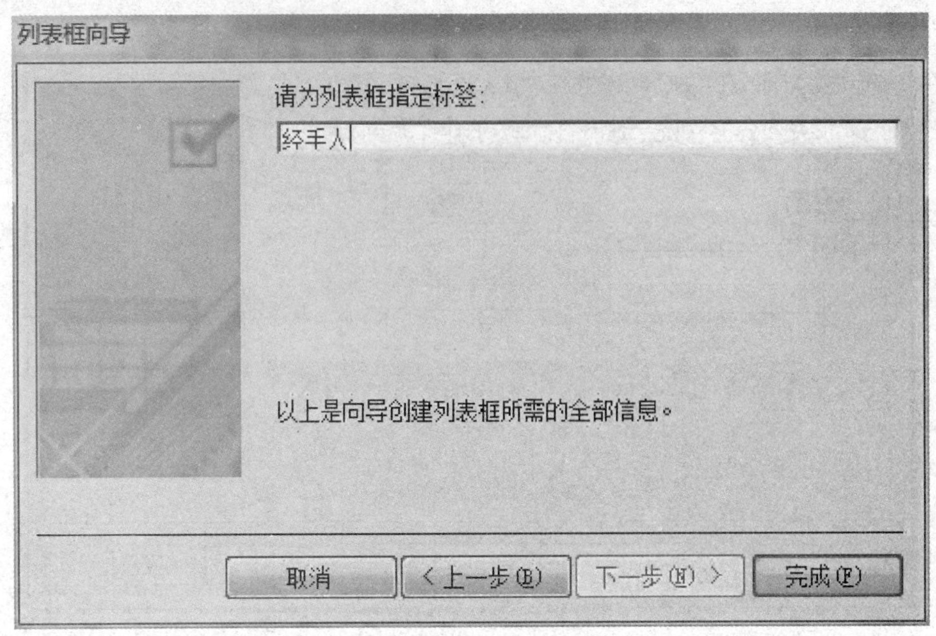

图 6-2-20　指定标签

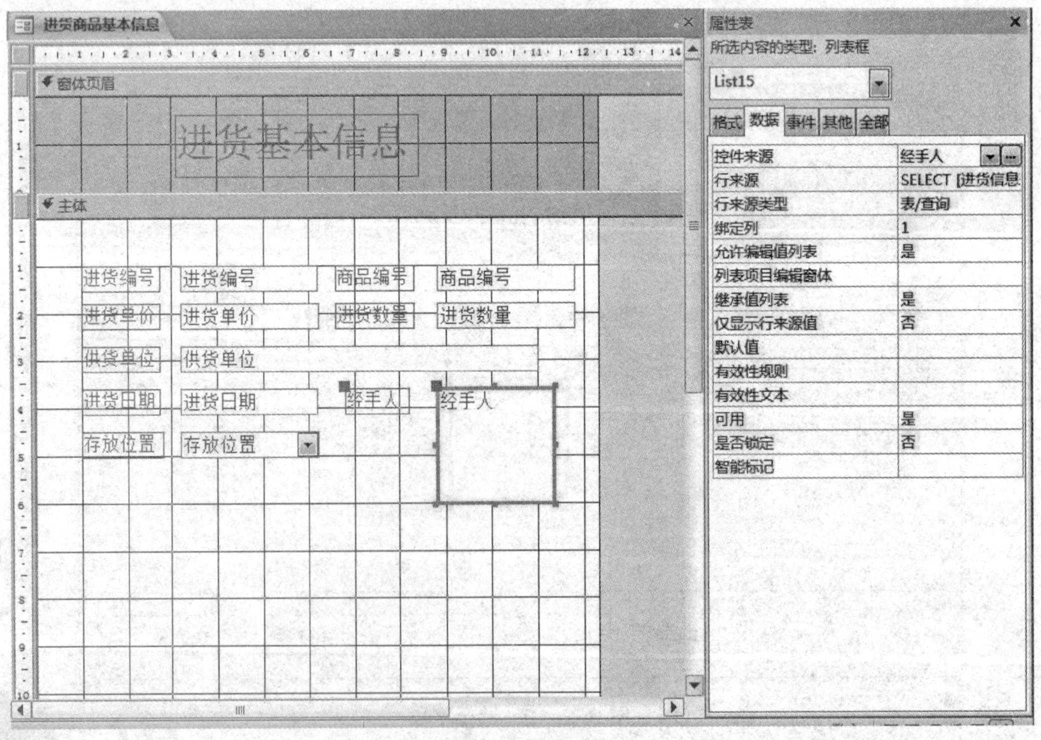

图 6-2-21　窗体设计视图显示

7. 单击“完成”按钮，完成后的结果如图 6-2-22 所示。

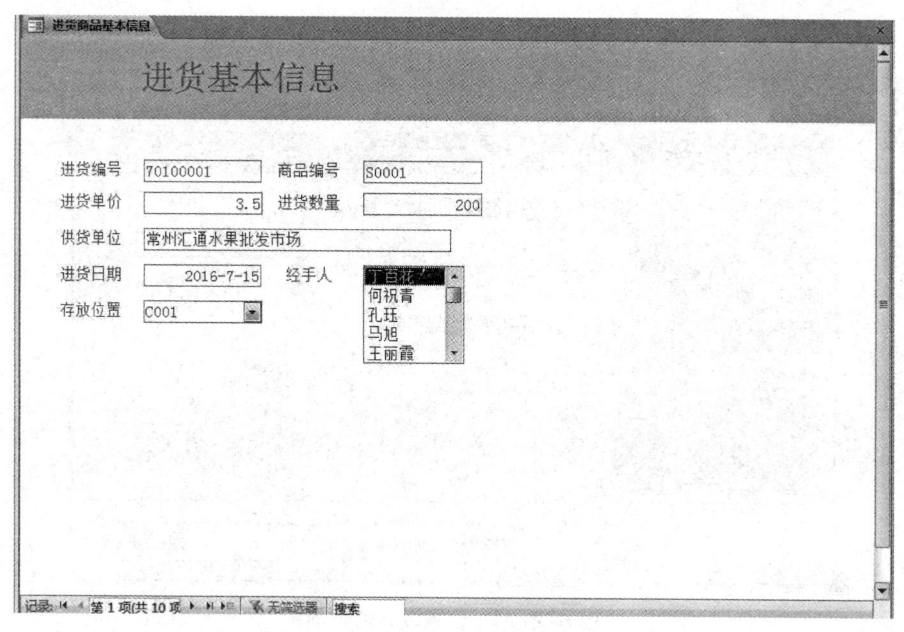

图 6-2-22　窗体视图结果

六、利用选项组控件来完善“进货商品基本信息”窗体

选项组控件可以为用户提供必要的选项，用户只需要进行简单的选取即可完成数据的输入或参数的设置，选项组中可以包含复选框、切换按钮或单选按钮等控件。

“进货信息表”中的“是否有国家认证”只有两种可能：有和无。因此可以利用选项组控件来完成，具体操作步骤如下：

1. 打开“进货商品基本信息”窗体，进入窗体设计视图，单击“窗体设计工具 / 设计”选项卡“选项组”按钮，在窗体上单击要放置选项组的位置，弹出“选项组向导”对话框，在该对话框中要输入选项组中每个选项的标签名，在“标签名称”框内分别输入“有”“无”，如图 6-2-23 所示。

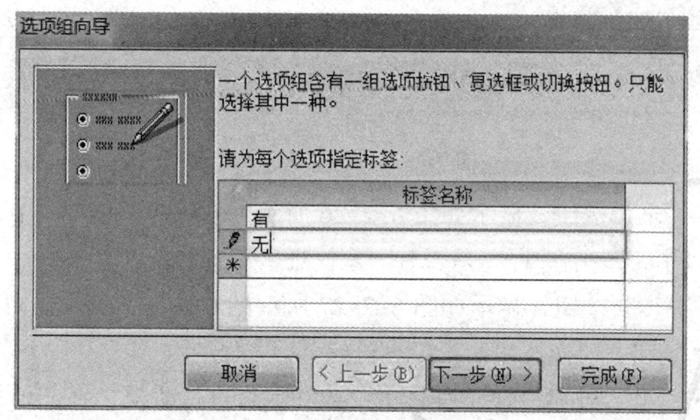

图 6-2-23　“选项组向导”对话框

2. 单击“下一步”按钮，显示如图 6-2-24 所示的对话框，在该对话框中可确定选项组的默认选项，选择“是，默认选项是”，指定“有”为默认项。

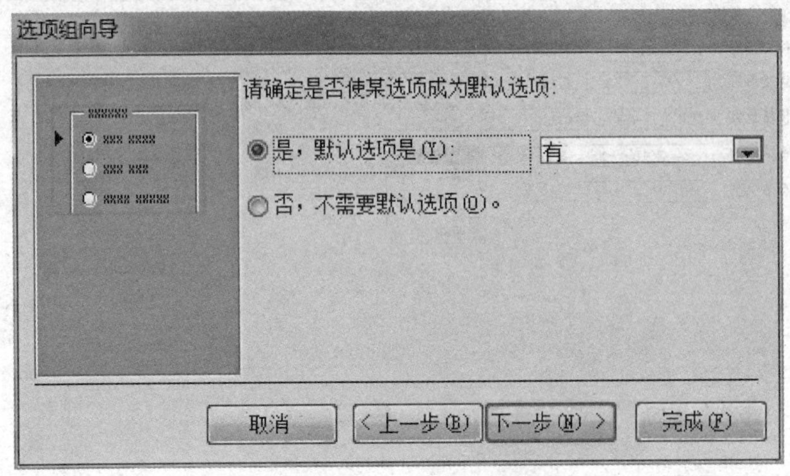

图 6-2-24 设置默认值选项

3. 单击“下一步”按钮，显示如图 6-2-25 所示的对话框，这里为“有”“无”选项分别赋值为 1 和 2。

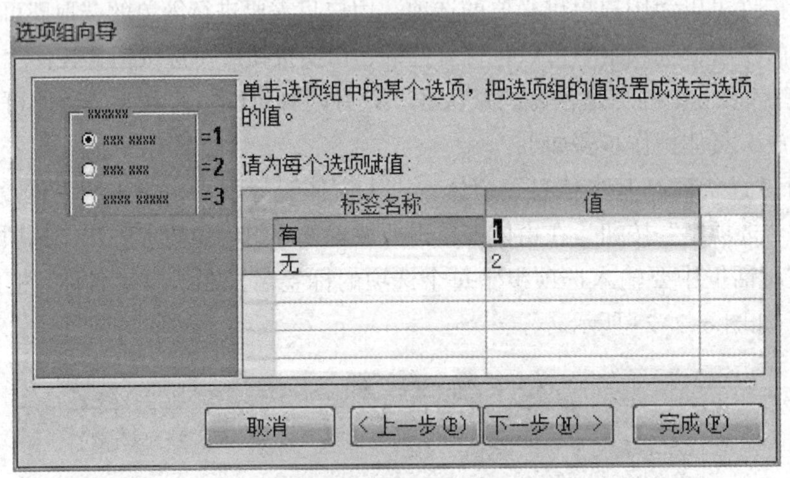

图 6-2-25 为选项赋值

4. 单击“下一步”按钮，显示如图 6-2-26 所示的对话框，选中“在此字段中保存该值”按钮，并在下拉列表中选择“是否有国家认证”字段。

5. 单击“下一步”按钮，显示如图 6-2-27 所示的对话框，选项组可选用控件有“选项按钮”“复选框”和“切换按钮”，这里选择默认设置。

6. 单击“下一步”按钮，显示如图 6-2-28 所示的对话框，在“请为选项组指定标题”文本框中输入“是否认证”。

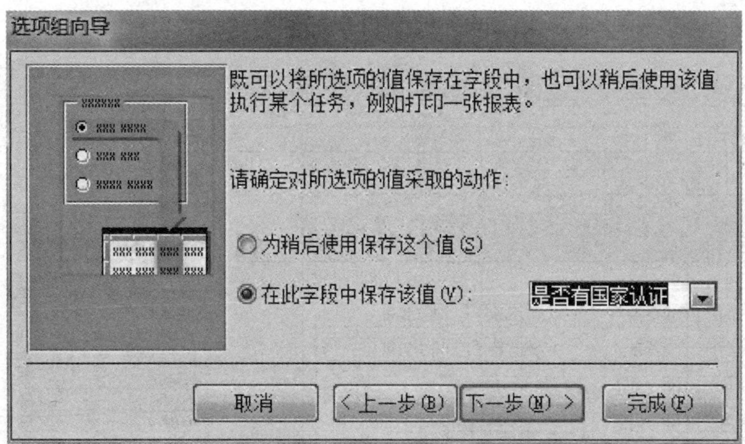

图 6-2-26　选择保存字段

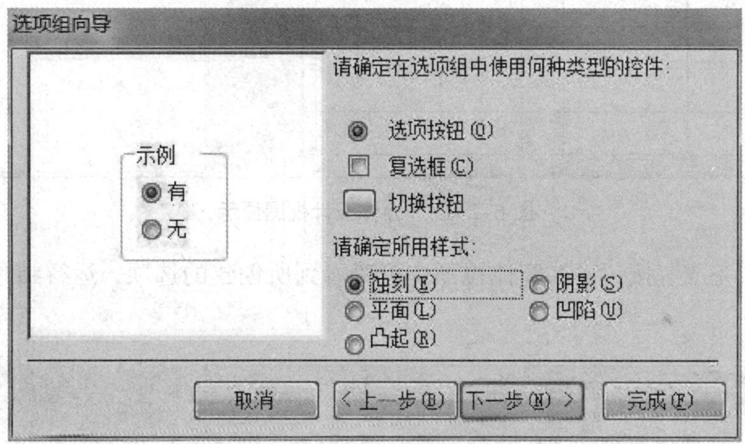

图 6-2-27　选择控件

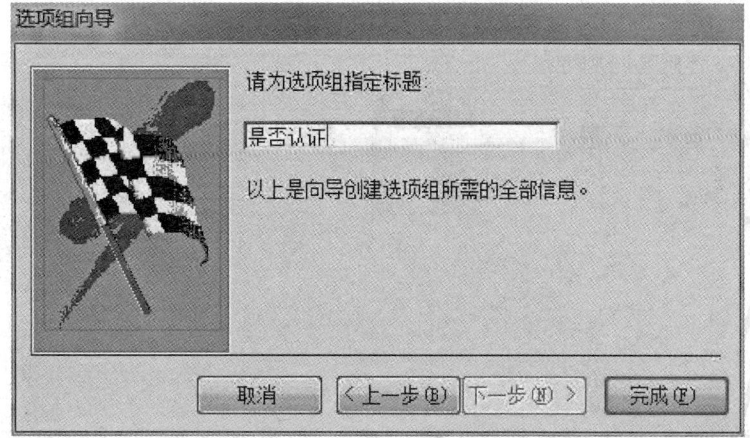

图 6-2-28　指定标题

7. 单击“下一步”按钮，窗体设计视图显示如图 6-2-29 所示。

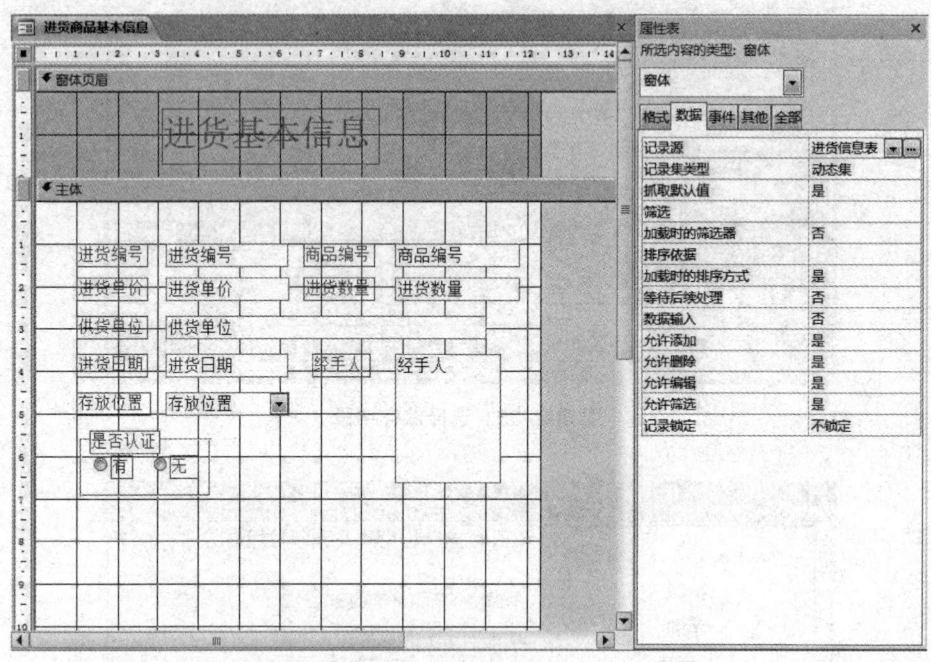

图 6-2-29　窗体设计视图显示

8. 单击“完成”按钮，在窗体视图中可以看到所创建的选项，运行结果如图 6-2-30 所示。

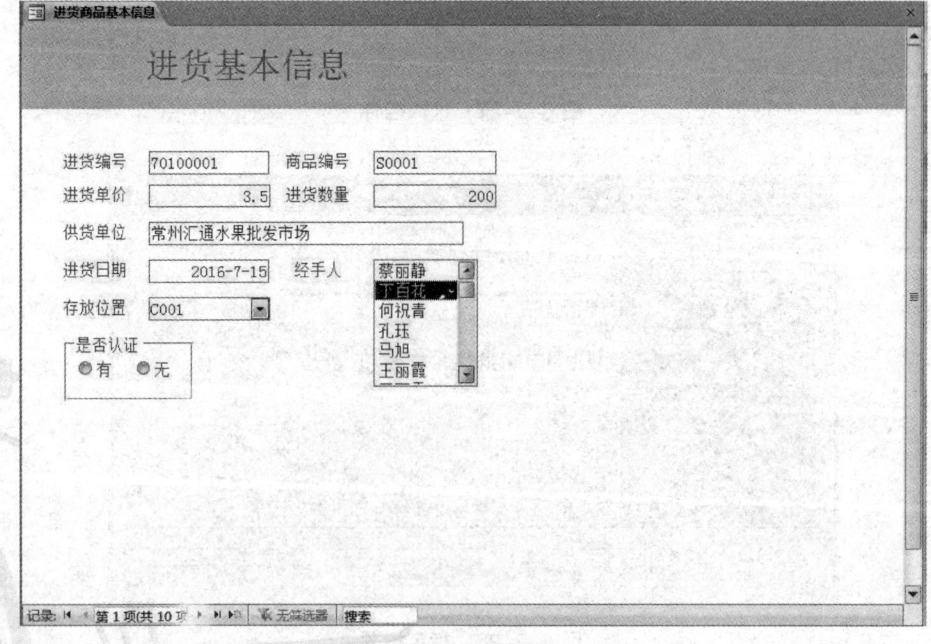

图 6-2-30　窗体视图结果

七、给窗体增加命令按钮

命令按钮是用来在窗体中执行某项操作或某些操作，如“确定”“取消”“关闭”，使用 Access 2010 提供的“命令按钮向导”可以创建多种不同类型的按钮。

在“进货商品基本信息”窗体中创建“下一条记录”“上一条记录”“添加记录”和“保存记录”按钮，以对“进货信息表”进行相应的操作，具体操作步骤如下：

1. 打开“进货商品基本信息”窗体，进入窗体设计视图，单击“窗体设计工具 / 设计”选项卡按钮，在窗体上单击要放置“按钮”的位置，弹出“命令按钮向导”对话框，在对话框“类别”列表框中选择“记录导航”，然后在“操作”列表框中选择“转至下一条记录”，如图 6-2-31 所示。

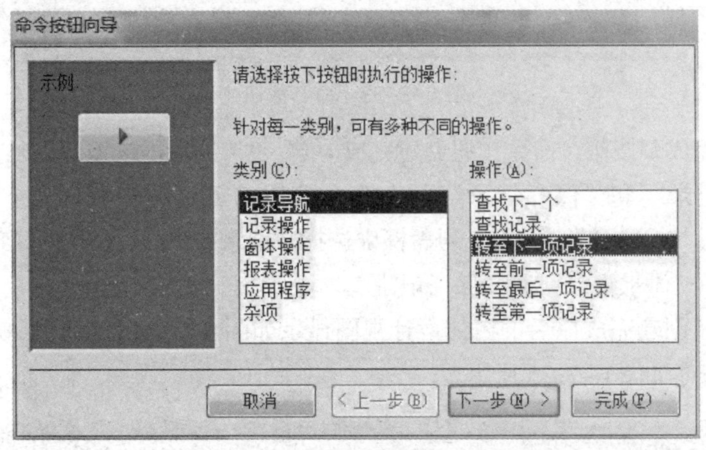

图 6-2-31　“命令按钮向导”对话框

2. 单击“下一步”按钮，显示如图 6-2-32 所示的对话框，在该对话框中可以确定按钮的显示方式，在这里选择“文本”，并输入“下一条记录”。

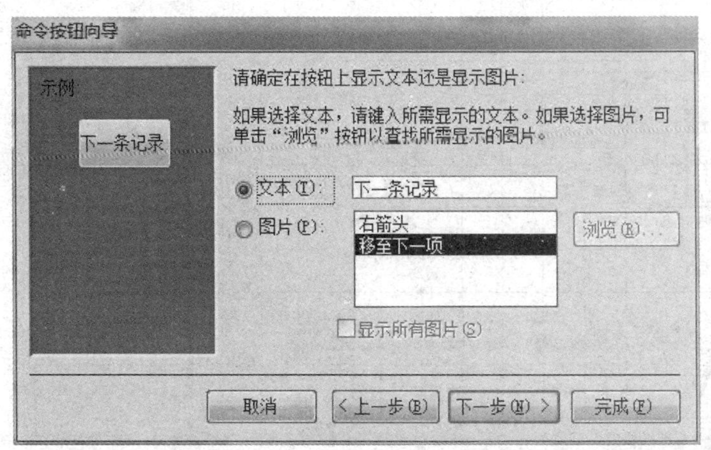

图 6-2-32　确定按钮上的文本或图片

3. 单击“下一步”按钮，显示如图 6-2-33 所示的对话框，在该对话框中可以为创建的命令按钮命名，这里输入“下一条记录”。

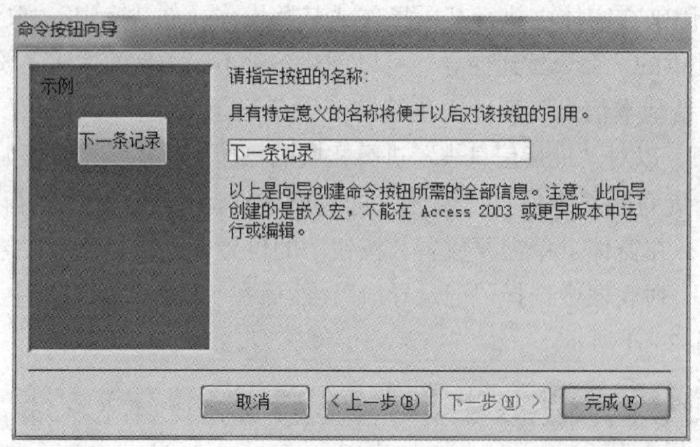

图 6-2-33　命名按钮

4. 单击“完成”按钮，命令按钮创建完成。“上一条记录”按钮的创建方法与此相同。

5. “添加记录”和“保存记录”两个命令按钮的创建方法相同，主要区别在于如图 6-2-31 所示，对话框的“类别”列表框中选择“记录操作”，然后在对应的“操作”列表框中分别选择“添加记录”和“保存记录”。

6. 所有按钮创建完成以后的窗体设计视图显示如图 6-2-34 所示，切换到窗体视图中预览所创建的窗体如图 6-2-35 所示。

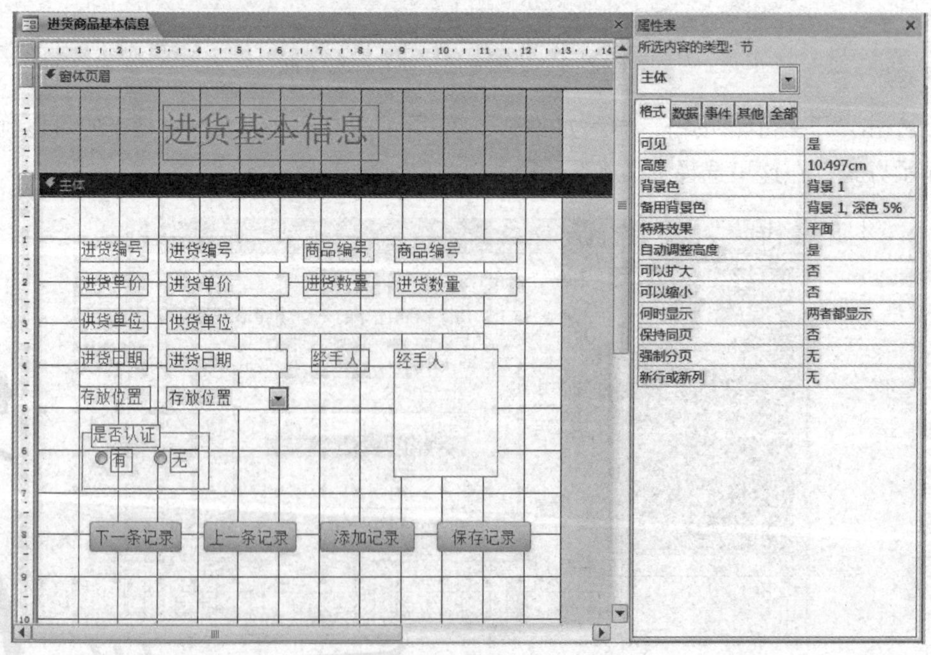

图 6-2-34　窗体设计视图显示

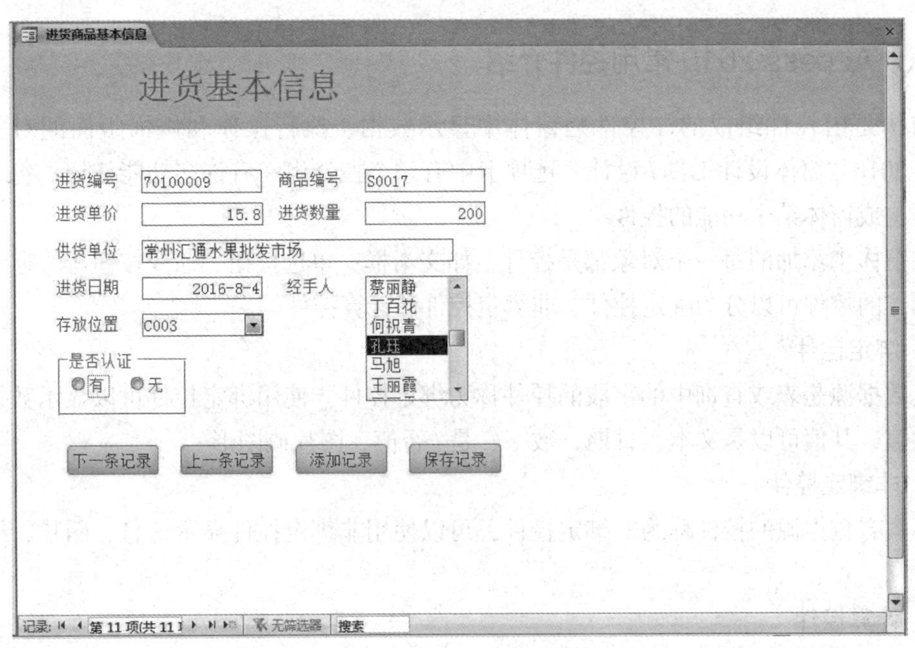

图 6-2-35　窗体视图结果

7. 在窗体视图中，分别单击“上一条记录”和“下一条记录”，则窗体中会显示不同的记录。如果单击“添加记录”则所有窗体中的文本框等都清空，输入如图 6-2-35 所示的内容，再单击“保存记录”就可以把刚输入的内容保存到“进货信息表”中，如图 6-2-36 所示。

进货商品基本信息　进货信息表

进货编号	商品编号	进货单价	进货数量	进货日期	是否有国家	供货单位	存放位置
70100001	S0001	3.5	200	2016-7-15	☑	常州汇通水果批发市场	C001
70100002	S0002	2.8	300	2016-7-22	☐	常州汇通水果批发市场	C001
70100003	S0006	2.8	800	2016-7-18	☐	海南斯瑞蔬菜批发公司	C002
70100004	S0018	6.5	800	2016-7-25	☐	常州汇通水果批发市场	C004
70100005	S0019	7.5	900	2016-7-25	☐	常州汇通水果批发市场	C003
70100009	S0017	15.8	200	2016-8-4	☑	常州汇通水果批发市场	C003
70300001	S0007	20.5	900	2016-7-25	☐	海南斯瑞蔬菜批发公司	C004
71100001	S0011	50	300	2016-7-26	☐	浙江永波家私公司	C003
71100002	S0015	30.8	500	2016-7-29	☐	辽宁田园食品公司	C003
71500001	S0015	2.7	800	2016-7-28	☐	合肥电子公司	C002
71500002	S0007	6.8	900	2016-7-24	☐	海南斯瑞蔬菜批发公司	C004
*		0			☐		

记录: 第 6 项(共 11 项　无筛选器　搜索

图 6-2-36　输入新记录的表

八、Access 2010 常用控件介绍

窗体是由控件组成的，控件是窗体中显示数据、执行操作和修饰版面的对象。在 Access 2010“窗体设计工具 / 设计”选项卡中有一个控件组，有许多功能按钮，每一个按钮都是构成窗体某个功能的控件。

在窗体中添加的每一个对象都是控件，如文本框、单选按钮、命令按钮等。通常情况下，窗体的控件可以分为绑定控件、非绑定控件和计算控件等。

1. 绑定控件

其数据源是表或查询中的字段的控件称为绑定控件。使用绑定控件可以显示数据库中字段的值，其值可以是文本、日期、数字、是 / 否值、图片或图形。

2. 非绑定控件

不具有数据源的控件称为非绑定控件，可以使用非绑定控件显示信息、图片、线条或矩形。

3. 计算控件

其数据源为表达式的控件称为计算控件，通过定义表达式来指定用作控件数据源的值。表达式所使用的数据可以来自窗体、报表或查询中的字段，也可以来自窗体上的其他控件。

控件属性的设置是指对控件的外观、事件等进行设置。控件外观包括背景颜色、前景颜色、特殊效果、字体名称、字体大小、字体粗细等。

要设置控件的属性，首先将鼠标指针指向控件，其次右键单击鼠标，在弹出的快捷菜单选择“属性”选项，打开该控件的属性设置对话框；或者直接双击该控件打开属性设置对话框。

九、Access 2010 工具箱按钮及功能（见表 6-2-3）

表 6-2-3　　Access 2010 工具箱按钮及功能

工具	名称	功能
	选择对象	将鼠标指针改变为对象选择工具，取消对以前所选工具的选择，将鼠标指针返回到正常选择功能
ab|	文本框	创建一个可以显示和编辑文本数据的框
Aa	标签	创建一个包含固定的描述性或指导性文本
XXXX	按钮	创建一个命令按钮，单击这个按钮时，将触发一个事件，执行一个 Access VBA 事件处理过程

续表

工具	名称	功能
	选项卡	插入一个选项卡控件，创建带选项卡的窗体
	超链接	创建指向网页、图片、电子邮件地址和程序的链接
	Web 浏览器	建立 Web 浏览器
	导航控件	可以轻松地在各种窗体和报表之间切换数据库
XYZ	选项组	与复选框、选项按钮或切换按钮搭配使用，给出几个选项，但用户只能选择其中一个选项
	分页符	用于在窗体或报表上标记新屏幕或新打印页的开始位置
	组合框	该控件结合文本框和列表框的特性，即在组合框中直接输入文本，或在列表框选择输入项
	图表	创建一个图表对象
	直线	用来向窗体中添加直线
	切换按钮	创建一个单击时可以在开和关两种状态之间切换的按钮
	列表框	创建一个下拉列表，可以从表中选择一个值
	矩形	创建一个矩形
	复选框	复选框可在 On 和 Off 之间切换
	非绑定对象	向窗体或报表添加一个由 OLE 服务器应用程序创建的 OLE 对象
	附件	创建一个附属文件
	选项按钮	创建一个圆形按钮，选项按钮是选项组中常用的一种按钮
	子窗体 / 子报表	分别向主窗体或主报表添加子窗体或子报表
XYZ	绑定对象	如果字段中包含有一个图形对象，则显示记录的 OLE 字段内容
	图像	在窗体或报表中添加一幅静态图形

第3节　设置窗体的布局和格式

当初次在窗体上添加控件时，控件的字体、大小、位置、颜色和外观都是系统默认的，不一定满足使用者要求，这就需要对窗体控件的布局和格式进行调整。本节主要介绍常用窗体控件的布局、格式调整以及窗体常用属性的设置方法。

一、选中控件对象

要对控件进行调整，先要选中需要调整的控件对象，控件对象被选中后，会在控件的四周出现6个黑色方块，称为控制柄。可以使用控制柄来改变控件的大小和位置，也可以使用属性对话框来修改该控件的属性。选中对象有以下几种方法：

1. 如果要选择一个控件，单击该对象即可。

2. 如果要选择多个相邻的控件，可以在窗体空白处单击鼠标左键，然后拖动鼠标，这时会出现一个虚线框，则虚线框内以及虚线框碰到的控件都会被选中。

3. 如果要选择多个不相邻的控件，可以按下Shift键，然后单击要选择的控件。

4. 如果要选择窗体中的全部控件，按下“Ctrl+A”组合键即可。

二、移动控件

移动控件的方法以有下几种：

1. 如果希望在移动控件时，与之相关联的控件一起移动，则先将鼠标移动到控件上面，当鼠标指针变成双向十字形时，拖动鼠标到合适的位置即可。

2. 如果只想移动选定的控件，而与之相关联的控件保持不动，则可以把鼠标移动到欲移动控件的右上角的控制柄上，当鼠标指针变成双向十字形时，按住鼠标将控件拖动到合适的位置即可。

3. 设置控件的移动属性。打开控件对话框，在“格式”选项卡中设置“左边距”和“上边距”为合适的值，如图6-3-1所示。

4. 使用键盘移动控件。选定控件，按“Ctrl+方向键”，调整控件位置。

三、调整控件尺寸大小

调整控件尺寸大小有以下几种方法：

1. 使用鼠标调整控件尺寸大小。选中控件，控件周围出现控制柄，将鼠标指针移动到控制柄上，等鼠标指针形状变成双向箭头时，拖动鼠标改变控件尺寸的大小。

2. 使用键盘调整控件尺寸大小。选定控件，按“Shift+方向键”调整控件尺寸大小。

3. 使用控件属性调整控件尺寸大小。打开控件的属性对话框，在“格式”选项卡中设置“宽度”和“高度”为合适的值，如图 6-3-1 所示。

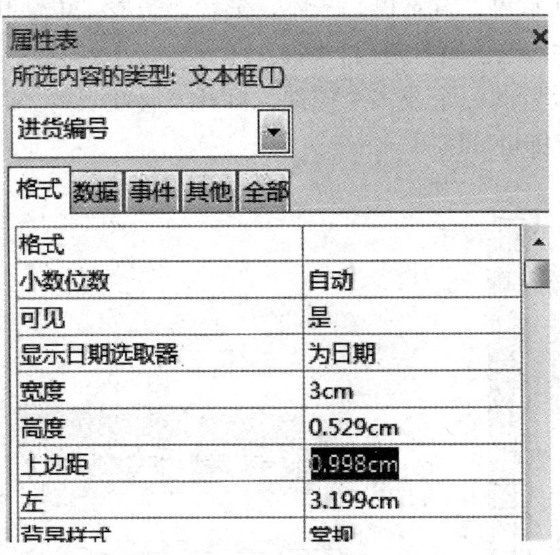

图 6-3-1　使用控件属性移动控件、改变控件大小

四、对齐控件

当窗体上有多个控件时，为了保持窗体美观应将控件排列整齐。使用“对齐”命令，可以快速对齐控件，具体操作步骤如下：

1. 打开窗体的设计视图。

2. 选定一组要对齐的控件。

3. 执行“窗体设计工具”选项中的“排列”项，单击“对齐”菜单，在弹出的菜单中进行相应的选择即可，如图 6-3-2 所示。

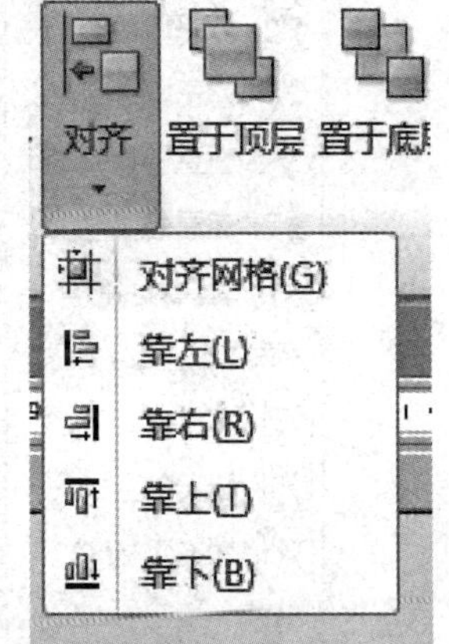

图 6-3-2　对齐菜单

五、调整控件的间距

控件的间距调整也可以通过命令来实现，具体操作步骤如下：

1. 打开窗体的设计视图。

2. 选定一组要调整间距的控件。

3. 执行“窗体设计工具”选项中的“排列”项，单击“大小 / 空格”，在弹出的菜单中进行相应的选择即可，如图 6-3-3 所示。

六、设置控件的外观

控件的外观包括前景色、背景色、字体、字号、字形、边框和特殊效果等多个特性，可以通过设置格式属性对这些特性进行设置。

选择要进行外观设置的一个或多个控件，打开“属性表”，如图 6–3–4 所示。在“属性表”按需要进行设置即可。

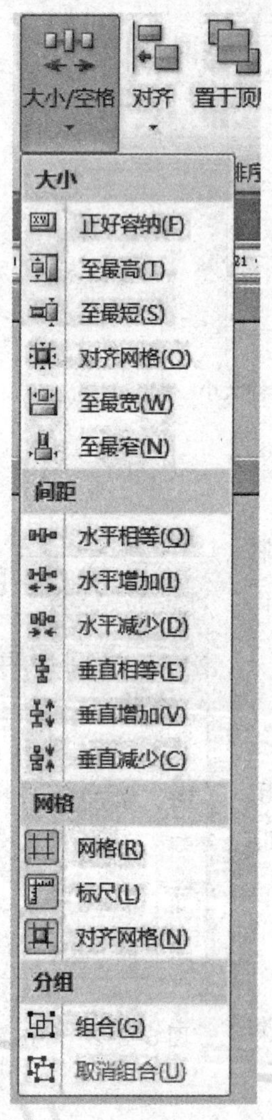

图 6–3–3　调整间距菜单

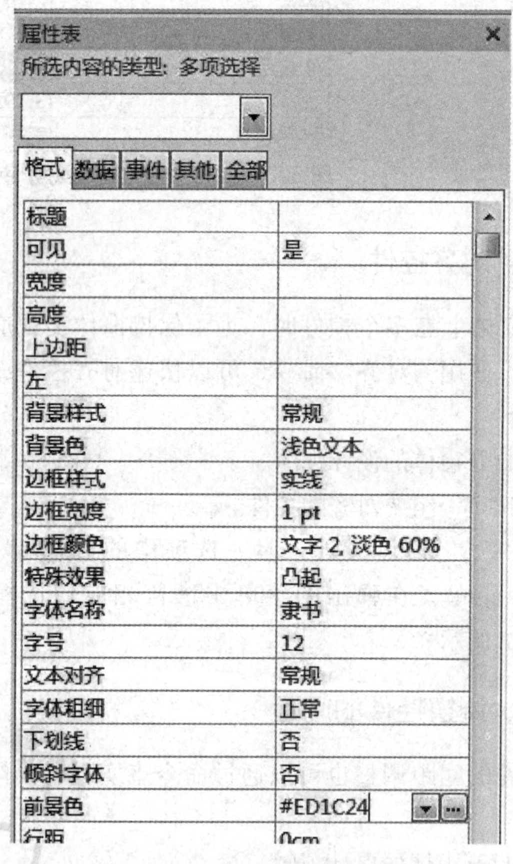

图 6–3–4　设置控件外观属性

七、设置窗体背景

1. 改变窗体的背景色

窗体的背景色将应用到被控件对象占据部分之外的所有区域。由“窗体向导”创建的窗体，其背景色取决于在创建该窗体时选择的特定窗体样式，默认值为银灰色。

如果已经为窗体选择了一幅图片作为背景，那么以后在窗体背景色上的任何改变都会被隐藏在图片之下。

改变窗体背景色和改变控件的背景色方法一致，只需在“属性表”中进行选择即可。

小提示

由于窗体各个部分的背景色是相互独立的，所以如果要设置窗体中其他部分的背景色，则须重复执行这个过程。

2. 改变窗体的背景样式

改变窗体的背景样式其操作类似于设置背景色，如图 6–3–5 所示的“背景色”中选择即可，也可以选择“特殊效果”，设置后效果如图 6–3–6 所示。

3. 给窗体背景添加一幅图片

可以使用一幅图片作为窗体的背景。其设置是在“属性表”中选择“图形”，在后面的 ... 按钮上单击，可以弹出“插入图片”对话框，选择一幅图片单击“确定”即可，如图 6–3–7 所示。添加背景图片的窗体如图 6–3–8 所示。

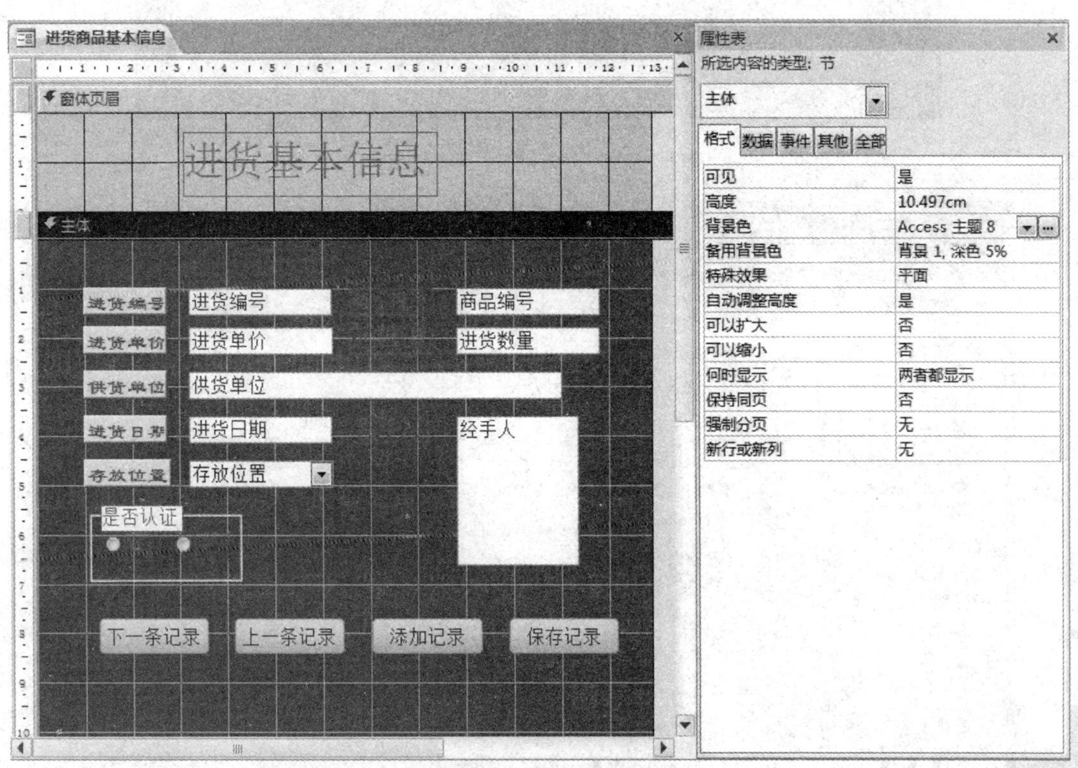

图 6–3–5　设置窗体背景样式

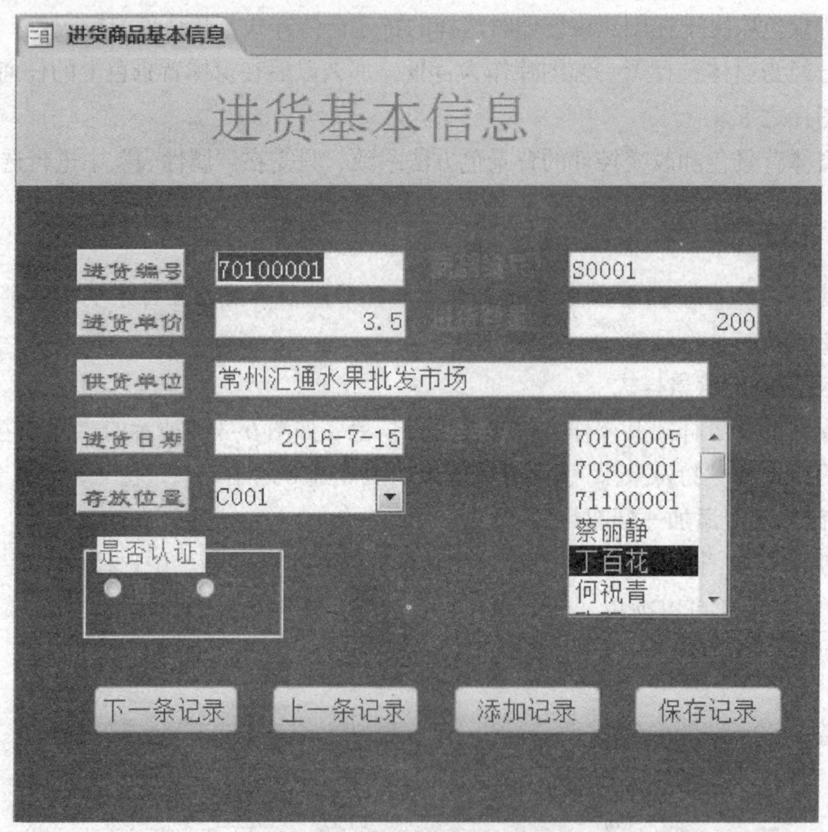

图 6-3-6　设置窗体样式的结果

图 6-3-7　“插入图片”对话框

图 6–3–8　添加背景图片的窗体

思考与练习

一、选择题

1. 如果要显示的记录和字段较多，并且希望可以同时浏览多条记录及方便比较相同字段，则应创建（　　）类型的报表。

A. 表　　B. 查询　　C. 窗体　　D. 报表

2. 下列不属于 Access 2010 控件的是（　　）。

A. 列表框　　B. 分页符　　C. 换行符　　D. 矩形

3. 下列不是用来作为表或查询中“是 / 否”值控件的是（　　）。

A. 复选框　　B. 切换按钮　　C. 选项按钮　　D. 命令按钮

4. 决定窗体外观的是（　　）。

A. 控件　　B. 标签　　C. 属性　　D. 按钮

5. 主窗体和子窗体通常用于显示多个表或查询中的数据，这些表或查询中的数据一般应该具有（　　）关系。

A. 一对一　　B. 一对多　　C. 多对多　　D. 关联

6. 下列不属于 Access 2010 窗体的视图是（　　）。

A. 设计视图　　B. 窗体视图　　C. 版面视图　　D. 数据表视图

二、判断题

1. 数据窗体一般是数据库的主控窗体，用来接收和执行用户的操作请求，打开其他

窗体或报表以及操作和控制程序的运行。(　　)

2. 在利用“窗体向导”创建窗体时，向导参数中的“可用字段”与“选定字段”是一个意思。(　　)

3. 直接将查询或表拖到主窗体是创建子窗体的一种快捷方法。(　　)

4. 在创建“主 / 子窗体”之前，必须正确设置表间的“一对多”关系，“一”方是主表，“多”方是子表。(　　)

三、简答题

1. 简述窗体的分类和作用。

2. 简述文本框的使用与分类。

3. Access 2010 中的窗体共有几种视图？

第 7 章　报表的创建与应用

如果一个系统完成了表、查询、窗体等相关内容的创建工作，该系统就已经具备了基本的信息处理功能，但是还不具备按不同形式和内容显示、打印出表（查询）中数据的功能。在 Access 2010 中打印输出的工作要通过创建报表来实现，报表的功能非常强大，报表中的记录可以按照一定的规则进行排序和分组，可以通过不同控件来确定在报表中显示的数据内容、位置及格式，除此之外，还可以运用公式和函数进行计算。

本章将在前面几个项目表和查询的基础上，讲解创建不同形式报表的方法，以及在报表中进行修改、计算、汇总以及页面格式设置等操作技巧。

第 1 节　创建报表

如图 7-1-1 所示，报表是数据库的一种对象，可以显示和汇总数据，并可以根据用户的需要打印输出格式化的数据信息。

客户信息表

客户信息表　　2016年8月8日 13:24:02

客户编号	客户名称	联系人	地址	邮编	电话	说明
k00001	泰富百货公司	陈广春	经二路125号	570100	82548984	
k00002	永盛百货公司	孙义平	红河路5号	132254	87451236	
k00003	科高电器城	周俊	惠山路8号	314000	84597622	
k00004	雨萱水果批发公司	李黎	火辛路128号	130445	86572351	
k00005	凌家塘蔬菜批发市场	吴甜	青山桥58号	512000	87521536	
k00006	心愿食品供销公司	邹轩民	翠竹大道193号	133854	86954789	

6

共 1 页，第 1 页

图 7-1-1　“客户信息表”报表

一、报表的功能

1. 打印格式化的数据，报表的格式能够按用户的需要定制。

2. 输出数据库中原始数据以及经过组合和汇总的数据，并能对输出的结果进行分组和排序。

3. 将数据库中的数据以清单、标签或图表的形式打印。

4. 可以转换为 PDF、XPS 或其他格式的文件。

二、报表的结构

报表的设计视图如图 7–1–2 所示，报表被分成多个部分，这些组成部分被称为“节”，完整的报表有 7 个节，一般常用的报表有 5 个节，分别是“报表页眉”“页面页眉”“主体”“页面页脚”和“报表页脚”，在分组报表中，还会有“组标头”和“组注脚”两个节。

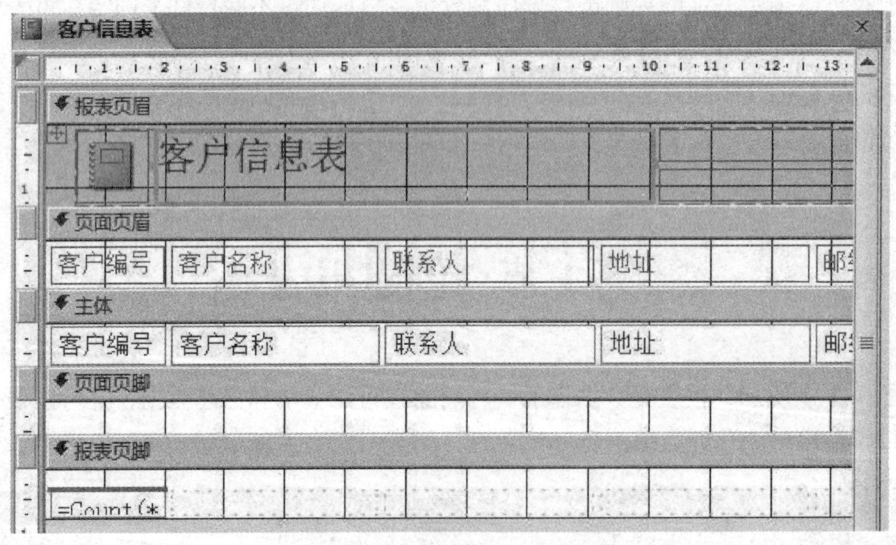

图 7–1–2　报表视图设计窗口

节代表着不同的报表区域，每个节的左侧都会有一个小方块，称为节选定器，单击节选定器、节栏的任何位置、节背景的任何位置都可选定节。

使用设计视图新建报表时，空白报表只有 3 个节，分别是“页面页眉”“主体”“页面页脚”，而“报表页眉”和“报表页脚”可以通过“视图”菜单或报表快捷菜单添加或隐藏，如图 7–1–3 所示。

报表的内容由节来划分，每一个节都有其特定的作用，而按照一定的顺序显示或打印在页面及报表上，也可以通过工具箱中的控件来确定在每一节中显示的内容及位置。

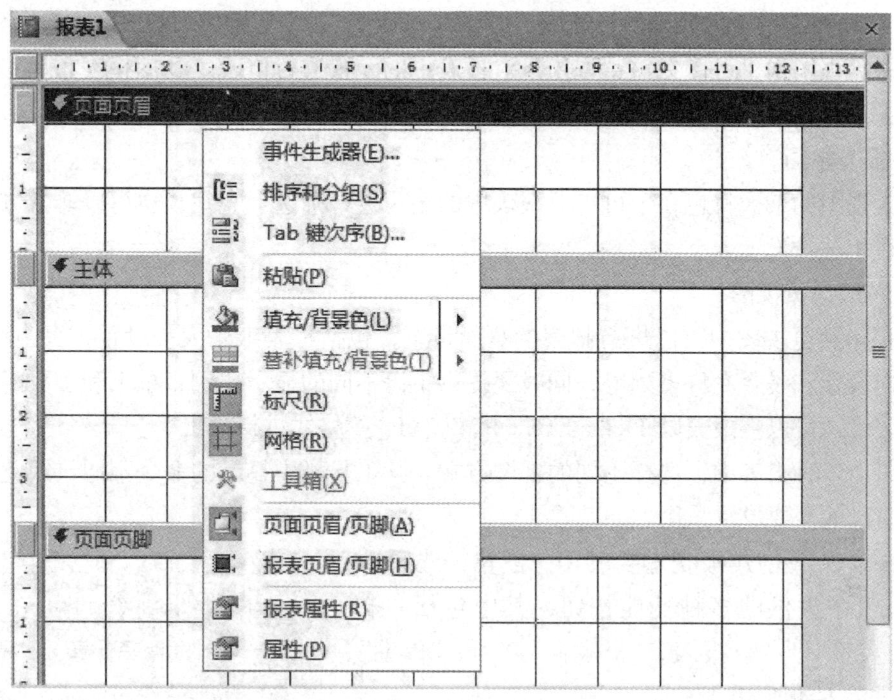

图 7-1-3　“空白报表”快捷菜单

一个报表只有一个“报表页眉”和一个“报表页脚”，“报表页眉”只在整个报表每一页的开始位置显示和打印，一般用来设置徽标、报表标题、图片或其他报表的标识特性等。“报表页脚”只显示在整个报表的最后一页的页尾，一般只用来显示报表总结性的文字等内容。

“页面页眉”显示在整个报表每一页的最上方，用来显示报表的标题，在表格式报表中可以利用“页面页眉”来显示标题。“页面页脚”显示在整个报表中每一页的最下方，可以利用“页面页脚”来显示页码、日期、审核人等信息。

主体节包含了报表数据的主体，报表数据源中的每一条记录都放置在主体节中。如果特殊报表不需要主体节，可以在其属性表中将主体节“高度”属性设置为“0”。

三、报表的视图

在 Access 2010 中，报表主要有如下 4 种视图类型：

1. 设计视图

报表的设计视图用于报表的创建和修改，其显示的是各种控件的布局。在设计视图中，可以编辑表中需要显示的任何元素，包括需要显示的文本及其样式、控件的添加和删除及图片的插入等，还可以编辑报表的页眉和页脚。另外，还可以绑定数据源，但并不显示数据源中的数据。在设计视图中创建报表后，可以在报表视图中和打印预览视图中查看。

2. 布局视图

在布局视图中，可以在预览方式下对报表中的元素进行修改，利用报表布局工具方便快捷地在设计、格式、排列等方面做出调整，以创建符合用户需求的报表形式。

3. 报表视图

报表视图的最大特色在于可以对报表中的记录进行筛选、查找，也可以非常方便地对格式进行相关的设置。

4. 打印预览视图

在打印预览视图中可以进行报表的页面设置，包括报表纸张大小设置、页边距设置、打印方向设置和是否允许多列等，同时还提供了以不同的显示比例、单页和多页的方式来显示报表，还可以将报表以 TXT、XLS、PDF、XPS 等格式进行输出。

在以上 4 种报表中，选择不同的视图方式，其工具栏中显示的命令不同，因此，用户应根据自己的需要灵活采用。

Access 2010 创建报表主要利用“创建”选项卡“报表”组中提供的多种功能按钮，其中包括“报表”“报表设计”“空报表”“报表向导”和“标签”等，如图 7-1-4 所示。

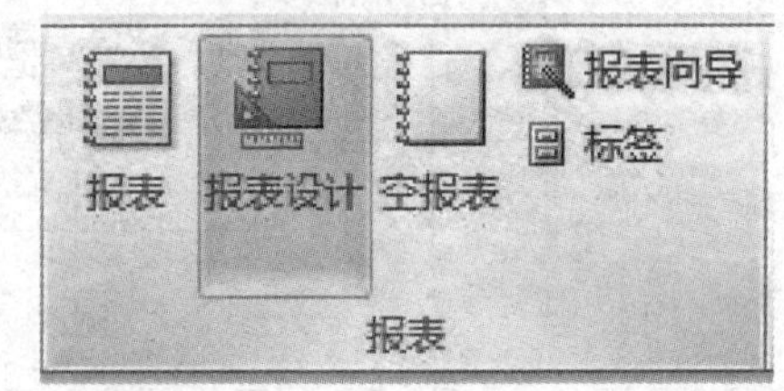

图 7-1-4 “报表”组

在 Access 2010 中，创建报表的方法与创建窗体类似。在创建报表时，可以根据报表的不同要求，选择不同的方法。

四、使用报表工具的创建报表

Access 2010 可以为用户自动创建报表，这是创建报表最快速的办法，用户需要做的就是选一个要作为数据源的数据表或查询即可，以“客户信息表”为数据源创建报表，具体操作步骤如下：

1. 在数据库窗口中的“表”对象列表中，选择“客户信息表”，单击“创建”选项卡中“报表”组中的“报表”按钮，系统自动创建“客户信息表”报表。

2. 单击“保存”按钮，屏幕显示出“另存为”对话框，报表名称输入“客户信息报表”，如图 7-1-5 所示，单击“确定”按钮。这样在“导航窗格”的报表对象中就增加了一个报表，如图 7-1-6 所示。

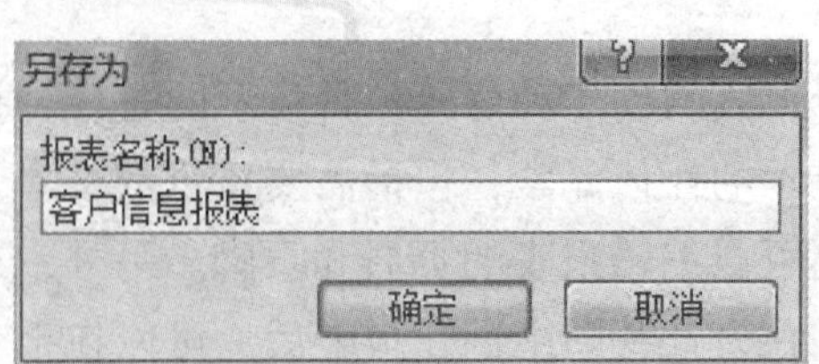

图 7-1-5 “另存为”对话框

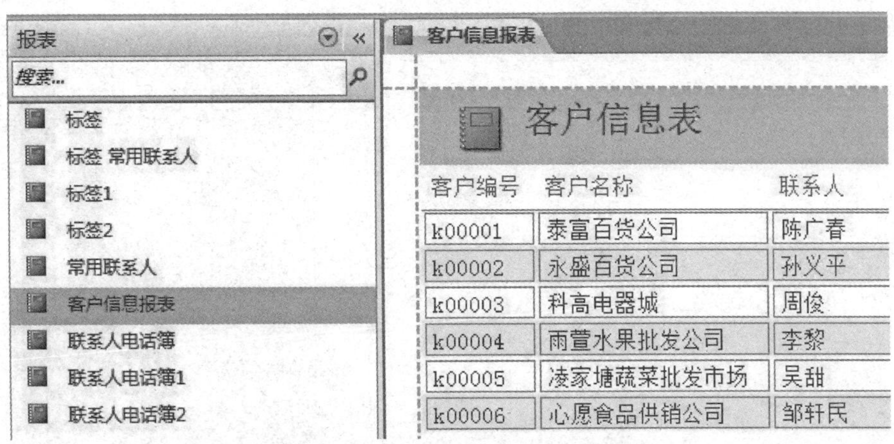

图 7–1–6 “导航窗格”增加报表对象

可以看出，自动创建的报表是按表格形式显示数据记录的，因此这种报表也被称为表格式报表。但它又不同于表格式窗体或数据库，表格式报表通常用一个或多个字段将数据分组，并在每一个分组中计算和显示数值的小结信息和统计信息。表格式报表通常在对比相同字段的数据时使用。

使用报表创建的报表，实际上就是报表的布局视图。在进入报表的布局视图和设计视图后，可以看到 Access 2010 的标签栏上多了“报表设计工具”标签，如图 7–1–7 所示。

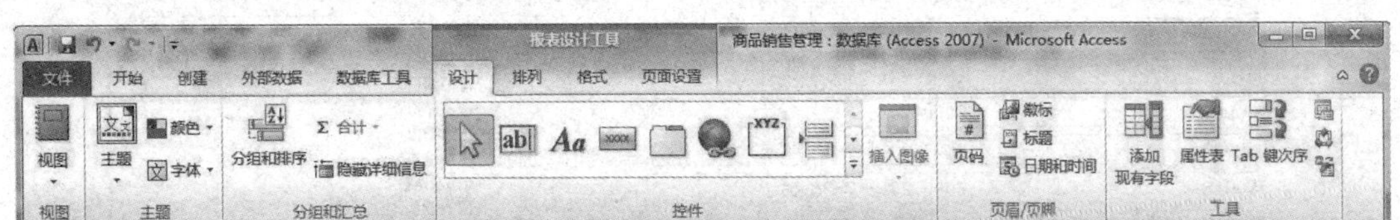

图 7–1–7 “报表设计工具”选项组

五、使用“空报表”创建报表

使用“空报表”命令能以所见即所得的方式创建报表。默认情况下使用“空报表”命令时，会自动切换到布局视图，在这种视图模式下比较方便进行格式、排列等方面的设置。以“供货商信息表”和“商品信息表”为数据源，使用“空报表”创建报表，具体操作步骤如下：

1. 单击“创建”选项卡中“报表”组中的“空报表”按钮，出现如图 7–1–8 所示的空报表视图。在“字段列表”模板依次把“供货商信息表”中的“商品编号”“进货单价”“进货数量”“进货日期”和“商品名称”拖动到主体区，如图 7–1–9 所示。

2. 单击“保存”按钮，屏幕显示出“另存为”对话框，报表名称输入“进货商品信息报表”。

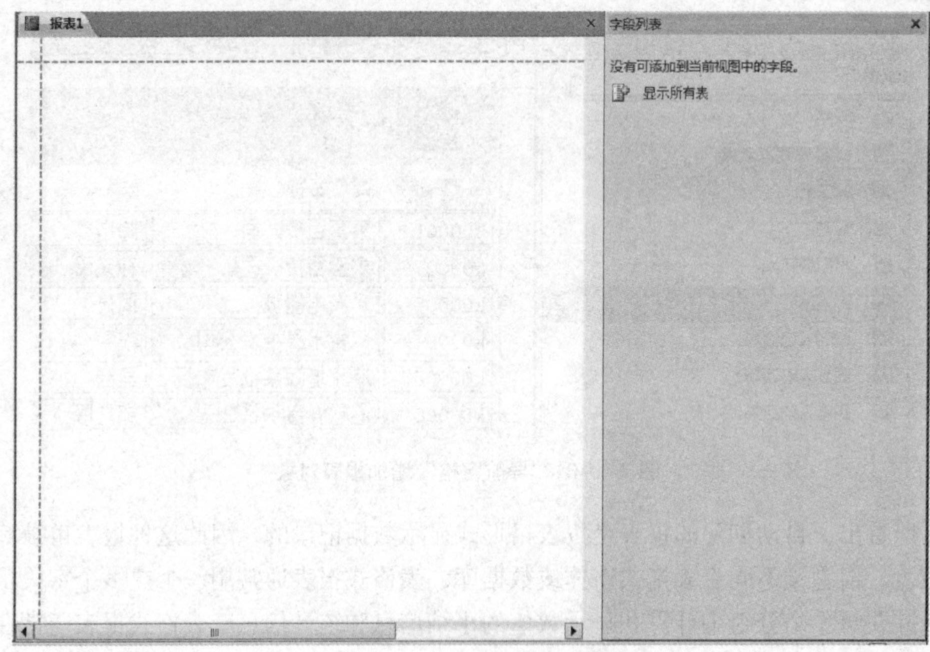

图 7-1-8 “空报表”布局视图

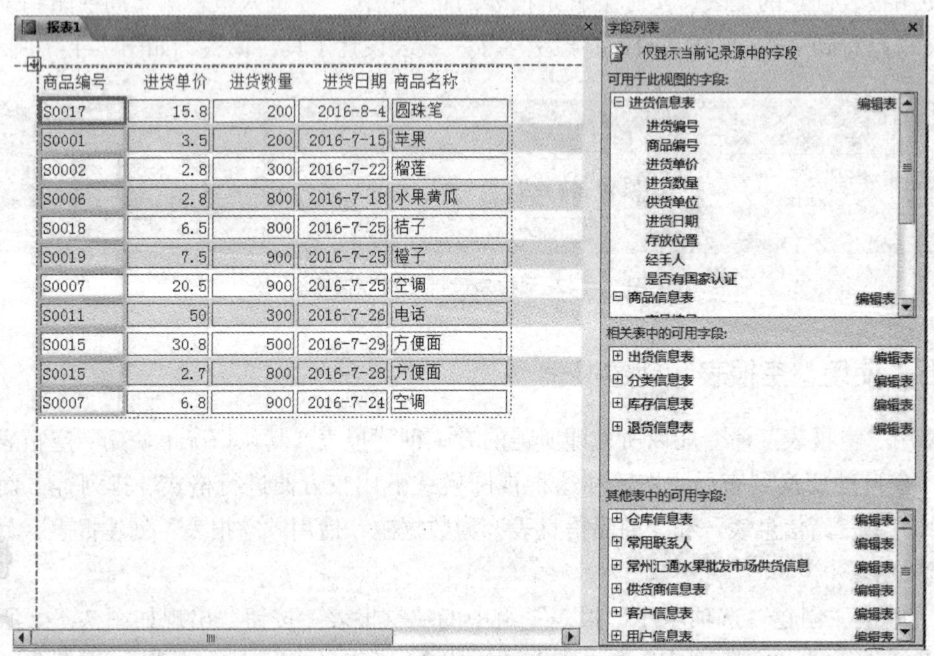

图 7-1-9 将信息拖至报表主体区

六、使用“报表向导”创建报表

当使用“报表向导”创建报表时，会自动提示相关的数据源、选用字段、是否分组、设置排序和报表版式等，根据向导提示可以完成报表设计的大部分操作，加快了创建报表的过程。以“进货信息表”为数据源，创建进货商品信息报表，对进货商品进行分类，统计各供货商品提供商品的总量，具体操作步骤如下：

1. 在“创建”选项卡中，单击“报表”组中的“报表向导”按钮，在“请选择该对象数据的来源或查询”下拉列表中选择“表：商品信息表”选项，将“可用字段”列表中的所有字段添加到“选定字段”列表中，如图 7-1-10 所示。

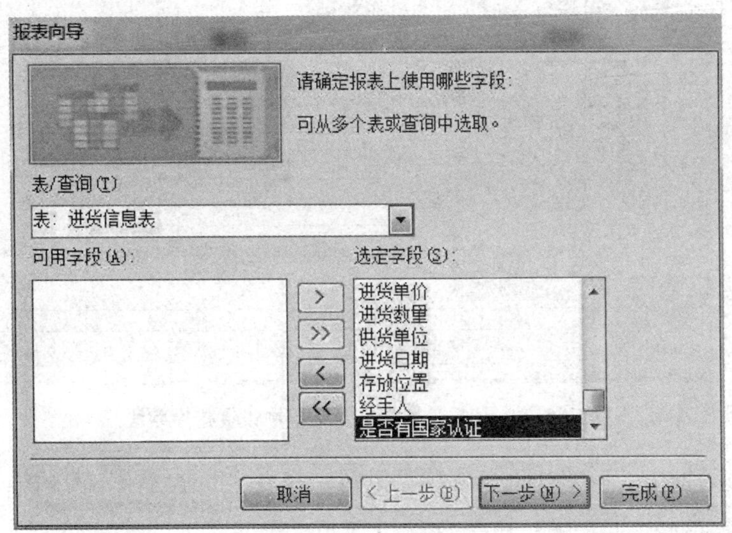

图 7-1-10　“报表向导”对话框中设置“选定字段”

2. 单击“下一步”按钮，弹出“报表向导”的第 2 个对话框，使用“商品编号”作为分组级别，如图 7-1-11 所示。

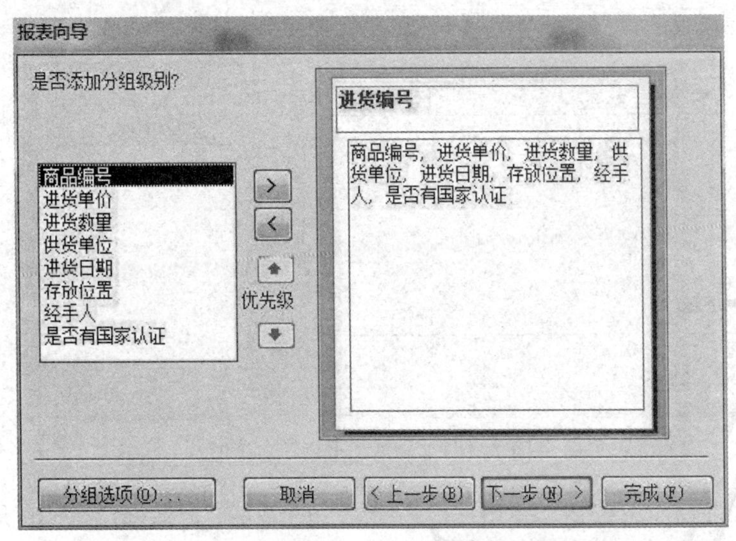

图 7-1-11　“报表向导”对话框中设置“分组级别”

3. 单击“下一步”按钮，弹出“报表向导”的第3个对话框，使用“商品编号”字段作为排序字段，如图7-1-12所示。

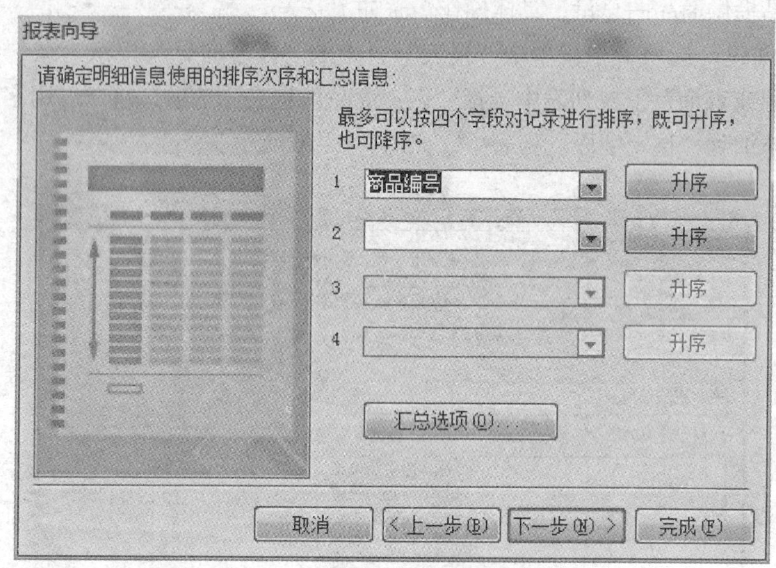

图7-1-12 “报表向导”对话框中设置排序字段

4. 在该对话框中，单击“汇总选项”按钮，弹出“汇总选项”对话框，选中“进货单价”字段的“汇总”复选框，如图7-1-13所示。

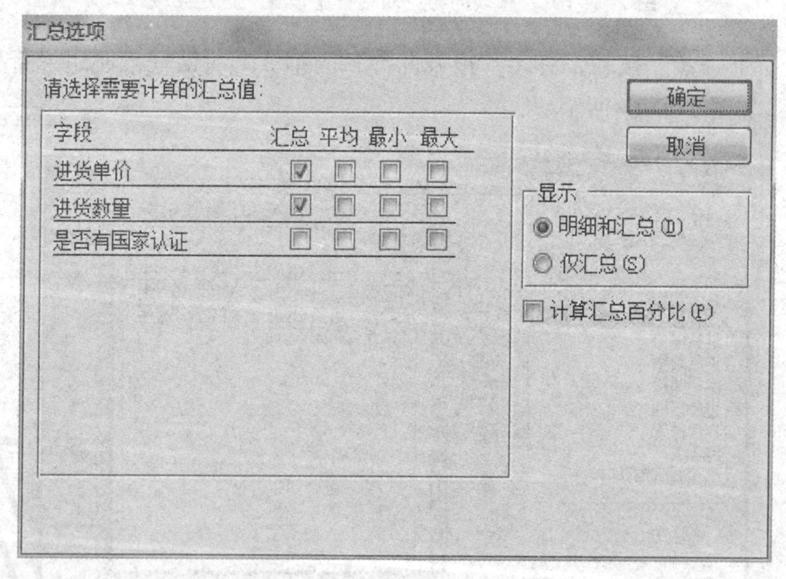

图7-1-13 “汇总选项”对话框

5. 单击“下一步”按钮，弹出“报表向导”的第4个对话框，在“布局”选项组中选择“递阶”选项，在“方向”选项组中选择“纵向”选项，如图7-1-14所示。

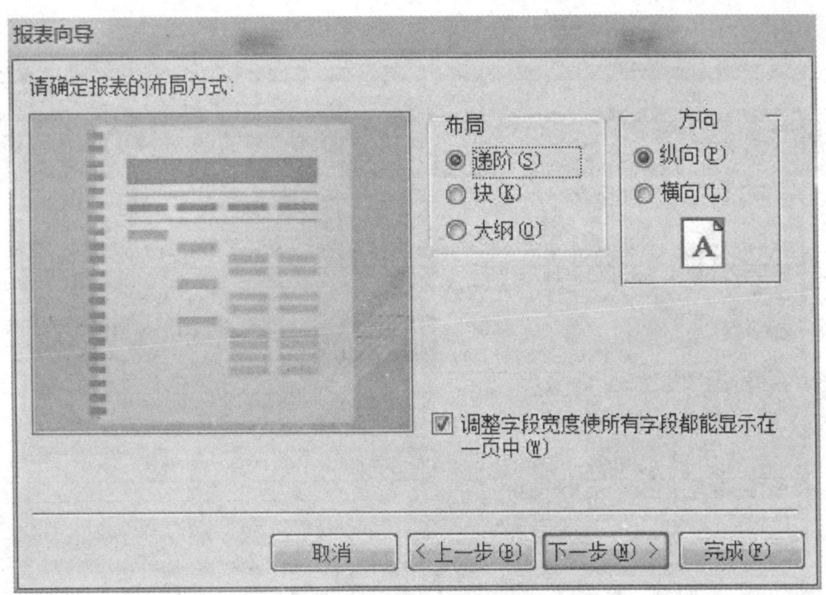

图 7–1–14　“报表向导”对话框中设置“布局”和“方向”

6. 单击“下一步”按钮，弹出“报表向导”的第 5 个对话框，为报表设置标题为“按进货信息表统计进货信息”，如图 7–1–15 所示。

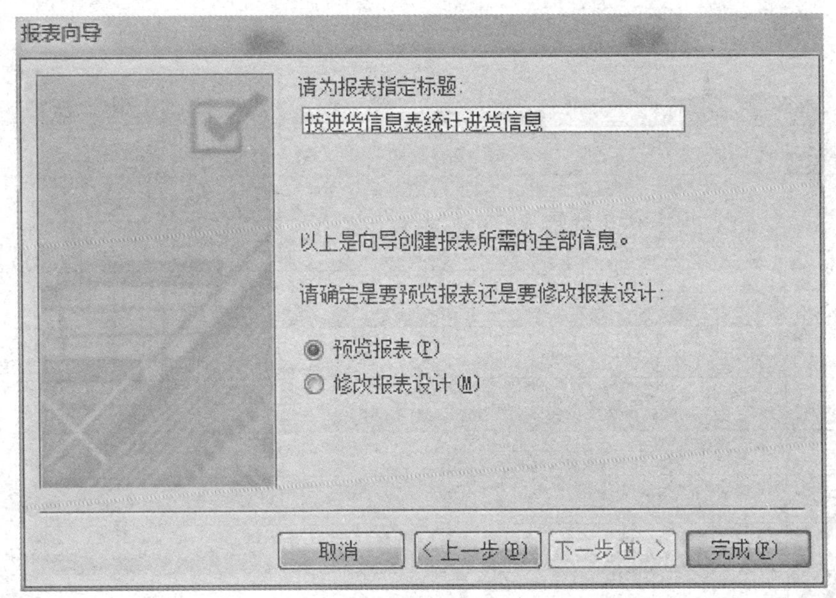

图 7–1–15　“报表向导”对话框中设置标题

7. 单击“完成”按钮，打开创建完成的报表窗口，如图 7–1–16 所示。由于“按进货信息表统计进货信息”报表是系统生成的，所以报表中显示的数据在格式和位置不是很合适，需要在报表设计视图中进行适当的调整。

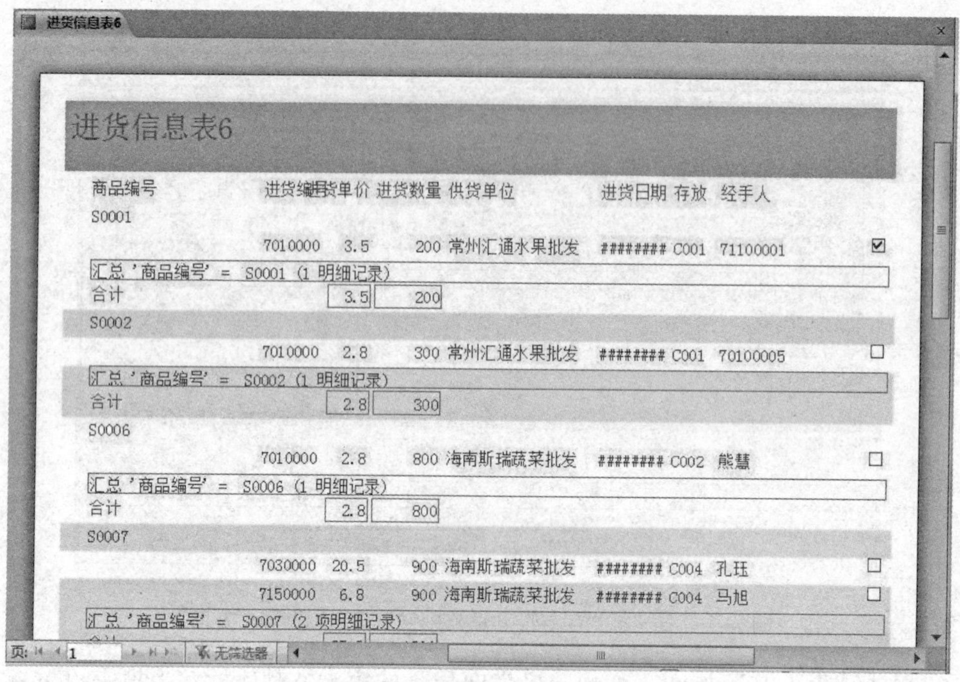

图 7-1-16 “按进货信息表统计进货信息”报表

8. 打开“按进货信息表统计进货信息”报表的设计视图，如图 7-1-17 所示，进行下列调整：

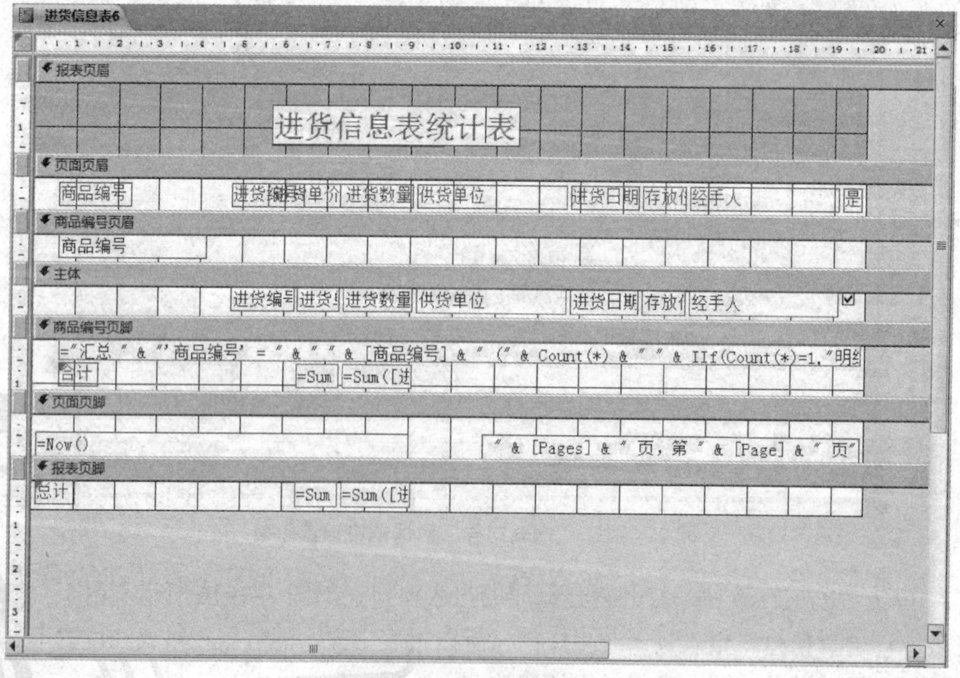

图 7-1-17 报表设计视图

（1）调整“报表页眉”中的标签位置，并把内容调整为“进货信息统计表”。

（2）调整“页面页眉”中列标题标签的位置和显示效果，使所有文本框中的文字都能显示出来，互换“进货单价”和“进货数量”标签的位置。

（3）调整“主体”中文本框的位置和显示效果，使所有文本框中的文字都能完整显示。互换“进货单价”和“进货数量”文本框的位置。同时选择“进货单价”和“进货数量”文本框，打开“属性”窗口，在“格式”选项卡中，设置格式为“货币”，“小数位数”为“2”，选择“进货数量”标签，设置其“格式”为“标准”，“小数位数”为“2”，删除“是”字段。

（4）在“总计”行中，互换“进货费用”和“进货数量”文本框的位置。选择“进货数量”文本框，打开其“属性”窗口，在“格式”选项卡中，设置“格式”属性为“标准”，“小数位数”为“2”，选择“进货费用”文本框，打开其“属性”窗口，在“格式”选项卡中，设置“格式”属性为“货币”，“小数位数”为“2”，在“总计”行下面添加一条“直线”为分隔线。

（5）调整后的报表设计视图如图 7–1–18 所示，报表视图如图 7–1–19 所示。

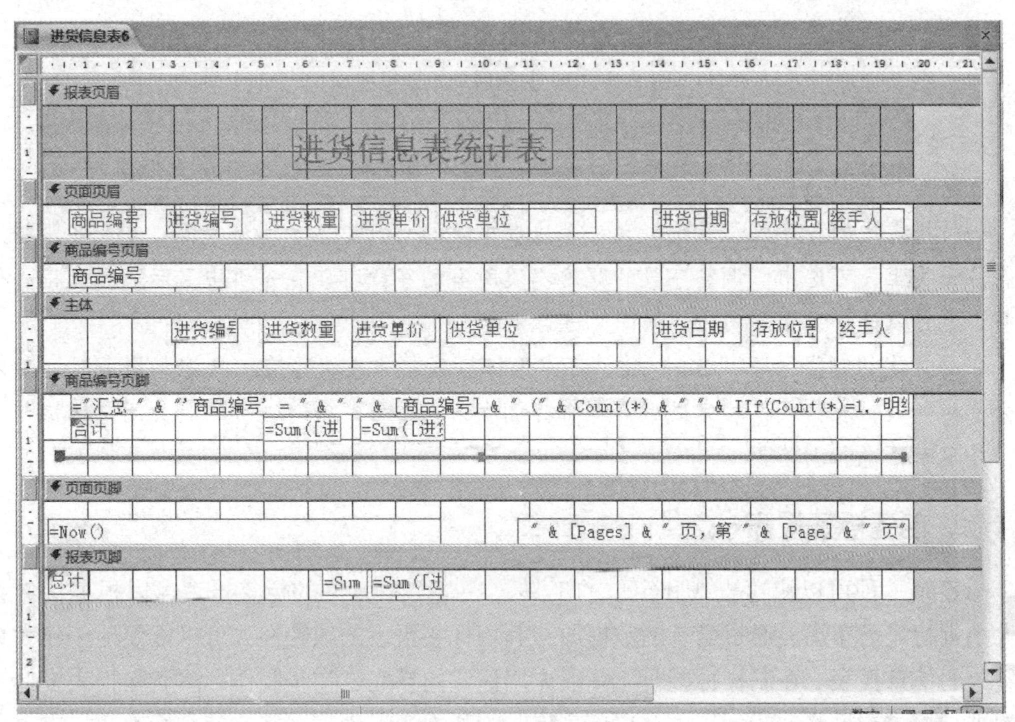

图 7–1–18　调整后的设计视图

进货信息表6

进货信息表统计表

商品编号	进货编号	进货数量	进货单价	供货单位	进货日期	存放位置	经手人
S0001							
	701000C	200	3.5	常州汇通水果批发市场	2016-7-15	C001	7110000
汇总 '商品编号' = S0001（1 明细记录）							
合计		200	3.5				
S0002							
	701000C	300	2.8	常州汇通水果批发市场	2016-7-22	C001	7010000
汇总 '商品编号' = S0002（1 明细记录）							
合计		300	2.8				
S0006							
	701000C	800	2.8	海南斯瑞蔬菜批发公司	2016-7-18	C002	熊慧
汇总 '商品编号' = S0006（1 明细记录）							
合计		800	2.8				
S0007							

图 7-1-19　调整后的报表视图

小提示

如果报表中的各字段总长度较大，无法在报表的一行中显示所有字段，多余字段将显示在另一页上，可选中“调整字段的宽度以便所有的字段都能在一页中显示”复选框进行调整，也可以选择纸张方向为“横向”进行调整。

在画直线的时候按下“shift”键，可以保证直线水平或者垂直；在添加线条时，可以将分节栏加大，表格线添加完成后，再将其调小；在添加线条时，可暂时关闭“网格”显示，并不断预览和调整。

七、创建标签报表

标签是一种可以快速查找和定位的工具，Access 2010 中的标签报表可以根据标签纸的大小进行灵活布局。通过已有的数据源，利用标签报表的独特性，可以方便地创建大量标签式的信息报表。在制作标签时，一般先用标签向导完成初步制作，然后在报表设计视图中进行格式布局修饰。利用“客户信息表”为数据源，创建“客户信息标签”报表，具体操作步骤如下：

1. 在“创建”选项卡中，单击“报表”组中的“标签”按钮，如图 7-1-20 所示，选择默认值设置标签尺寸。

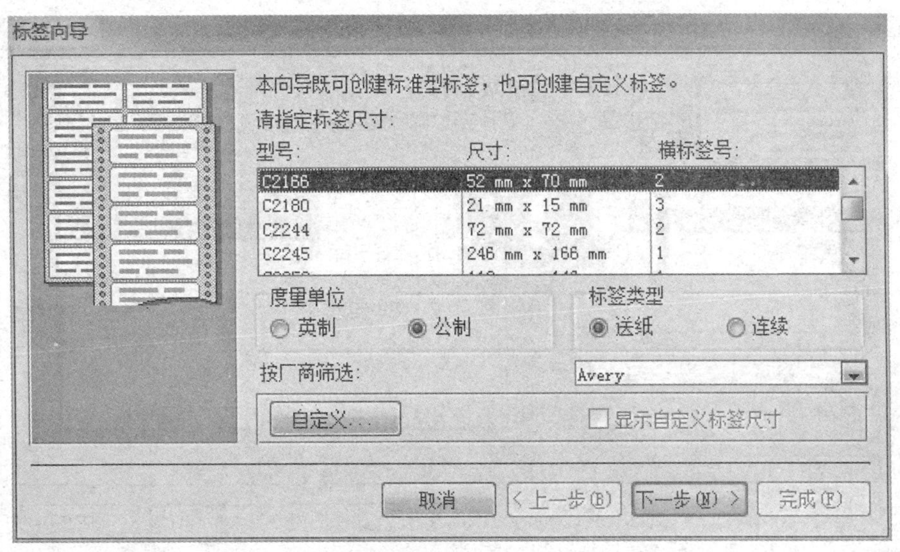

图 7–1–20　“标签向导”对话框中设置标签尺寸

2. 单击“下一步”按钮，弹出如图 7–1–21 所示的对话框，选择字号为“9”，其他都选择默认值。

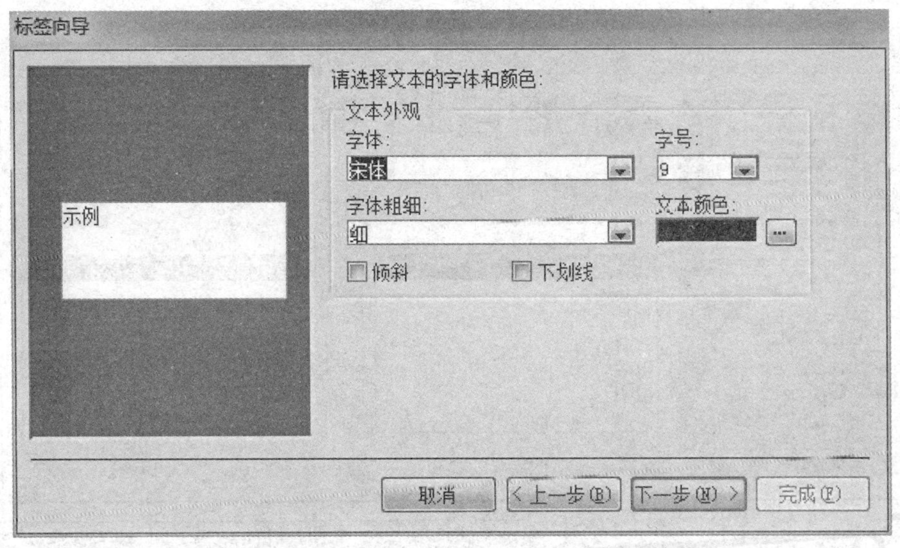

图 7–1–21　“标签向导”对话框中设置字体和颜色

3. 单击“下一步”按钮，打开“标签向导”的第 3 个对话框，设置原型标签，可从左边列表中选择相应的字段移动至右边列表，如图 7–1–22 所示。

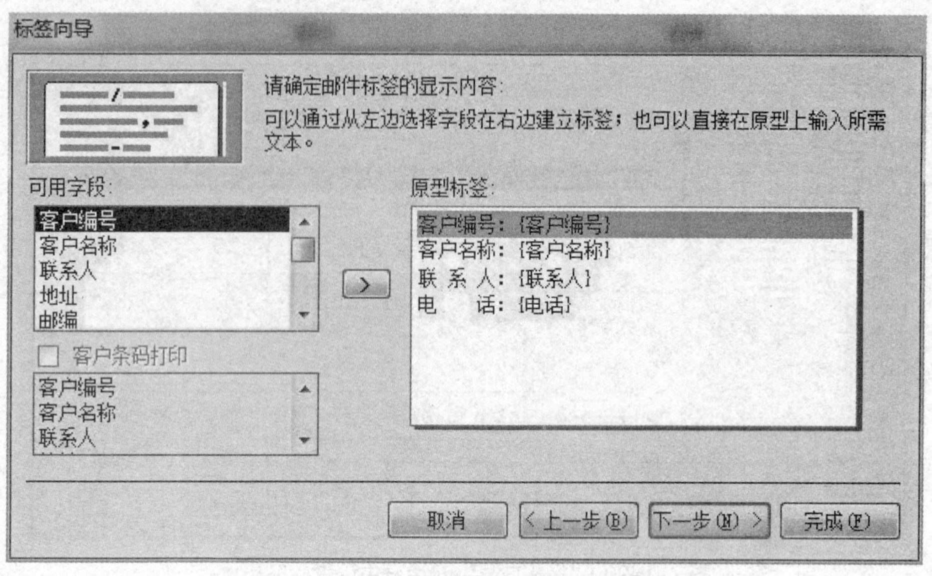

图 7-1-22 “标签向导”对话框中设置原型标签

4. 单击“下一步”按钮，打开“标签向导”的第 4 个对话框，选择排序依据为“客户编号”，如图 7-1-23 所示。

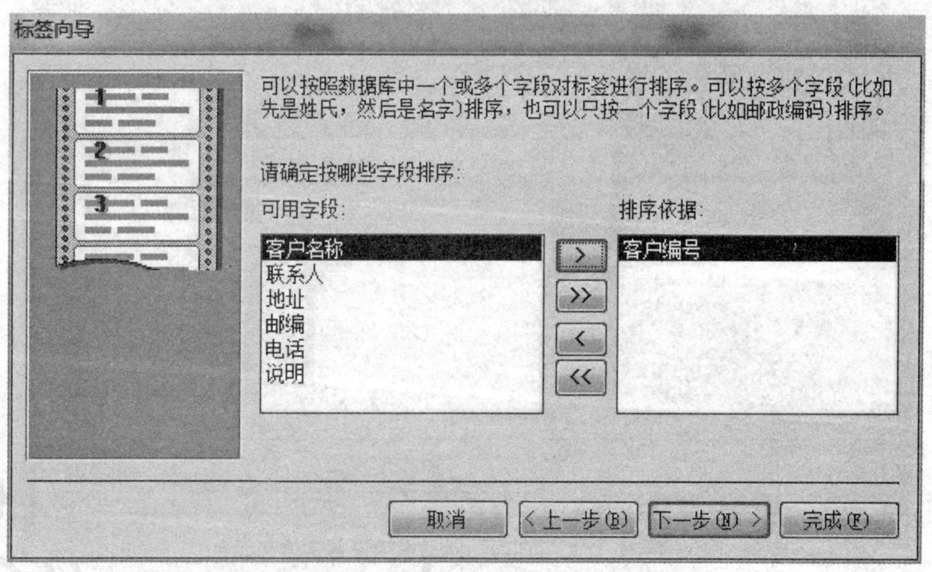

图 7-1-23 “标签向导”对话框中设置排序依据

5. 单击“下一步”按钮，打开“标签向导”的第 5 个对话框，输入报表的名称，如图 7-1-24 所示。

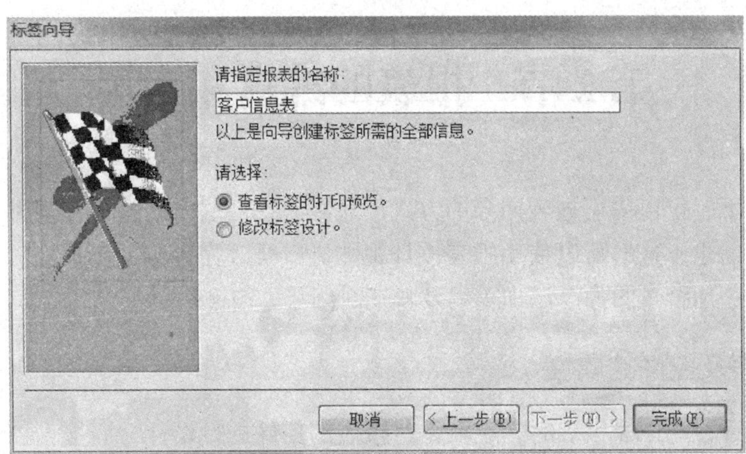

图 7-1-24 “标签向导”对话框中设置报表名称

6. 单击“完成”按钮，可以看到“客户标签”结果，如图 7-1-25 所示。

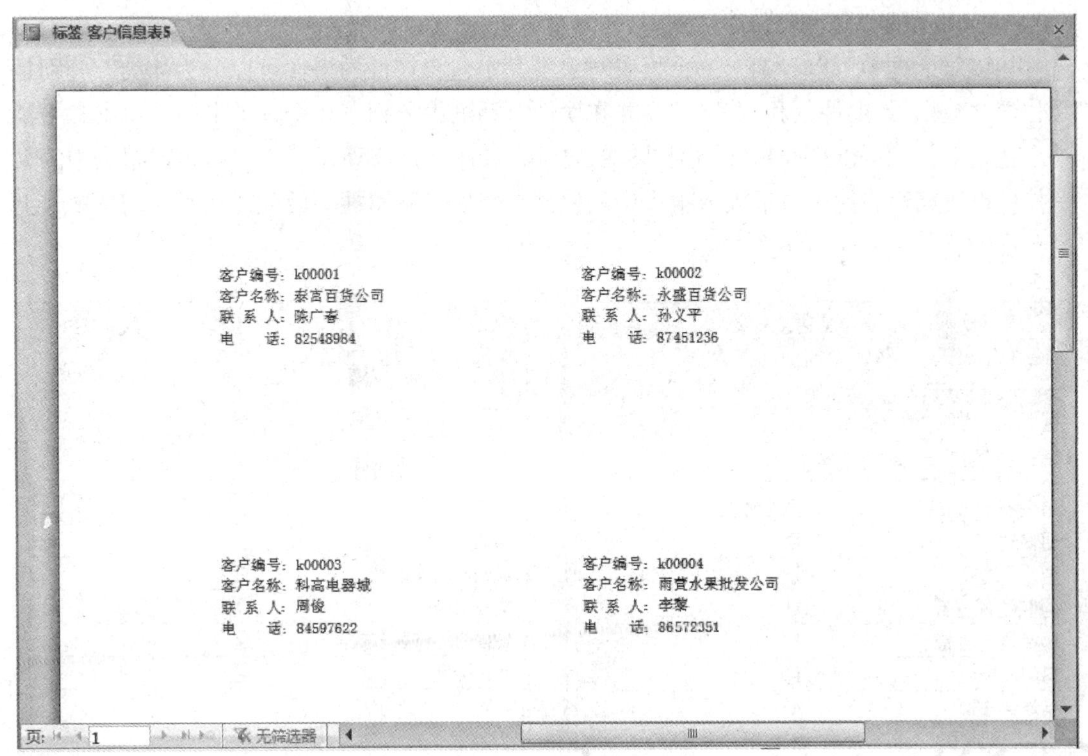

图 7-1-25 “客户标签”结果

小提示

向导生成的标签可以在标签设计视图中修改，例如，添加线条、边框、设置字体、字形、字号等，形成多种类型卡片、名片等标签类型。

第 2 节　报表的编辑和布局

一般情况下，可以采用报表向导的方式创建报表，但这样的报表在某种程度上不能完全满足用户的需求，这时可以使用报表设计视图进行修改完善。编辑报表的主要操作有设置报表格式、添加背景图像、添加页码及日期时间等。

一、报表及控件的属性

在使用设计视图创建报表时，主要是对报表的控件进行设计，而报表控件的设计主要就是报表控件的属性设置，而对整个报表的整体设计如报表的标题、报表的数据源等也主要通过报表属性设置来实现。

在报表设计视图中，单击“报表设计工具”选项卡中的“属性表”按钮，就会弹开如图 7-2-1 所示的“属性表”对话框。

从该对话框中可以看到，一个报表对象及其中包含控件的属性可以分为 4 类，分别是“格式”“数据”“事件”和“其他”，并在属性对话框中分列于 4 个选项卡中，单击其中某一个选项卡，就可以打开相应类别具体的属性，如图 7-2-2 所示。欲对报表或报表中的某个控件设置属性，就选中报表或报表中的控件，然后打开属性对话框，在对应的选项卡上进行设置。

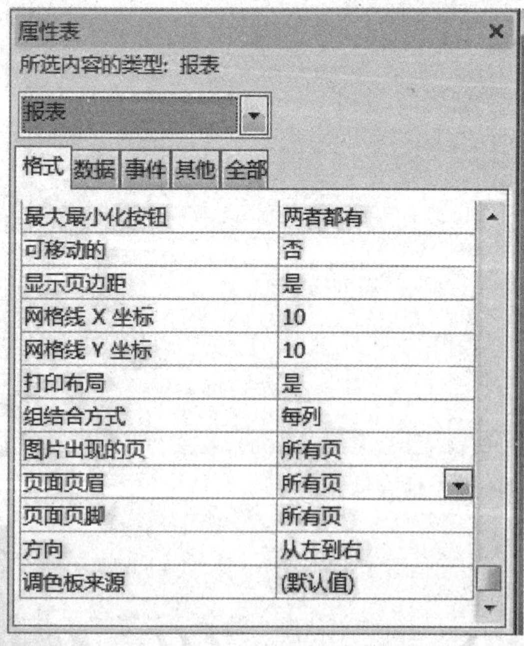

图 7-2-1 “属性表”对话框

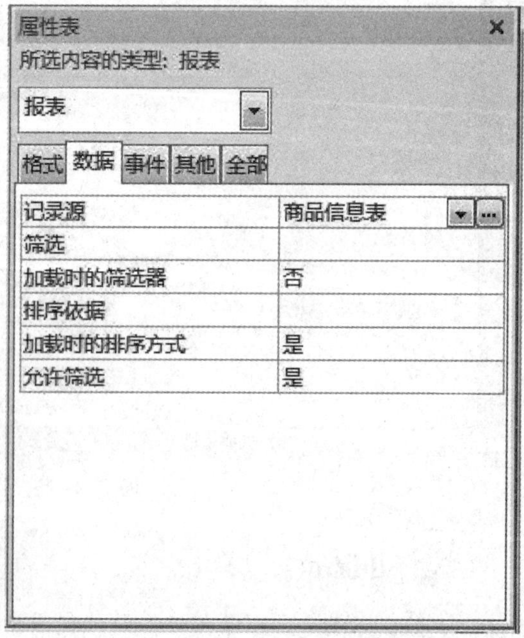

图 7-2-2 “属性表”对话框的数据选项卡

1. 报表的常用格式属性及其值的含义

（1）标题

标题的属性是一个字符串，在报表预览视图中，该字符串显示为报表窗口标题，在打印的报表上，该字符串不会打印出来，不设定标题属性值，系统会自动以报表的名称作为报表窗口的标题。

（2）页面页眉与页面页脚

其属性值有“所有页”“报表页眉不要”“报表页脚不要”“报表页眉页脚都不要”4个选项，它决定报表打印时的页面页眉与页面页脚是否打印上。

（3）图片

其属性值是图形文件名，指定的图形文件将作为报表的背景图片，结合关于图片的其他属性来设定背景图片的打印和预览形式。

2. 报表的数据源属性及其值含义

（1）记录源

记录源的属性值是本数据库的数据对象名、查询名或者一条 Select 语句，它指明该报表的数据源来源，记录源属性可取报表名，被指定的报表将作为本报表的子报表存在。

（2）筛选和启动筛选

筛选的属性值是合法的字符串表达式，它表示从数据源中筛选数据的规则，例如，筛选出“进货数量”小于 5 000 的商品，属性值可以写为“进货数量 <5 000”。启动筛选属性值有“是”“否”两个选项，它决定上述筛选规则是否有效。

（3）排序依据及启动排序

排序的属性值是由字段名或字段名表达式组成的，指定报表的排序规则，例如，报表按“进货日期”排序，则属性值设置为“进货日期”即可。启动排序属性值有“是”“否”两个选项，它决定上述排序规则是否有效。

3. 日期、时间的表达式

在报表中添加日期时间时，可以通过控件使用表达式来完成，表 7–2–1 就列出了常用日期时间表达式及其含义。

表 7–2–1　　常用日期时间表达式及其含义

日期、时间表达式	显示结果
=New（）	当前日期与时间
=Date（）	当前日期
=Time（）	当前时间

4. 页码的表达式

在报表中设置页码时，可以通过控件使用表达式来完成，表 7–2–2 就列出了常用页码表达式及其含义。

表 7-2-2　　常用页码表达式及其含义

日期、时间表达式	显示结果
=［Page］	1，……
="第"&［Page］&"页"	第 1 页，……
="第"&［Page］&"页"，"共"&［Pages］&"页"	第 1 页，共 10 页……

二、设置报表格式

报表创建完成后，可以根据所选的内容，进行字体、显示、背景和控件等格式的设置，如图 7-2-3 所示。

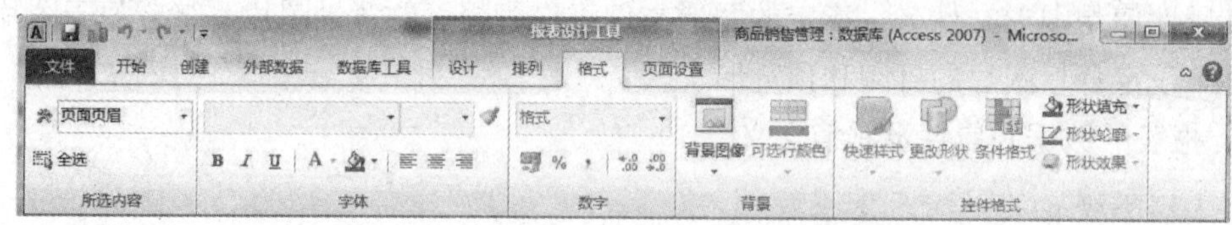

图 7-2-3　“格式”选项卡

三、添加背景图像

添加背景图像可以增加报表的美观效果。给“进货信息表”报表增加背景图案，具体操作步骤如下：

1. 打开“进货信息表”报表，切换到设计视图，打开报表的“属性表”面板，如图 7-2-4 所示，选择一个图片文件。

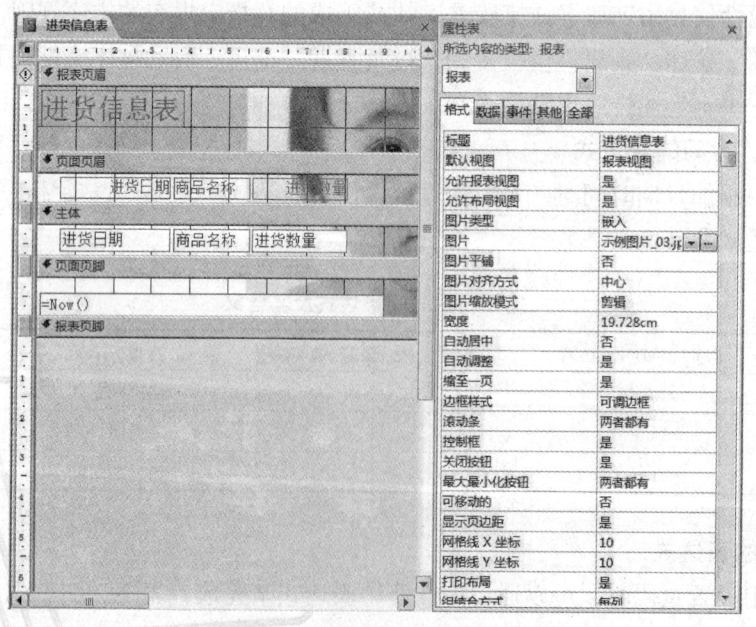

图 7-2-4　报表的“属性表”面板

2. 在“图片类型”属性框中选择“嵌入”方式；在“图片平铺”属性框中选择“是”；在“图片对齐”属性框中选择图片的对齐方式为“中心”；在“图片缩放模式”属性框中选择“剪辑”调整方式；在“图片出现的页”属性选择“所有页”。设置结果如图 7-2-5 所示。

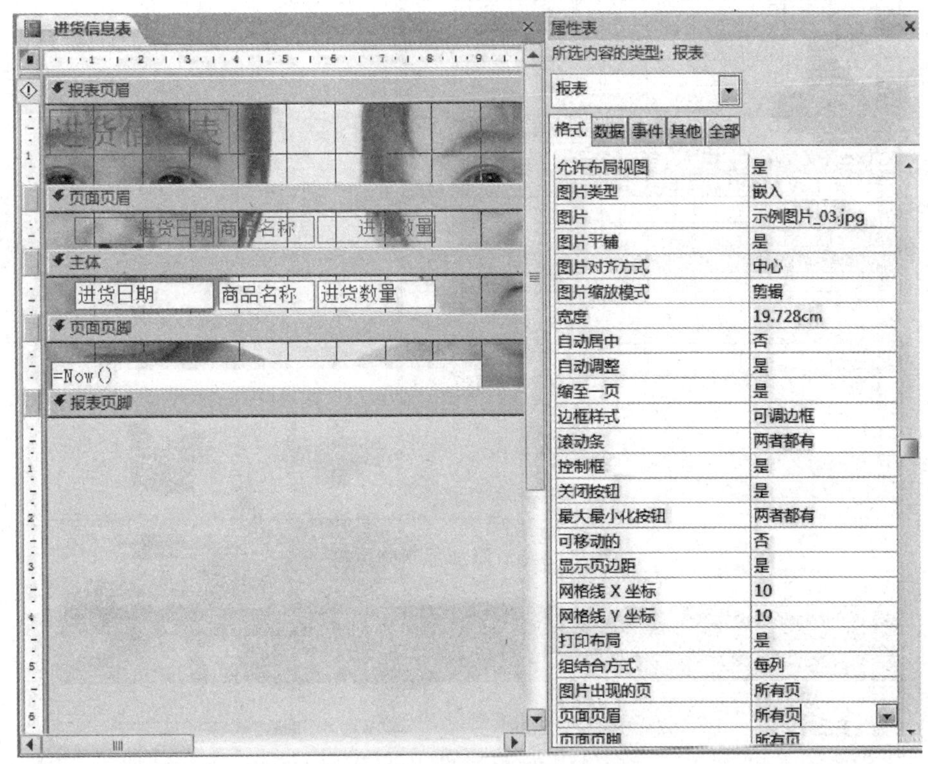

图 7-2-5　报表属性设置结果

3. 单击工具栏中的“保存”按钮，输入“新的进货信息报表”，单击“确定”按钮。

四、使用分页符强制分页

在报表中，可以在某一节中使用分页控制符来标识要另起一页的位置。例如，给“按进货信息报表”添加分页控制符，具体操作步骤如下：

1. 使用设计视图打开“按进货信息报表”。

2. 在“报表排列工具”选项卡中选择“设计”组中的“控件”，单击“插入分页符”按钮。

3. 选择报表中需要设置分页符的位置后单击，分页符会以短虚线标识在报表的左边界上，选择在“商品类别页脚”下面，如图 7-2-6 所示。

4. 添加完强制分页符后，在“打印预览”视图下就可以看到已经强制分页后的效果，如图 7-2-7 所示。

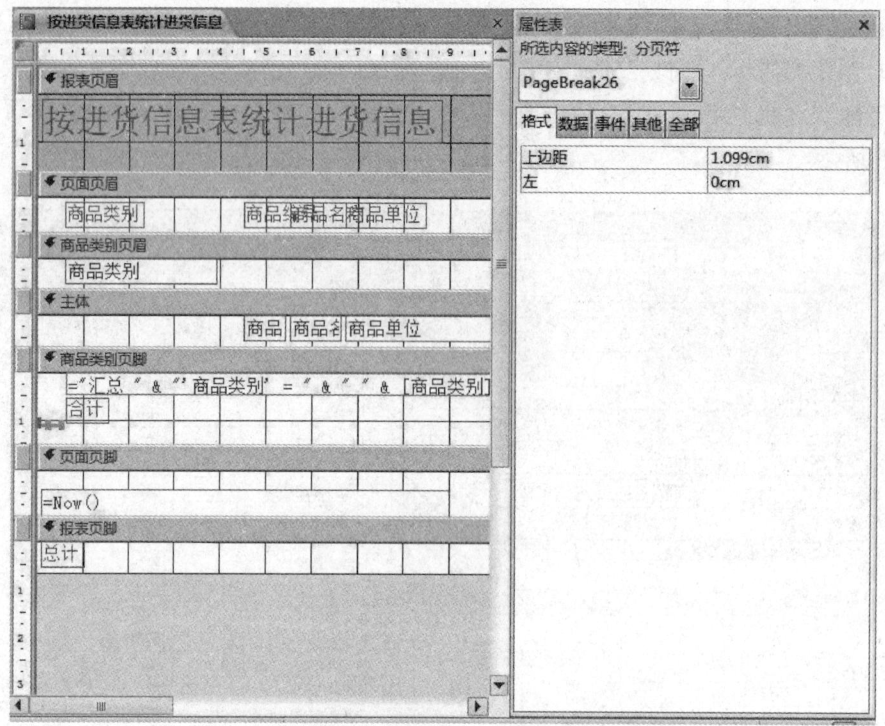

图 7-2-6 添加强制分页符

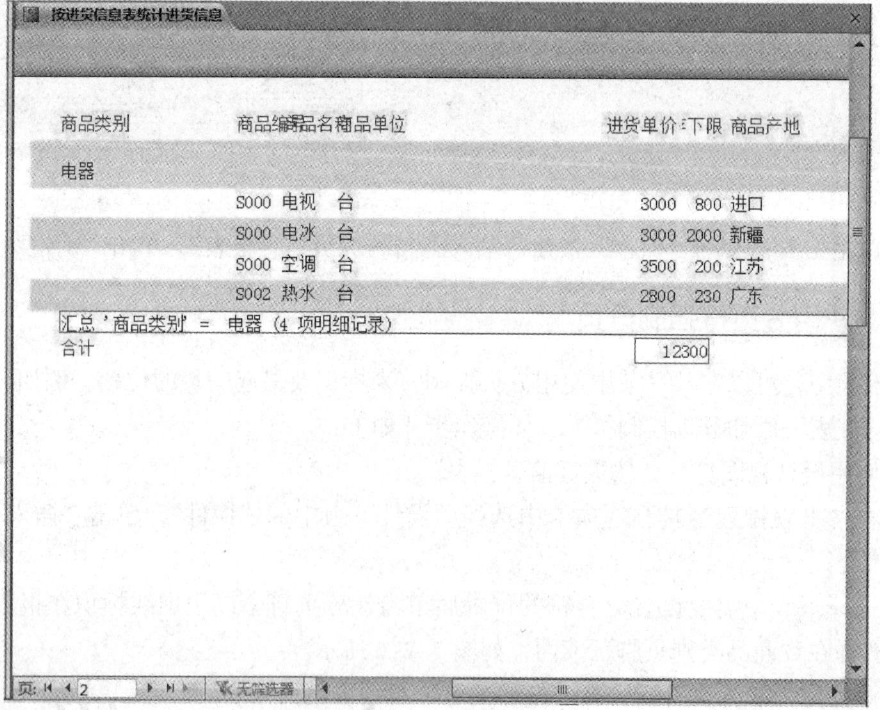

图 7-2-7 打印预览视图

小提示

分页符应设置在某个控件之上或之下，如果要将报表中的第一条记录或记录组都另起一页，可以通过设置组标头、组注脚或主体节的“强制分页”属性来实现。

五、添加页码

使用设计视图打开报表，单击“页眉 / 页脚”选项中的“页码”按钮，在打开的对话框中根据需要设置相应的页码格式、位置和对齐方式。下面以给“进货信息报表”添加页码为例，介绍如何给报表添加“页码”，具体操作步骤如下：

1. 使用设计视图打开“按进货信息报表”。

2. 在“报表排列工具”选项卡中选择“设计”组中的“页眉 / 页脚”选项，弹出页码对话框，如图 7-2-8 所示。

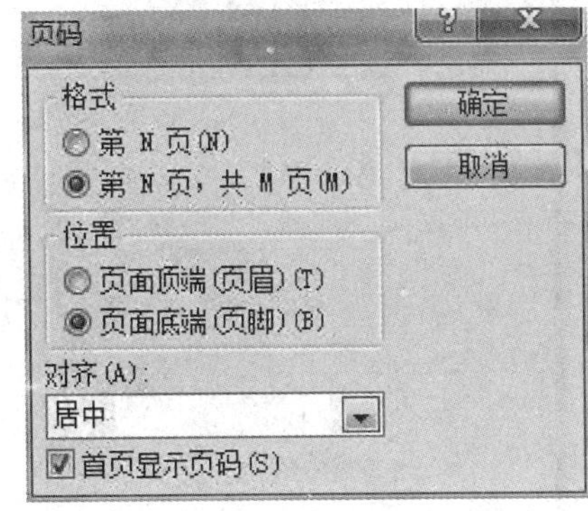

图 7-2-8 “页码”对话框

3. 单击“确定”按钮，最终设计视图如图 7-2-9 所示，其效果如图 7-2-10 所示。

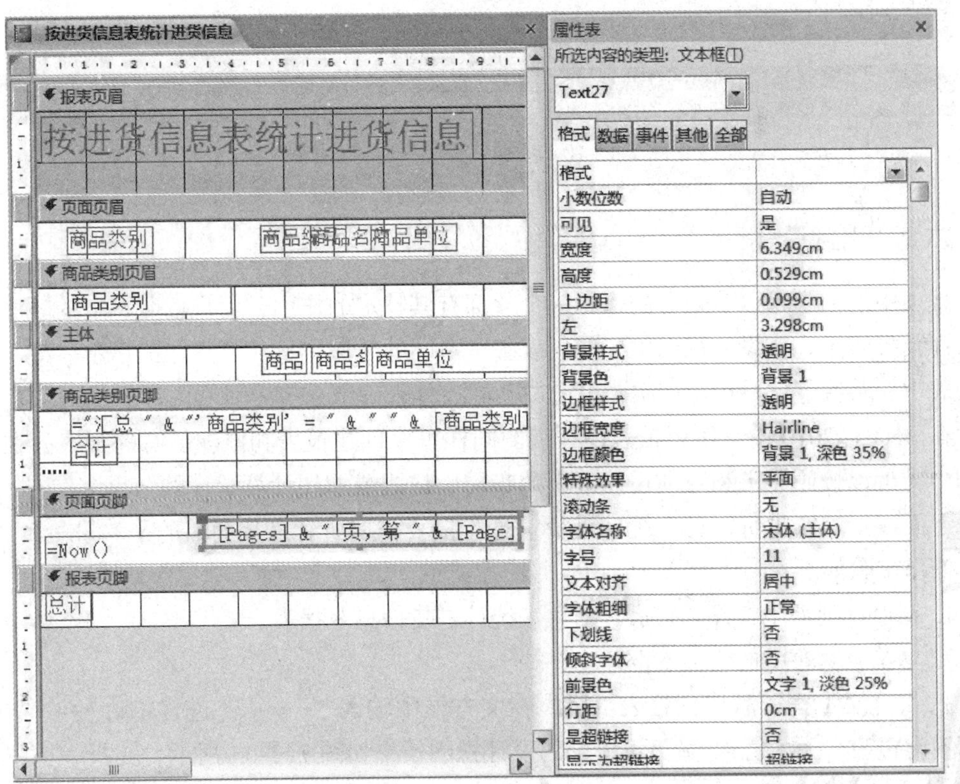

图 7-2-9 添加页码的设计视图

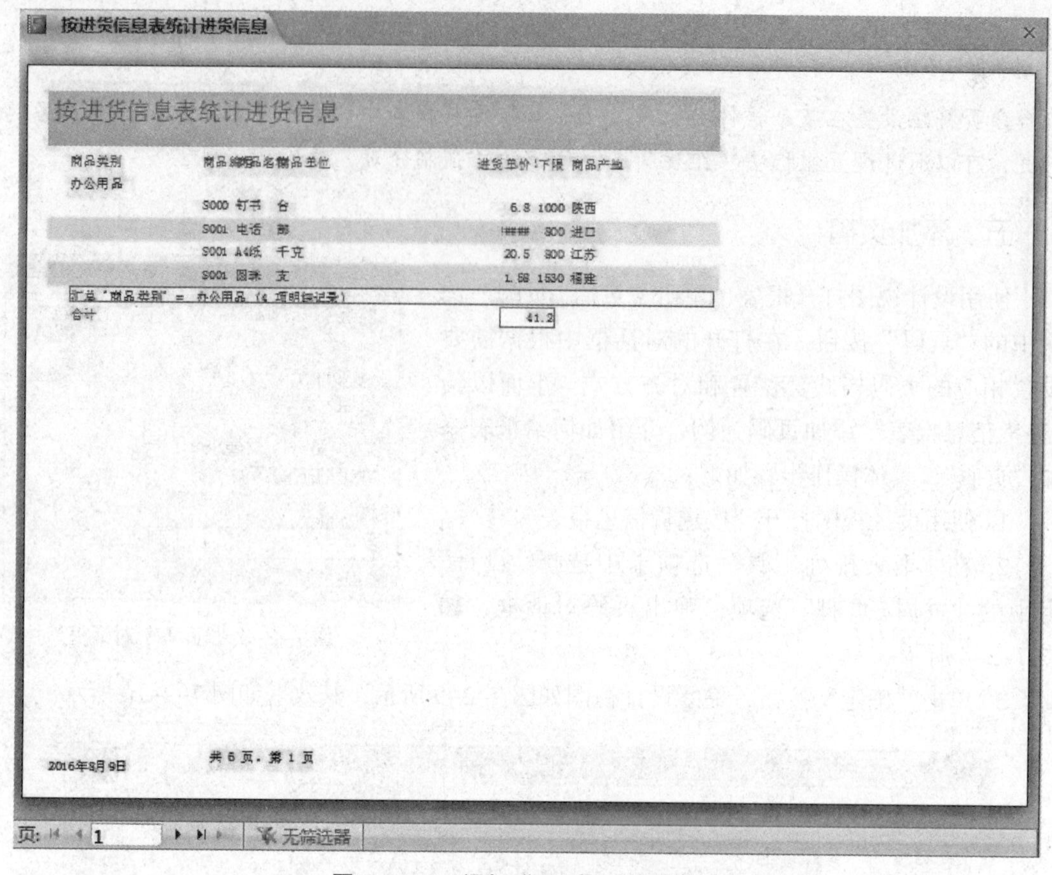

图 7-2-10 添加“页码”后的效果图

六、使用节

报表中的内容是以节划分的，每一个节都有其特定的作用，而且按照一定的顺序输出在页面及报表上。在设计视图中，节代表各个不同的区域，每一节只能被指定一次。在打印报表中，某些节可以指定多次，可通过不同控件来确定在节中显示内容的位置。

在 Access 2010 中，使用报表设计视图同样可以创建报表和修改已有的报表。在报表视图中，可以按照需求和习惯设计报表的布局、样式或增加计算统计的结果。

下面以给“按进货信息表统计进货信息”报表添加所有进货商品的平均进货值为例，具体操作步骤如下：

1. 在设计视图中打开“按进货信息表统计进货信息”报表。

2. 单击工具箱中的“文本框”。

3. 将“文本框”添加到报表页脚，在文本框中输入“=Avg（[进货单价]）”。文本框的标签设置为“平均值”，最终设置好的设计视图效果如图 7-2-11 所示，其报表视图效果如图 7-2-12 所示。

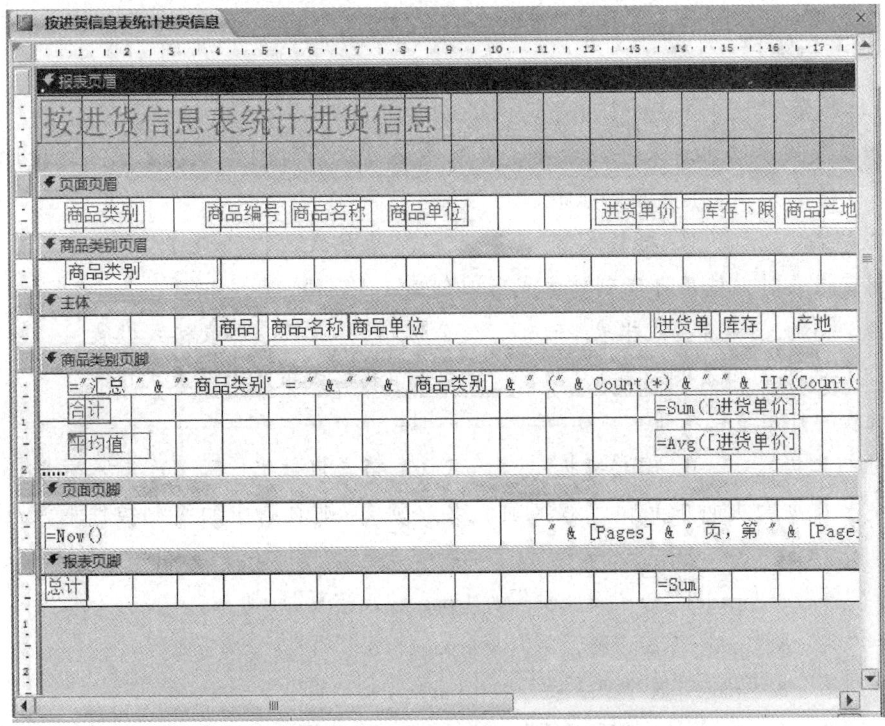

图 7-2-11　添加分页打印的设计视图

按进货信息表统计进货信息

商品类别	商品编号	商品名称	商品单位	进货单价	库存下限	商品产地
办公用品						
	S000	钉书机	台	6.8	1000	陕西
	S001	电话	部	12.32	800	进口
	S001	A4纸	千克	20.5	800	江苏
	S001	圆珠笔	支	1.58	1530	福建
汇总 '商品类别' = 办公用品 (4 项明细记录)						
合计				41.1999992847		
平均值				10.2999998212		
电器						
	S000	电视机	台	3000	800	进口
	S000	电冰箱	台	3000	2000	新疆
	S000	空调	台	3500	200	江苏
	S002	热水器	台	2800	230	广东
汇总 '商品类别' = 电器 (4 项明细记录)						
合计				12300		
平均值				3075		

图 7-2-12　分页打印的效果图

思考与练习

一、选择题

1. 如果要显示的记录或字段较多，并且希望可以同时浏览多条记录及方便比较相同字段，则应创建（　　）类型的报表。

A. 纵栏式　　B. 标签式　　C. 表格式　　D. 图表式

2. 创建报表时，使用自动创建方式可以创建（　　）。

A. 纵栏式报表和标签式报表　　B. 标签式报表和表格式报表

C. 纵栏式报表和表格式报表　　D. 表格式报表和图表式报表

3. 报表的作用不包括（　　）。

A. 分组数据　　B. 汇总数据　　C. 格式化数据　　D. 输入数据

4. 要求在页面页脚中显示“第 X 页，共 Y 页”，则页脚中的页码控件来源应设置为（　　）。

A. =“第”& [pages] &“页，共”& [page] &“页”

B. =“共”& [pages] &“页，第”& [page] &“页”

C. =“第”& [page] &“页，共”& [pages] &“页”

D. =“共”& [page] &“页，第”& [pages] &“页”

5. 报表数据源来源不包括（　　）。

A. 表　　B. 查询　　C. SQL 语句　　D. 窗体

6. 要使打印的报表每页显示 3 列记录，应在（　　）中设置。

A. 工具箱　　B. 属性表　　C. 页面设置　　D. 字段列表

二、判断题

1. 一个报表可以有多个页，也可以有多个报表页眉和报表页脚。（　　）

2. 表格式报表中，每条记录以行的方式自左向右依次显示排列。（　　）

3. 在报表中可以交互接收用户输入的数据。（　　）

4. 使用自动报表创建报表只能创建纵栏式报表和表格式报表。（　　）

5. 报表中插入的页码其对齐方式有左、中、右 3 种。（　　）

三、简答题

1. 什么是报表？报表和窗体有什么不同？

2. 报表的主要功能有哪些？

3. 报表的版面预览和打印预览有什么不同？

第 8 章 宏的创建与应用

宏是开发数据库系统的基础，在 Access 2010 中并不需要编写程序，就可以利用宏自动完成一些重复的操作，从而提高工作效率。由此可以看出宏的重要性，可以说，开发任何一个完善的数据库系统都离不开宏。

因为宏广泛应用于命令按钮控件、菜单控件、单选按钮控件、复选框按钮控件等窗体控件，宏是这些控件能够发挥使用的灵魂，没有宏这些控件就是摆设。

第 1 节 创建宏

宏是 Access 2010 数据库的对象之一，和其他对象不同的是，宏可以操作其他对象，例如，打开表、窗体、报表，为其他对象更名，控制其他对象的数据交换、状态，改变它们的外观显示等。

一、宏的概念和功能

1. 宏的概念

宏是执行特定任务的操作或操作集合，其中每个操作能够实现特定的功能，只有一个宏的称为独立宏，包含 2 个以上宏名的称为宏组，创建宏的操作在设计视图中完成。

2. 宏的功能

（1）打开、关闭数据库、报表、窗体，打印报表、执行查询。

（2）筛选、查找记录。

（3）模拟键盘动作，为对话框或等待输入的任务提供字符串输入。

（4）显示警告信息框、响铃警告。

（5）移动窗口，改变窗口大小。

（6）定制菜单。

3. 宏的类型

在 Access 2010 中，宏可以分为两类：一类是独立的宏，它可以包含在一个宏对象中；另一类就是嵌入式宏，可以嵌入到窗体、报表或控件的任何事件属性中成为所嵌入对象或控件的一个属性。

二、独立宏的创建

创建独立宏是在宏设计器窗口中进行的，下面以在“商品销售管理”数据库中创建一个以实现打开“商品信息表”的宏，具体操作步骤如下：

1. 打开“商品销售管理”数据库。

2. 单击“创建”选项卡“宏与代码”组中的“宏”按钮，可以进入宏生成器窗格。

3. 单击“添加新操作”框中，输入“OpenTable”宏操作名称；或在“添加新操作”框中单击下拉按钮，然后选择“OpenTable”宏操作名称；或者从“操作目录”面板选择“OpenTable”实验宏操作拖到宏设计器中；或双击“操作目录”面板中的“OpenTable”宏操作。参数值的设置如图 8-1-1 所示。

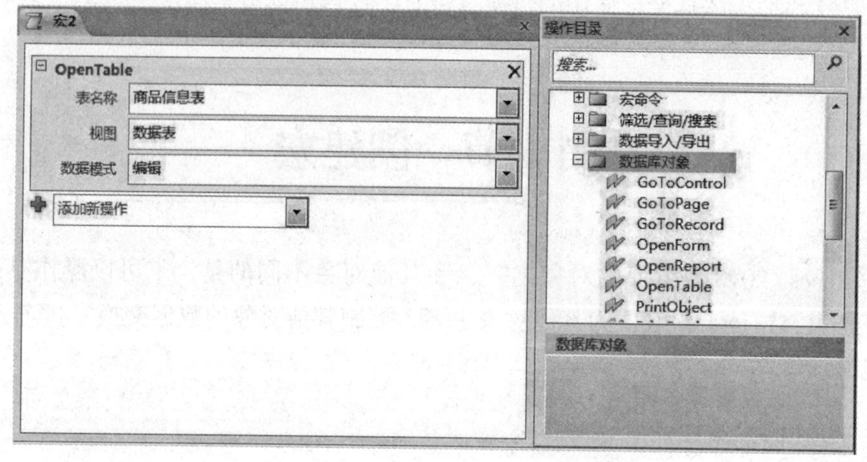

图 8-1-1 “OpenTable”宏操作设计界面

4. 单击“保存”按钮，在打开的“另存为”对话框中输入“打开商品信息表宏”，单击“确定”按钮。这样就在数据库导航窗格的宏对象中增加了一个“打开商品信息表宏”，效果如图 8-1-2 所示。

三、嵌入式宏的创建

嵌入式宏可以使数据库更易于管理，不必跟踪包含窗体或报表的宏的各个宏对象。另外在每次复制、导入或导出窗体或报表时，嵌入式宏像其他属性一样随附于窗体或报表中。

在“商品销售管理”数据库中，在“商品信息表”的基础上增加嵌入式宏，成为“商品信息表－增加宏”，要求当记录为空时取消该报表，具体操作步骤如下：

图 8-1-2 “打开商品信息表宏”效果图

1. 先把“商品信息表”复制成“商品信息表备份”，只复制结构。

2. 使用“报表向导”创建一个“商品信息表备份”的报表，包含的字段有“商品编号”“进货单价”“进货数量”“进货日期”和“存放位置”等字段。

3. 单击工具组中的“属性表”按钮，弹出属性表窗格，并切换到如图 8-1-3 所示的“事件”选项卡。

4. 单击“无数据”行右侧的省略号，弹出如图 8-1-4 所示的“选择生成器”对话框，选择“宏生成器”选项并单击“确定”。

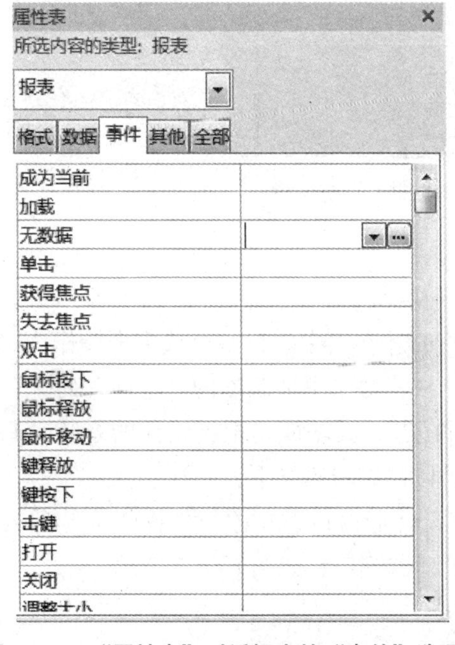

图 8-1-3 “属性表”对话框中的“事件”选项卡

图 8-1-4 “选择生成器”对话框

5. 进入宏生成器，在宏生成器中添加宏操作，如图 8–1–5 所示，然后关闭宏生成器，弹出保存该宏的对话框，单击“是”按钮，完成嵌入式宏的创建。

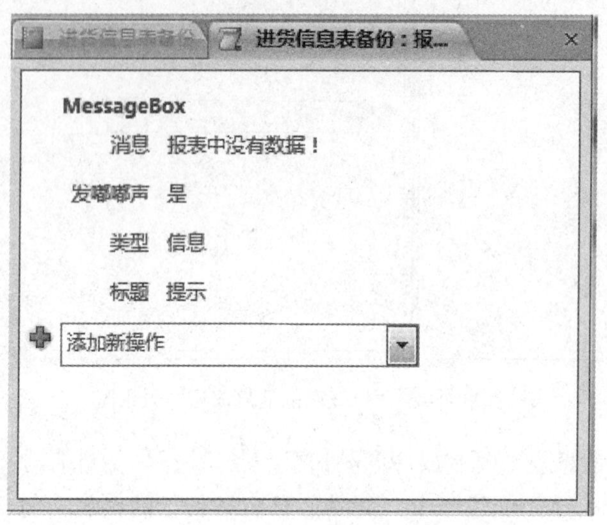

图 8–1–5 在宏生成器中添加宏操作

6. 保存“商品信息表备份”的报表，查看创建嵌入式宏的效果，双击导航窗格中的“商品信息表备份”的报表，就会弹出“报表中没有数据！”提示框，如图 8–1–6 所示。

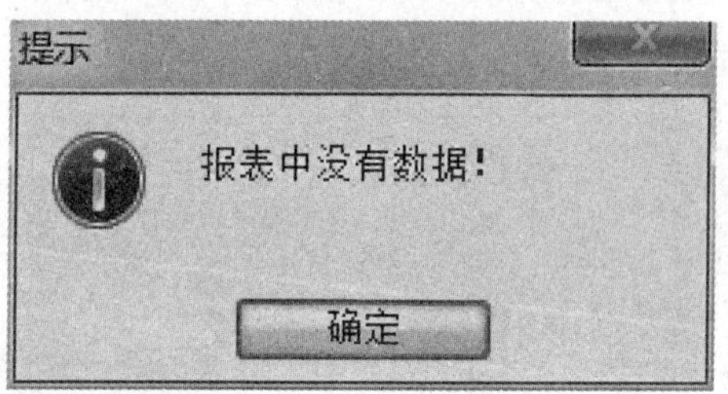

图 8–1–6 “报表中没有数据！”提示框

四、创建与设计条件宏

在某些情况下，可能希望仅当特定条件为真时才在宏中执行一个或多个操作，这个功能的实现可以用 IF 块来实现（Access 2010 用 IF 块代替了早期版本的“条件”列）。

在“商品销售管理”数据中创建一个“条件宏”，其功能是根据当前的系统时间判断今天的系统日期是否大于 2016 年 8 月 10 日，具体操作步骤如下：

1. 打开“商品销售管理”数据库，打开宏设计器窗口，在添加新操作下拉列表中选择“IF”或将其从“操作目录”面板拖动到宏设计器窗口，如图 8–1–7 所示。

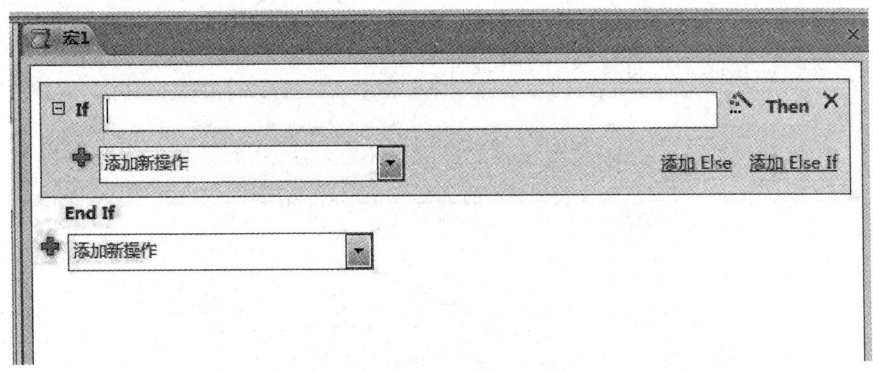

图 8–1–7　IF 块宏设计窗口

2. 在 IF 操作顶部的框中，输入“date( )<#2016–8–10#”，向 IF 操作中添加“Message Box”宏操作，如图 8–1–8 所示，完成添加宏操作。

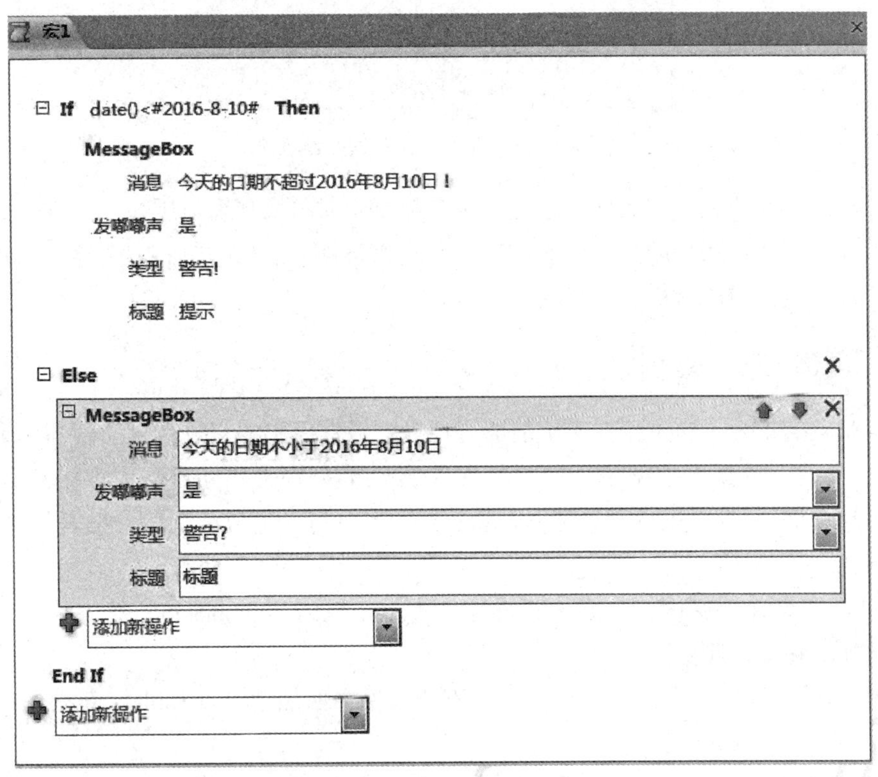

图 8–1–8　IF 块添加宏操作结果

3. 单击“保存”图标，在弹出的“另存为”对话框中输入“条件宏”，单击“确定”按钮，这样就增加了一个条件宏。

4. 单击“宏工具 / 设计”组件中的“运行”按钮，查看该宏的运行结果，如图 8–1–9 所示。

5. 修改系统时间为 2016 年 8 月 25 日，再次单击“宏工具 / 设计”组中的“运行”按钮，查看该宏的运行结果，如图 8-1-10 所示。

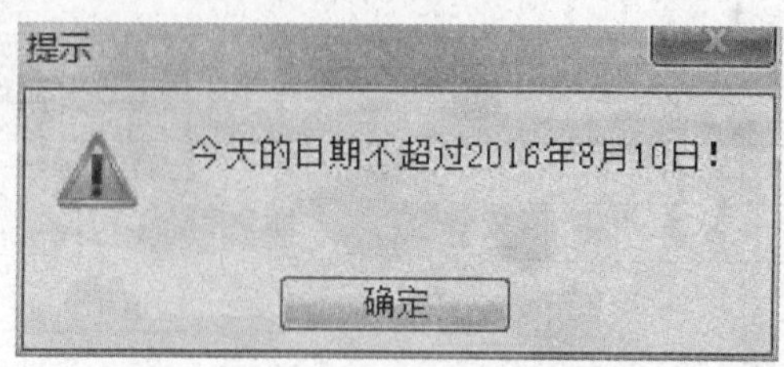

图 8-1-9　运行“条件宏”结果 1

图 8-1-10　运行“条件宏”结果 2

如果宏中存在错误，在按照上述过程单步执行宏时将会在窗口中显示“操作失败”对话框，并显示出错误操作的名称、参数以及相应的条件。然后，单击“暂停”按钮进入宏设计窗口，对出错宏进行相应的修改。

五、创建与设计宏组

宏组是宏的集合，通过创建宏组能够方便地对数据库中的宏进行分类管理和维护。在“商品销售管理”数据库中创建一个“宏组”，其功能分别是“打开商品信息表”“打开退货商品信息查询”“打开进货商品基本信息窗体”和“打开进货商品信息报表”，具体操作步骤如下：

1. 打开宏设计器窗口，在添加新操作文本框中输入“Submacro”或将其从“操作目录”面板拖动到宏设计窗口。

2. 打开“打开商品信息表”子宏，在该子宏块中添加“OpenTable”新操作，并按如图 8-1-11 所示进行参数设置。

3. 在添加新操作文本框中输入“Submacro”或将其从“操作目录”面板拖动到宏设计窗口。

4. 打开“打开退货商品信息查询”子宏，在该子宏块中添加“OpenQuery”新操作，并按如图 8-1-12 所示进行参数设置。

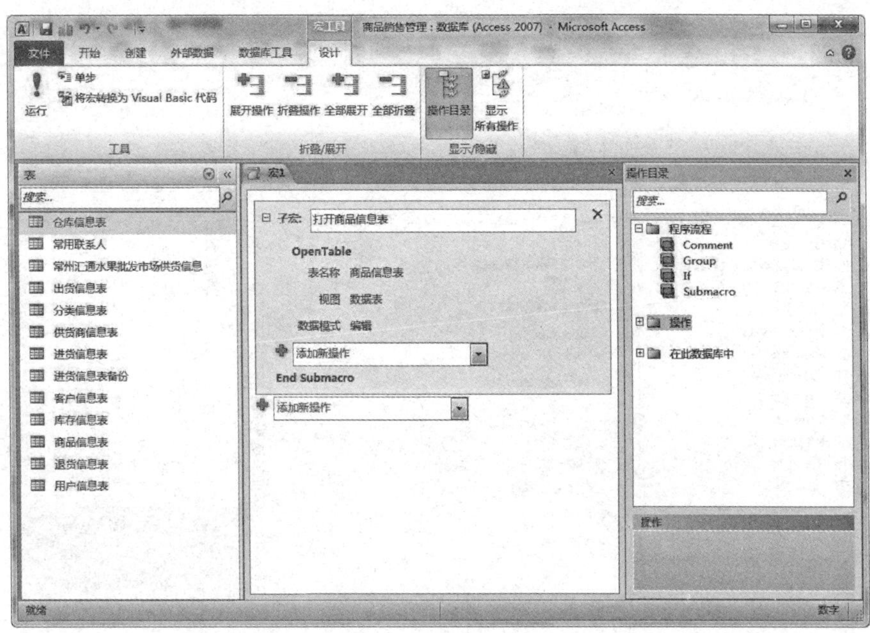

图 8-1-11　给宏组中添加打开商品信息表子宏

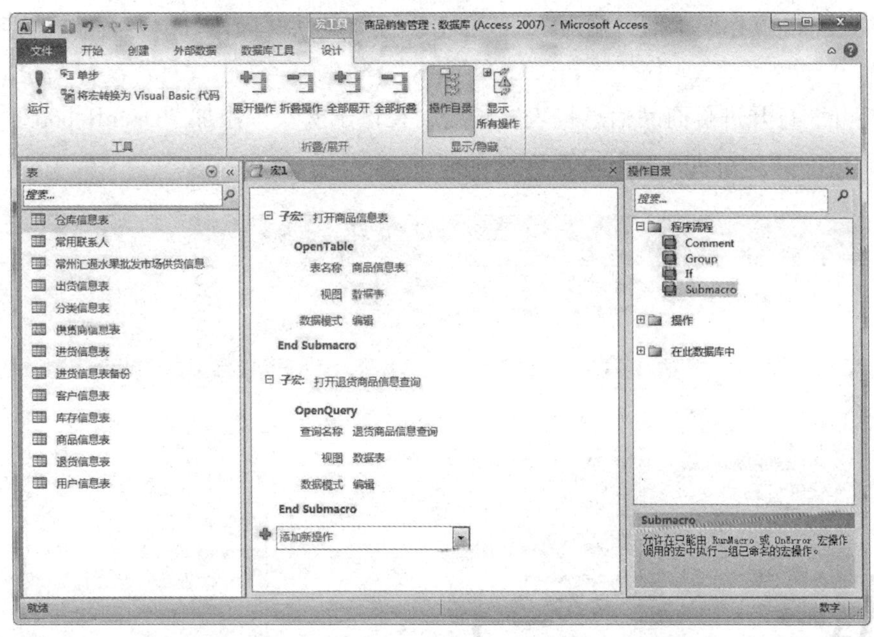

图 8-1-12　给宏组中添加打开退货商品信息查询子宏

5. 在添加新操作文本框中输入“Submacro”或将其从“操作目录”面板拖动到宏设计窗口。

6. 打开“打开商品信息窗体”子宏，在该子宏块中添加“OpenForm”新操作，并按如图 8-1-13 所示进行参数设置。

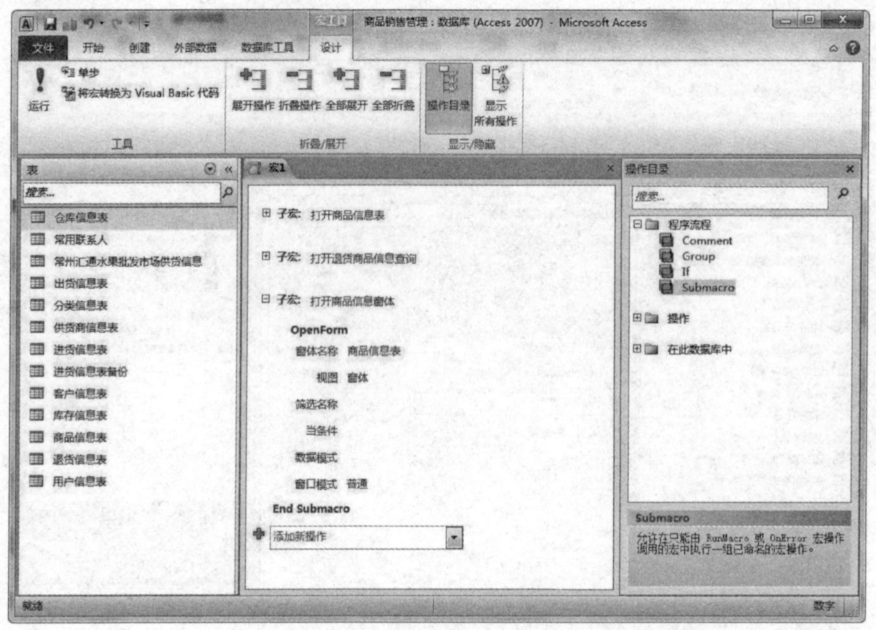

图 8-1-13　给宏组中添加打开商品信息窗体子宏

7. 在添加新操作文本框中输入“Submacro”或将其从“操作目录”面板拖动到宏设计窗口。

8. 打开“打开进货商品信息报表”子宏，在该子宏块中添加“OpenReport”新操作，并按如图 8-1-14 所示进行参数设置。

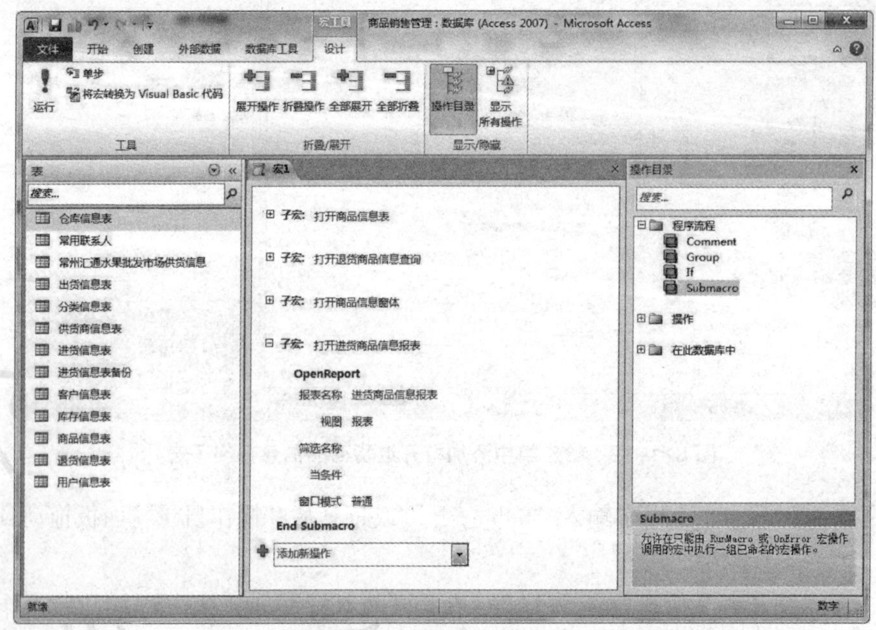

图 8-1-14　给宏组中添加打开进货商品信息报表子宏

第 2 节 宏的执行和调试

宏在运行的过程中出现错误，就需要对宏进行调试，以保证宏能够按用户的指令运行。宏可以在设计视图运行，也可以通过窗体、报表或其他控件来运行。本节主要讲解通过窗体上的命令按钮来调用宏。

一、通过窗体、报表中的控件响应事件来运行宏

在 Access 2010 中，经常将宏赋给某个窗体或者报表控件的事件属性值，通过触发事件来运行宏。

以在“商品销售管理”数据库中创建一个“主界面”窗体为例，如图 8-2-1 所示。单击各个按钮用于执行相应的操作，具体操作步骤如下：

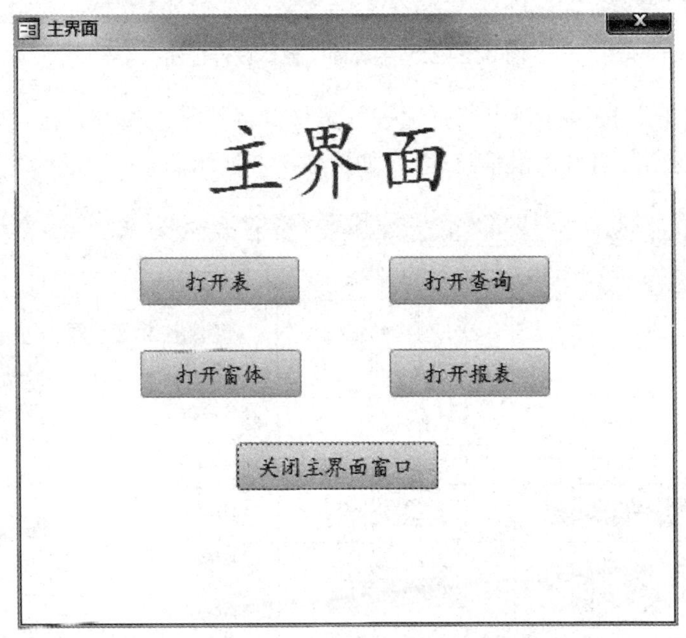

图 8-2-1 “主界面”窗体运行结果

1. 打开“商品销售管理”数据库。

2. 选“创建”选项卡中“窗体”组，然后选择“其他窗体”中的“模式对话框”窗体。这样就在窗体对象中增加了一个窗体。

3. 切换到窗体的“窗体视图”，在主体节中添加 5 个按钮和 1 个标签，并进行相应的属性设置，如图 8-2-2 所示。

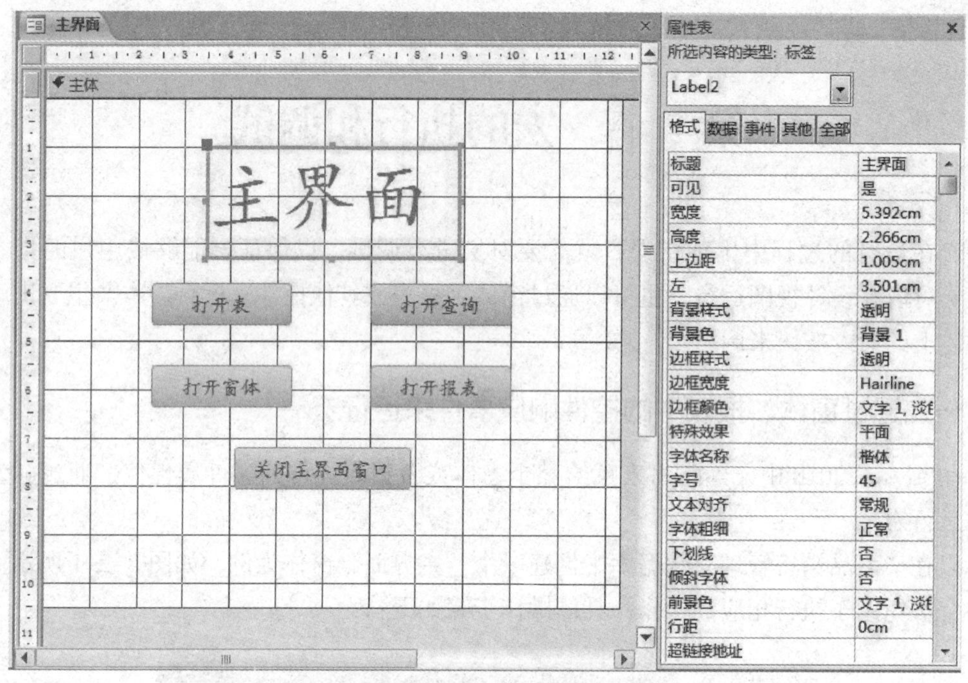

图 8-2-2 “主界面”窗体设计视图

4. 双击“打开”按钮，弹出“属性表”选择“事件”选项卡，在“单击”行的下拉列表框中选择“宏组 . 打开商品信息表”，如图 8-2-3 所示。

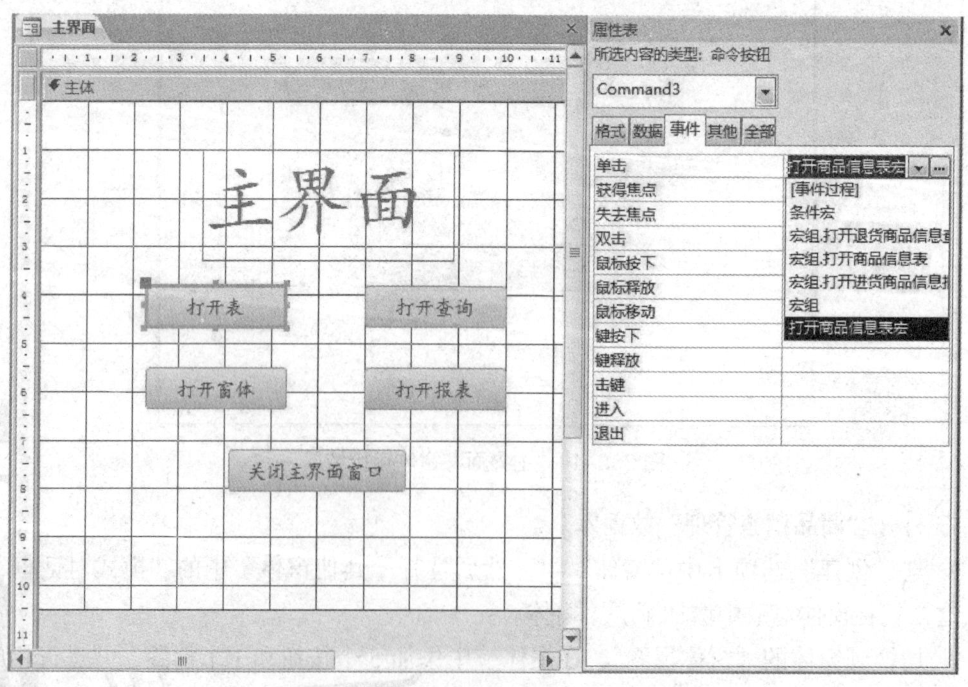

图 8-2-3 给各按钮“事件”添加宏

5. 和上面的操作类似，给“打开查询”“打开窗体”“打开报表”三个按钮也增加相应的事件。

6. 双击“关闭主界面窗口”弹出“属性表”，选择“事件”选项，在“单击”行的生成器对话框中选择“宏生成器”，打开“宏设计窗口”，按照如图 8-2-4 所示进行宏设计。

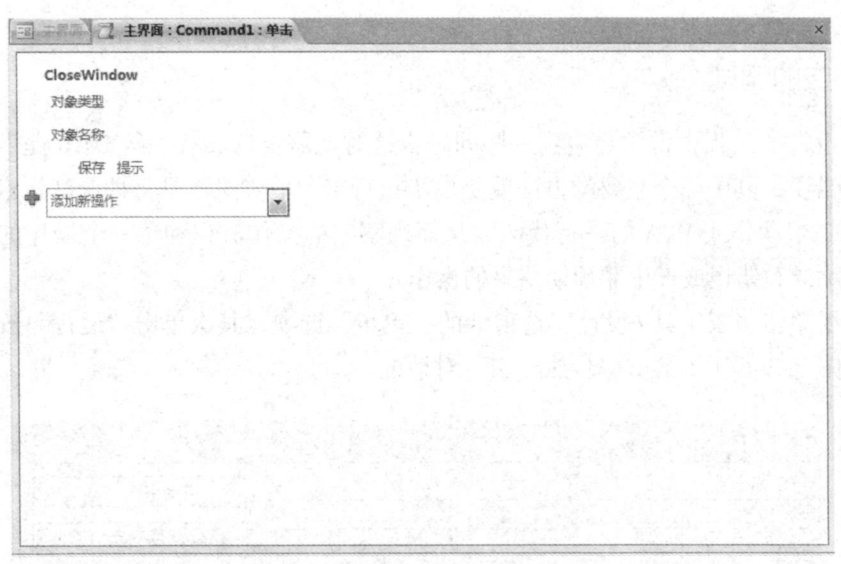

图 8-2-4　给“关闭主界面”按钮进行宏设计

7. 单击“保存”按钮，在导航窗格的窗体类别中双击“主界面”窗体，单击相应的按钮，则会执行相应的宏，执行后的效果如图 8-2-5 所示。

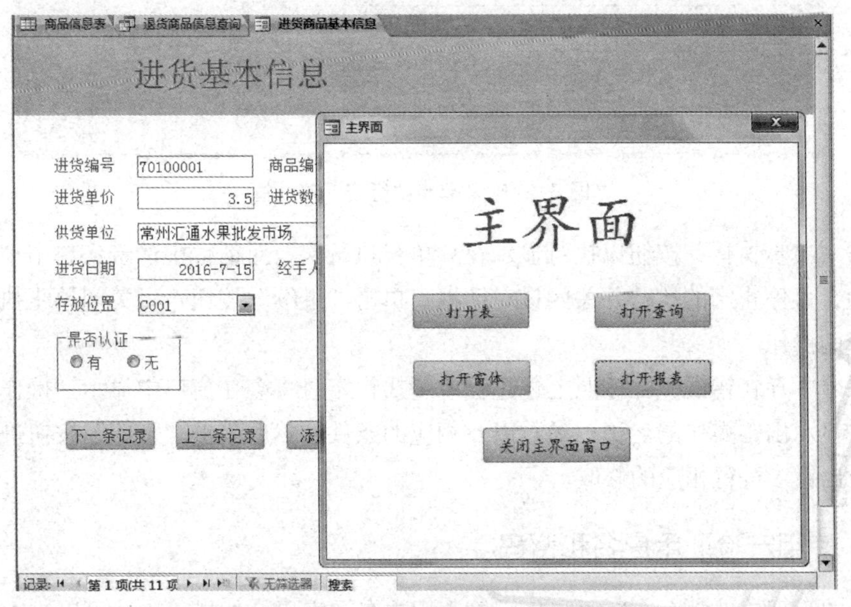

图 8-2-5　执行窗体按钮后的效果

小提示

保存宏时，如将宏的名称设置为“AutoExec”，该宏可在首次打开数据库时自动执行。打开数据库时，Access 2010 将查找一个名为“AuotExec”的宏，如果找到了，则自动执行它。

二、宏的调试

在宏设计的过程中常常会遇到一些问题，这时就需要依靠 Access 2010 提供的测试功能来修改错误，其中一个主要的方法就是单步执行宏。单步执行是一种调试技术，一次只运行宏的一个动作或 VBA 的一行代码，从而观察宏的操作流程和每一个操作的结果，并且可以排除导致错误或产生非预期结果的操作。

首先要单击“宏工具 / 设计”选项卡的“单步”选项，其次单击“运行”按钮，这时会弹出如图 8-2-6 所示的“单步执行宏”对话框。

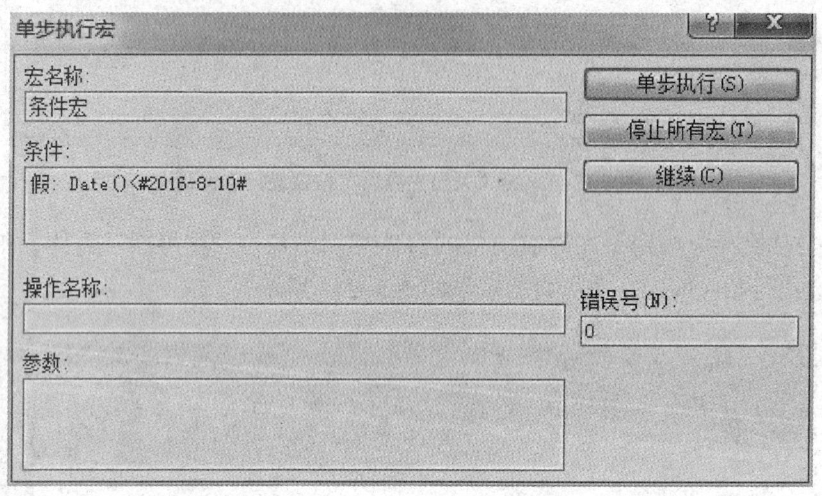

图 8-2-6 “单步执行宏”对话框

单击“单步执行”按钮以执行显示在“单步执行宏”对话框中的宏；单击“停止所有宏”按钮，可停止宏的执行并关闭该对话框；单击“继续”按钮，可关闭单步执行并执行宏未完成的操作。

如果宏中存在错误，在按照上述过程单步执行宏时将会在窗口中显示“操作失败”对话框，并显示出错操作的名称、参数以及相应的条件，然后单击“暂停”按钮进入宏设计窗口，对出错宏进行相应的修改。

三、使用宏验证用户名和密码

一般的管理软件都会有登录界面，输入用户名和密码，如果正确才可以进入系统，否则会要求用户重新输入用户名和密码。

宏也可以实现这样的操作。下面以给“商品销售管理”中创建一个登录窗体为例，当用户输入正确的用户名“admin”和密码“123456”，打开“主界面”窗体，否则要求用户重新输入用户名和密码，具体操作步骤如下：

1. 利用窗体设计器，设计如图 8-2-7 所示的登录窗体外观。在主体节区域添加一个按钮，设置按钮的“标题”为“登录”，“名称”为“Login”。

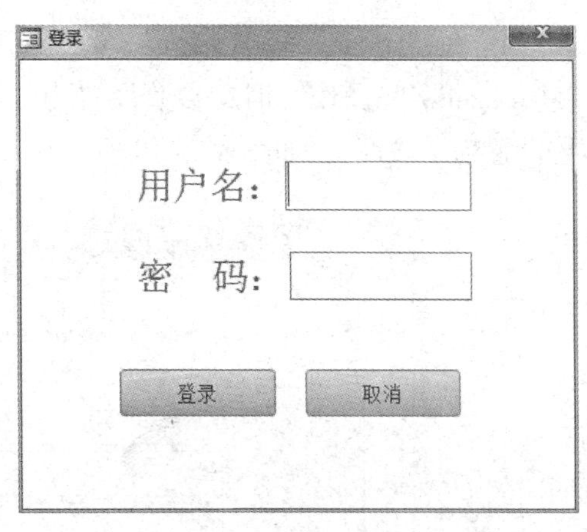

图 8-2-7　“登录”窗体运行效果

2. 添加“用户名”文本框，设置用户名文本框“名称”为“username”，如图 8-2-8 所示，添加“密码”文本框，设置密码文本框“名称”为“password”，“输入掩码”为“密码”，如图 8-2-9 所示。

属性表

所选内容的类型：文本框(T)

username

格式 | 数据 | 事件 | 其他 | 全部

名称	username
控件来源	
格式	
小数位数	自动
可见	是
文本格式	纯文本
数据表标题	
显示日期选取器	为日期
宽度	3.608cm
高度	0.899cm
上边距	1.905cm
左	5.12cm
背景样式	常规
背景色	背景 1
边框样式	实线
边框宽度	Hairline
边框颜色	背景 1，深É

图 8-2-8　“username”属性面板

属性表

所选内容的类型：文本框(T)

password

格式 | 数据 | 事件 | 其他 | 全部

名称	password
控件来源	
格式	
小数位数	自动
可见	是
文本格式	纯文本
数据表标题	
显示日期选取器	为日期
宽度	3.503cm
高度	0.873cm
上边距	3.603cm
左	5.219cm
背景样式	常规
背景色	背景 1
边框样式	实线
边框宽度	Hairline
边框颜色	背景 1，深É

图 8-2-9　“password”属性面板

3. 双击“登录”按钮，弹出“属性表”面板。在“事件”选项卡中找到“单击”事件，单击其对应的“生成”按钮，在弹出的“选择生成器”对话框中选择“宏生成器”，然后单击“确定”，弹出宏设计器。

4. 在“条件”框中输入“[username] ='admin' And [password] ='123456'”，并添加“MessageBox”操作，消息参数设置为“用户名和密码正确，正在连接……”，“标题”参数设置为“欢迎”，如图 8-2-10 所示。

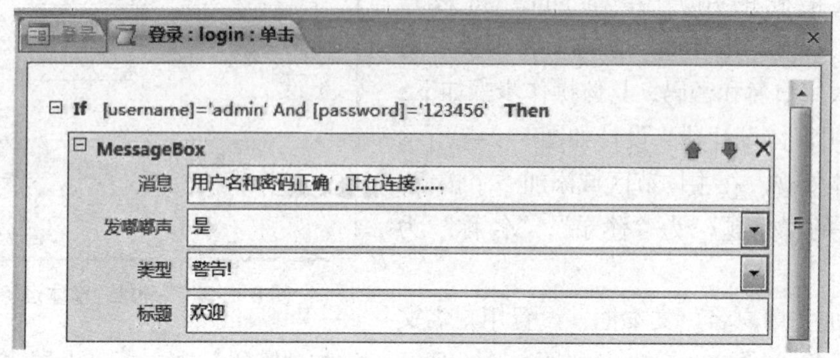

图 8-2-10 “登录”嵌入式宏设计

5. 在“MessageBox”操作后面添加“OpenForm”操作，“窗体名称”参数设置为“主界面”，如图 8-2-11 所示。

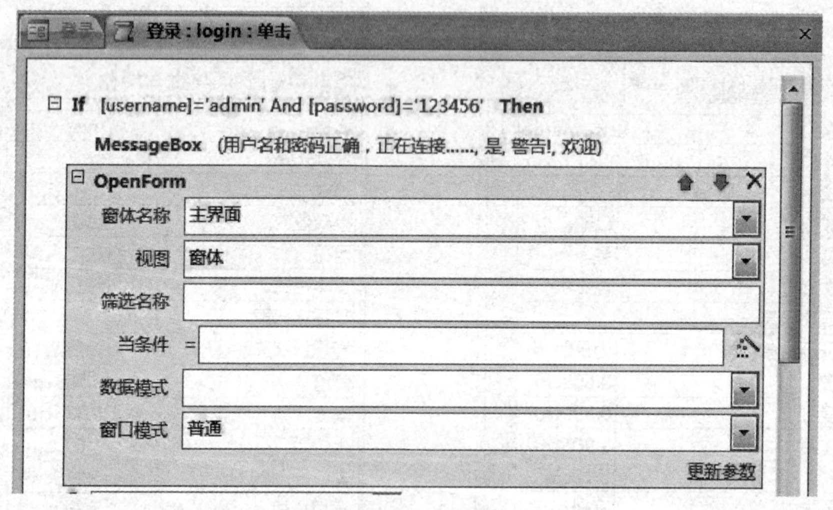

图 8-2-11 IF 块设计 1

6. 单击添加“Else”操作和“MessageBox”操作，消息参数设置为“用户名或密码错误，请重新输入！”，“标题”参数设置为“提示”，如图 8-2-12 所示。

7. 在“MessageBox”操作后添加“SetProperty”操作，“控件名称”设置为“username”，“属性设置”为“值”，其他默认，其作用是将用户文本框中的值设置为空，如图 8-2-13 所示。

8. 添加“SetProperty”操作，“控件名称”设置为“Password”，“属性设置”为“值”，其他默认，其作用是将初始密码文本框中的值设置为空，如图 8-2-14 所示。

登录 登录 : login : 单击

If [username]='admin' And [password]='123456' Then

MessageBox (用户名和密码正确，正在连接......, 是, 警告!, 欢迎)

OpenForm (主界面, 窗体, , , , 普通)

Else

MessageBox

消息 用户名或密码有错误，请重新输入

发嘟嘟声 是

类型 警告!

标题 提示

图 8-2-12　IF 块设计 2

登录 登录 : login : 单击

If [username]='admin' And [password]='123456' Then

MessageBox (用户名和密码正确，正在连接......, 是, 警告!, 欢迎)

OpenForm (主界面, 窗体, , , , 普通)

Else

MessageBox (用户名或密码有错误，请重新输入, 是, 警告!, 提示)

SetProperty

控件名称 username

属性 值

值

图 8-2-13　IF 块设计 3

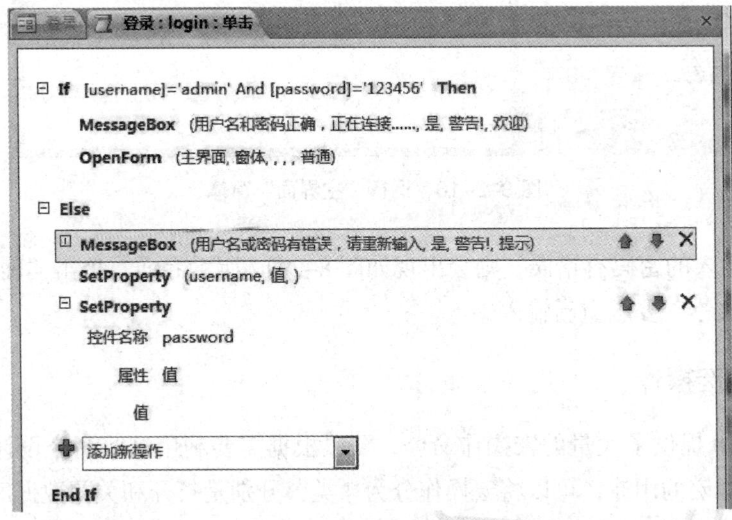

图 8-2-14　IF 块设计 4

9. 保存窗体，在窗体视图中输入用户名“admin”和密码“123456”，查看结果，此时会出现如图 8-2-15 所示的界面，单击“确定”按钮，会弹出“主界面”窗体，如图 8-2-16 所示。

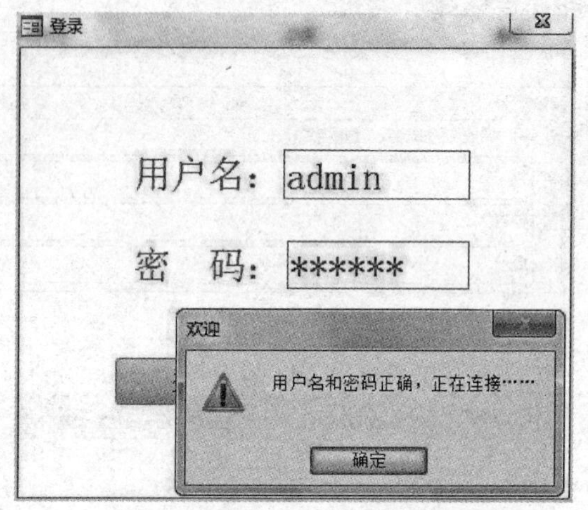

图 8-2-15 运行“登录”窗体

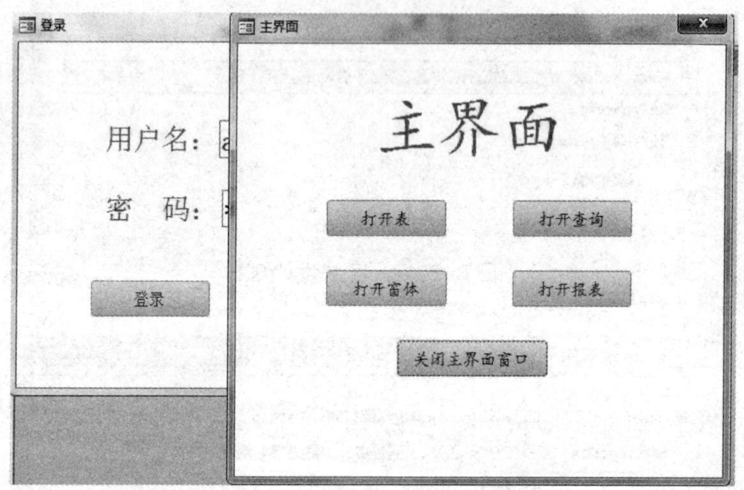

图 8-2-16 运行“主界面”窗体

10. 如果输入的密码有错误，则会出现如图 8-2-17 所示界面，单击“确定”，会清空用户名和密码文本，要求重新输入。

四、常见宏操作

Access 2010 提供了大量的宏操作命令，可以根据需要利用这些命令设计功能多样的应用程序。根据宏的用途，可以将宏操作分为 4 类：分别是打开和关闭数据库对象、提示消息、窗口显示控制、筛选查询数据和记录定位，见表 8-2-1 ~ 表 8-2-4。

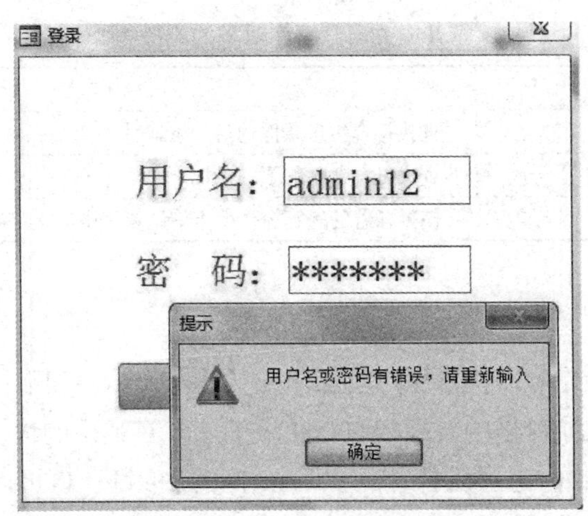

图 8-2-17　输入错误的对话框

小提示

在实际应用过程中，“登录”界面上还应增加一个“取消”按钮，这样用户不知道密码可以单击“取消”按钮退出系统，“取消”按钮需要指定“CloseWindows”操作。

表 8-2-1　打开或关闭库对象的宏操作

宏名	作用
OpenForm	打开一个窗体，同时指定打开窗体的视图模式，筛选窗体内的基本记录，指定窗体数据编辑模式与窗口模式
OpenQuery	打开一个查询，同时指定打开查询的视图模式，指定查询数据编辑模式与窗口模式
OpenReport	打开一个报表，同时指定打开报表的视图模式，筛选报表内的基本记录，指定报表数据编辑模式与窗口模式，报表默认的视图为打印视图，执行宏操作时将自动打印该报表，在多数情况下，应该把视图模式修改为“打印预览”
OpenTable	打开一个数据表，同时指定打开数据表的视图模式，指定数据编辑模式
CloseWindow	关闭数据库对象，如数据表、窗体、报表、查询、宏等，如果没有指定对象，则关闭活动窗口

表 8-2-2　提示消息的宏操作

宏名	作用
Beep	使计算机发出“嘟嘟”声
MessageBox	显示消息框，可以设置消息框的类型

表 8-2-3　窗口显示控制的宏操作

宏名	作用
MaximizeWindow	用于最大化激活窗口
MinimizeWindow	用于最小化激活窗口
RestoreWindow	用于将最大化或最小化激活还原至原始大小

表 8-2-4　　打开或关闭数据库对象的宏操作

宏名	作用
FindRecord	查找符合指定条件的第一条记录
FindNextRecord	查找符合条件的下一条记录
GoToRecord	使打开着的表、窗体或查询结果集中的指定记录变成当前记录

五、删除宏操作

对已经创建的宏操作可以执行删除宏操作，具体操作步骤如下：

打开数据库，在导航窗格的类别中右击相应的宏，在弹出的快捷菜单中选择“设计视图”，打开宏设计器窗口，选择宏操作，然后按下 Delete 键，也可以单击操作右侧的“删除”按钮，删除完毕后进行保存。

六、更改宏操作顺序

宏中的操作是按照自上而下的顺序执行的，如果要改变宏的操作顺序，可以下面的上下拖动操作，使其到达需要的位置；或选中操作，然后按“Ctrl+ ↑”快捷键或者“Ctrl+ ↓”快捷键；或选中操作，然后单击宏操作右侧的“上移”或“下移”按钮。

七、添加注释

当设计比较复杂的宏时，可以在宏操作前添加注释行，以提高可读性，具体方法是：在需要添加注释的操作前添加“ComMent”操作，然后在操作框中添加注释信息，如图 8-2-18 所示，添加完成注释的设计效果如图 8-2-19 所示。

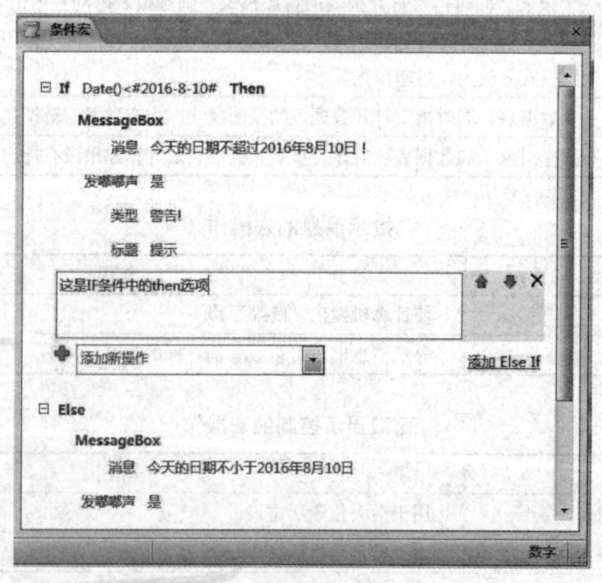

图 8-2-18　添加“ComMent”信息

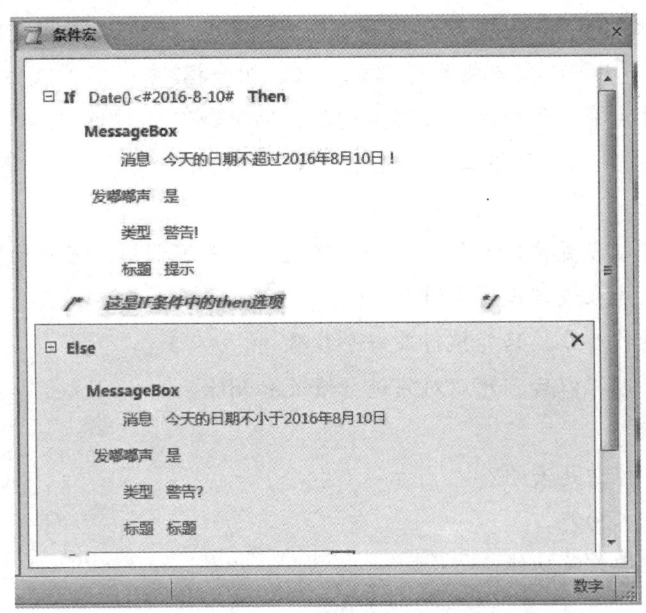

图 8-2-19　添加注释后的效果

思考与练习

一、选择题

1. 下列使用宏的说法中，错误的是（　　）。

A. 宏是若干操作的集合

B. 每个宏操作都有相同的宏操作参数

C. 宏操作不能自定义

D. 宏通常与窗体、报表中的命令按钮结合使用

2. 关于宏和宏组的说法中，错误的是（　　）。

A. 宏是由若干个宏操作组成的集合

B. 宏组可分为简单宏组和复杂宏组

C. 运行复杂宏组时，只运行该宏组中的第一个宏

D. 不能从一个宏中运行另一个宏

3. 创建宏至少要定义一个“操作”，并设置相应的（　　）。

A. 条件　　B. 命令按钮　　C. 宏操作参数　　D. 备注信息

4. 单步执行宏时，“单步执行宏”对话框中显示内容有（　　）信息。

A. 宏名参数　　B. 宏名、操作名称

C. 宏名、参数、操作名称　　D. 宏名、条件、操作名称、参数

5. 在宏设计视图中，（　　）列可以隐藏不显示。

A. 只有宏名　　B. 只有条件　　C. 宏名和条件　　D. 注释

6. 宏可以单独运行，但大多数情况下都与（　　）控件绑定在一起使用。

A. 命令按钮　　B. 文本框　　C. 组合框　　D. 列表框

7. 使用宏打开表有 3 种模式，分别是增加、编辑和（　　）。

A. 修改　　B. 打印　　C. 只读　　D. 删除

二、判断题

1. 宏的执行可以设置执行条件，当条件满足时，不用调用，宏自动执行。（　　）

2. 宏的修改只能在设计视图中进行。（　　）

3. 宏不可以操作对象，只能执行某一个步骤。（　　）

4. 创建了宏和宏组以后，可以对宏进行修改和删除。（　　）

三、简答题

1. 什么是宏？什么是宏组？

2. 简述宏的基本功能。

3. 列举 5 种宏操作及功能。

第 9 章　数据库安全

通过本章的学习，了解如何保证数据库系统安全可靠的运行，如何在创建数据库之后对其进行安全管理和保护。Access 2010 提供了一些对数据库进行安全管理的保护措施，本章主要介绍如何利用 Access 2010 提供的安全功能来实现数据库安全的操作。

第 1 节　Access 2010 安全性概述

Access 2010 安全性的新增功能提供了经过改进的安全模型，该模型有助于简化将安全性应用于数据库以及打开已经启用安全性的数据库的过程。

一、Access 2010 中的新增功能

1. 在不启用数据库内容时也能查看数据的功能

在 Access 以前的版本中，如果将安全级别设置为“高”，则必须先对数据库进行设置（代码签名并信任数据库），然后才能查看数据。现在使用 Access 2010 可以查看数据，而无须设置是否信任数据库。

2. 更高的易用性

如果将数据库文件放在受信任的位置，那么这些文件将直接打开并运行，而不会显示警告消息或要求用户启用任何禁用的内容。此外，如果在 Access 2010 中打开由早期版本创建的数据库，例如，“.mdb”或“.mde”文件，并且这些数据库已经进行了数字签名，而且用户已选择信息发布者，那么系统将运行这些文件而不需要确定是否信任它们。

3. 信任中心

信任中心是一个对话框，是保证 Access 安全的工具，它为设置和更改 Access 的安全设置提供了一个集中的位置。使用信任中心可以为 Access 创建或更改受信任位置并设置

安全选项。在 Access 实例中打开新的和现有的数据库时，这些设置将影响它们的行为。信任中心包含的逻辑还可以评估数据库中的组件，确定打开数据库是否安全，或者信任中心是否应禁用数据库并让用户判断是否启用它。

4. 更少的警告消息

早期版本的 Access 强制用户处理各种警告消息，宏安全性或沙盒模式就是其中的两个例子。在 Access 2010 默认情况下，如果打开一个非信任的“.accdb”文件，将只看到一个称为“消息栏”的工具，如果要设置信任该数据库，可以使用消息栏来启用，如图 9-1-1 所示。

图 9-1-1　安全警告消息栏

5. 用于签名和分发数据库文件的新方法

在 Access 之前的版中，使用 Visual Basic 编辑器将安全证书应用于各个数据库组件。现在可以直接将数据库打包，然后签名并分发该包。

如果将数据库从签名的包中解压缩到受信任的位置，则数据库将直接打开而不会显示消息栏，如果将数据库从签名的包中解压到不受信任的位置，但信任包证书的签名有效，则数据库也将直接打开而不会显示消息栏。如果对不受信任的数据库进行签名，并将其部署到不受信任的位置，则默认情况下信息中心将禁用该数据库，用户必须在每次打开时选择是否启用该数据库。

6. 使用更强算法加密“.accdb”文件格式的数据库

加密数据库将打乱表中的数据，有助于防止不请自来的启用读取数据。当使用密码对数据库进行加密时，加密的数据库将使用页面级锁定。

7. 新增一个在禁用数据库时运行的宏操作子类

这些更安全的宏还包含错误处理功能，用户可以直接将宏（即使宏中包含 Access 禁止的操作）嵌入任何窗体、报表和控件属性。

二、Access 2010 用户级安全

用户级安全模式是操作系统、数据库系统等常用的一种安全模式，它能够控制不同用户访问的数据，以及规定不同的用户对数据库采取的行为。

对于以新文件格式（“.accdb”文件和“.accde”文件）创建的数据库，Access 2010 不提供用户级安全，但如果在 Access 2010 中打开由早期版本创建的数据库，并且该数据库应用了用户级安全，那么这些设置仍然有效。如果将具有用户级安全的早期版本数据库转换为新的文件格式，则 Access 2010 将自动剔除所有的安全设置，并启用保护“.accdb”文件和“.accde”文件的规则。

使用用户级安全功能创建的权限不会阻止具有恶意的用户访问数据库，因此不能用作安全屏障，此功能适用于提高受信任用户对数据库的使用。

三、Access 2010 安全体系结构

Access 2010 数据库是一组对象，这些对象通常必须相互配合才能发挥功用。例如，当创建输入窗体时，如果不将窗体中的控件绑定（链接）到表，则无法用该窗体输入或存储数据。

有几个 Access 组件会造成安全风险，因此不受信任的数据库将禁用以下这些组件：动作查询（用于插入、删除或更改数据的查询）、宏、某些表达式（返回单个值的函数）、VBA 代码。

为了确保用户数据更加安全，每次打开数据库时，Access 2010 的信任中心都将执行一组安全检查，具体过程如下：

在打开“.accdb”文件和“.accde”文件时，Access 2010 会将数据库的位置提交到信任中心。如果信任中心确定该位置可受信任，则数据库将以完整功能运行。如果打开早期版本文件格式的数据库，则 Access 2010 会将文件位置和数字签名的详细信息提交到信任中心。

信任中心将审核“证据”，评估该数据库是否值得信任，然后通知 Access 2010 禁用数据库或者打开具有完整功能的数据库。

如果打开的数据库是以早期版本的文件格式（“.mdb”文件或“.mde”文件）创建的，并且该数据库未签名且未受信任，则默认情况下，Access 2010 会禁用任何可执行的内容。

四、禁用模式

如果信任中心将数据库评估为不受信任，则 Access 2010 将在禁用模式（即关闭所有可执行内容）下打开该数据库，而不管数据库文件格式如何。在禁用模式下，Access 2010 会禁用下列组件：

1. VBA 代码或 VBA 代码中的任何引用，以及任何不安全的表达式。

2. 所有宏中的不安全操作。“不安全”操作是指可能允许用户修改数据库或对数据库以外的资源获得访问权限的任何操作。但是，Access 2010 禁用的操作有可能被视为“安全”的，例如，如果用户信任数据库的创建，则可以信任任何不安全的宏操作。

3. 禁止使用查询，见表 9-1-1。

表 9-1-1 几种查询类型

类型	说明
动作查询	这些查询用于添加、更新和删除数据
数据定义语言（DDL）查询	用于创建或更改数据库中的对象，如表和过程
SQL 传递查询	用于直接向支持开放式数据库连接（ODBC）标准的数据库服务器发送命令，传递查询在不涉及 Access 数据库引擎的情况下处理服务器上的表
Active 控件	数据库打开时，Access 可能会尝试载入加载项（用于扩展 Access 或打开数据库的功能程序）。可能还需要运行向导，以便在打开的数据库中创建对象。在载入加载项或启动向导时，Access 会将证据传递到信任中心，信任中心将做出其他信任决定，并启用或禁用对象或操作。如果信任中心禁用数据库，而用户不同意该决定，那么可以使用“消息栏”来启用相应的内容

第 2 节　使用受信任的数据库及数据库的打包、签名和分发

将 Access 数据库放在受信任的位置时，所有 VBA 代码、宏和安全表达式都会在数据库打开时运行。不必在数据库打开时做出信任决定。

数据库开发者将数据库分发给不同的计算机用户使用，或是局域网中使用，这时需要考虑数据库分发时的安全问题。签名是为了保证分发数据库是安全性。打包是确保在创建该包后数据库没有被修改。

一、使用受信任的数据库

1. 使用信任中心查找或创建受信任位置。

2. 将 Access 数据库保存、移动或复制到受信任的位置。

3. 打开并使用数据库。

（1）在“文件”选项卡上，单击“选项”，打开“Access 选项”对话框。

（2）在“Access 选项”对话框左侧窗格，单击“信任中心”，然后在“Microsoft Office Access 信任中心”下，单击“信任中心设置”，如图 9-2-1 所示。

（3）在打开的“信任中心”对话框中，单击左侧窗格中的“受信任位置”，如图 9-2-2 所示。

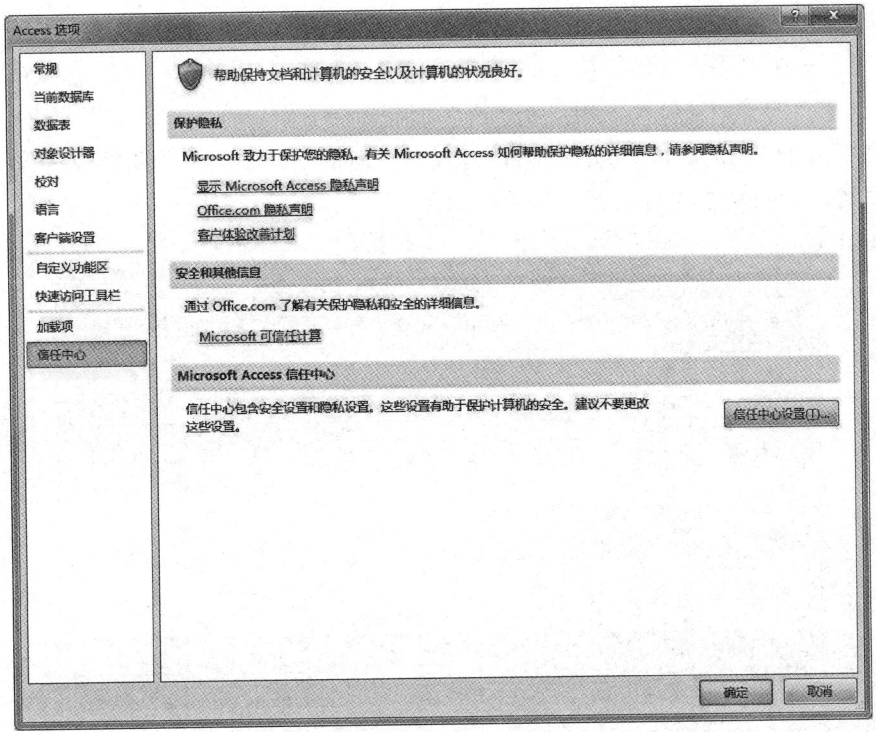

图 9-2-1　信息中心

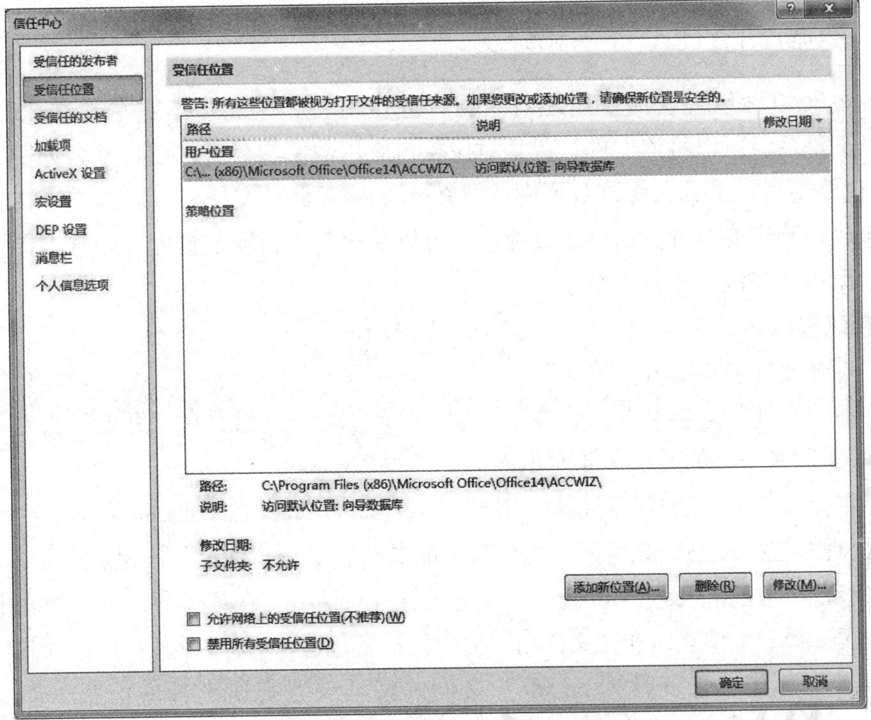

图 9-2-2 “信任中心”对话框

（4）然后执行下列某项操作：

1）记录一个或多个受信任位置的路径。

2）创建新的受信任位置。用户如果需要创建新的受信任位置，可单击“添加新位置”按钮，在打开的“Microsoft Office 受信任位置”对话框中，添加新的路径，将数据库放在该信任位置，如图 9-2-3 所示。

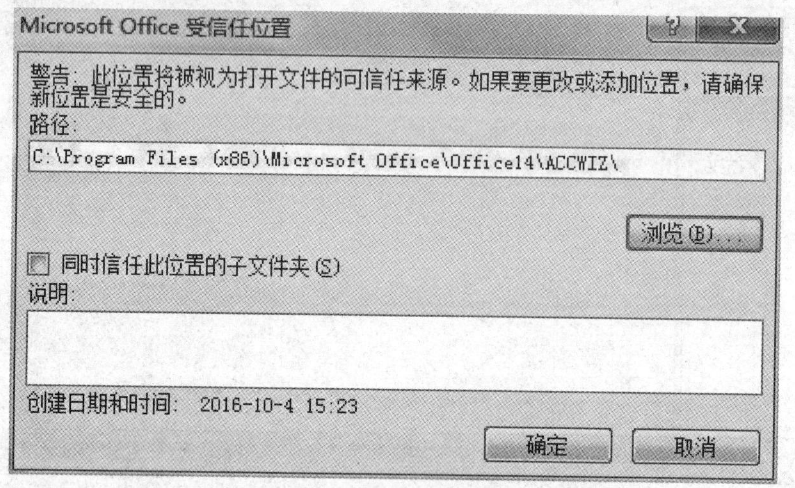

图 9-2-3 “Microsoft Office 受信任位置”对话框

二、数据库的打包、签名和分发

Access 2010 可以轻松而快速地对数据库进行签名和分发。在创建“.accdb”文件或“.accde”文件后，可以将该文件打包，对该打包应用数字签名，然后将签名分发给其他用户。“打包并签署”工具会将该数据库放置在 Access 部署的文件中，对其进行签名，然后将签名包放在确定的位置。随后，其他用户可以从该包中提取数据库，并直接在该数据库中工作，而不是在包文件中工作。

1. 创建签名包

（1）打开要打包和签名的数据库。

（2）在“文件”选项卡上，单击“保存并发布”命令，然后在“高级”选项卡中双击“打包并签署”命令，如图 9-2-4 所示。

（3）将弹出“选择证书”对话框，出现“创建 Microsoft Office Access 签名包”对话框。

1）出现“选择证书”对话框，选择数字证书然后单击“确定”按钮。

2）出现“创建 Microsoft Office Access 签名包”对话框。在“保存位置”列表中，为签名的数据库选择一个位置；在“文件名”框中为签名包输入名称，然后单击“创建”按钮。

Access 将创建“工资管理 .accdc”文件并将其放置在所选择的位置，如图 9-2-5 所示。

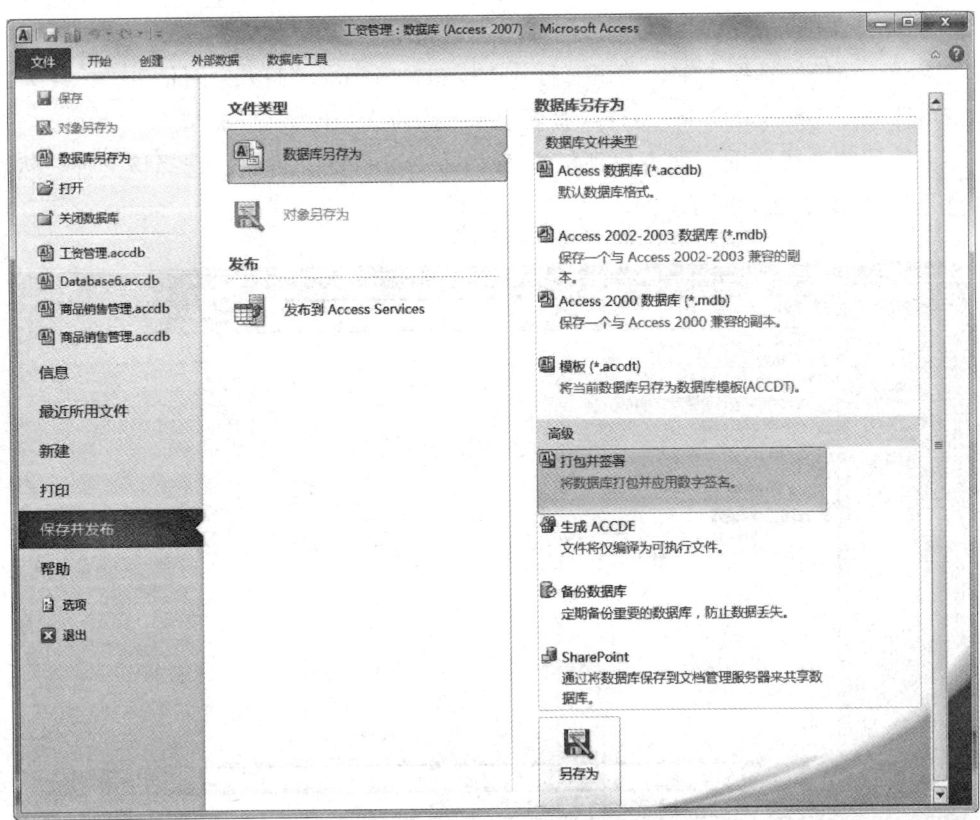

图 9-2-4　双击“打包并签署”

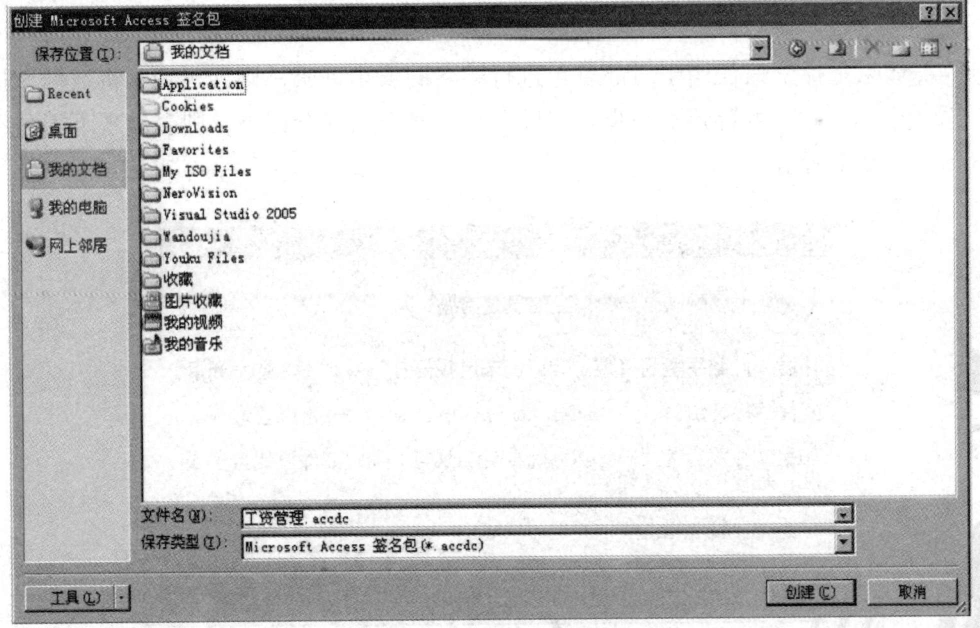

图 9-2-5　创建签名包

2. 提取并使用签名包

（1）在“文件”选项卡上，单击“打开”按钮，将出现“打开”对话框。

（2）选择“Microsoft Office Access 签名包（*.accdc）”作为文件类型。

（3）使用“查找范围”列表找到包含“.accdc”文件的文件夹，选择该文件，然后单击“打开”，如图 9-2-6 所示。

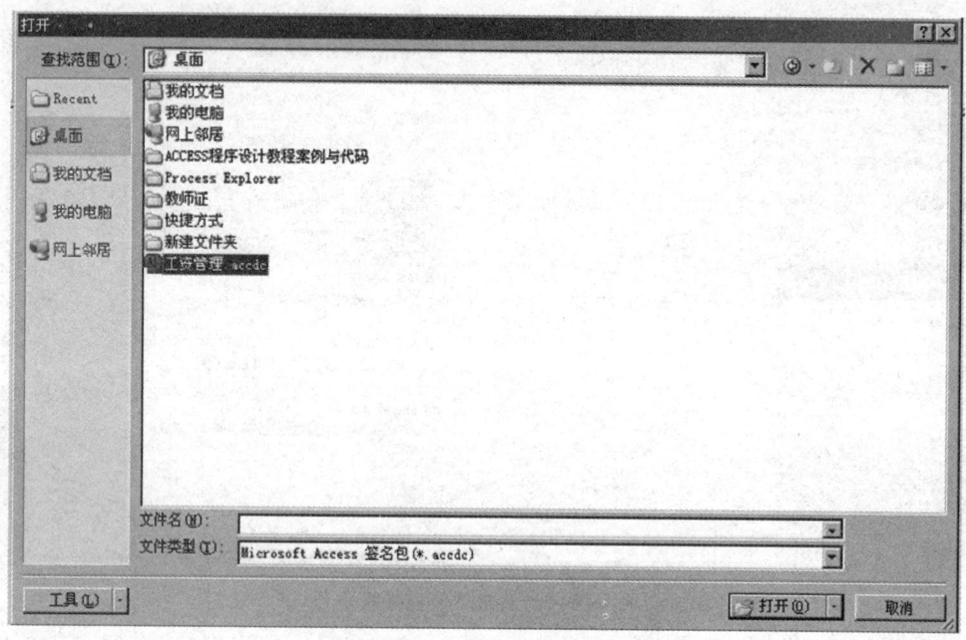

图 9-2-6 选择“工资管理 .accdc”签名包

（4）如果选择了信任用于对部署包进行签名的安全证书，则会出现“将数据库提取到”对话框，此时，可转到下一步。如果尚未选择信任安全证书，则会出现下面一条消息，如图 9-2-7 所示。

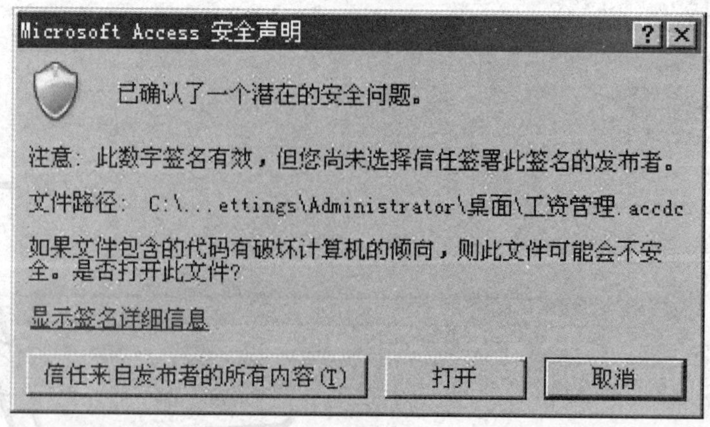

图 9-2-7 Microsoft Office Access 安全声明

如果信任该数据库，单击“打开”。如果信任来自提供者的任何证书，单击“信任来自发布者的所有内容”，将出现“将数据库提取到”对话框，如图 9-2-8 所示。

图 9-2-8　“将数据库提取到”对话框

（5）另外，还可以在“保存位置”列表中为提取的数据库选择一个位置，然后在“文件名”框中为提取的数据库输入其他名称，单击“确定”。

小提示

如果使用自签名证书对数据库包进行签名，然后在打开该包时单击了“信任来自发布者的所有内容”，则将始终信任使用自签名证书进行签名的包。

三、数据库打包、签名和分发操作过程应注意的事项

1. 将数据库打包并对包进行签名是一种传达信任的方式。在对数据库打包并签名后，数字签名会确认在创建该包之后数据库未进行过更改。

2. 从包中提取数据库后，签名包与提取的数据库之间将不再有关系。

3. 仅可以在以“.accdb.”“.accdc”或“.accde”文件格式保存的数据库中使用“打包并签署”工具。Access 2010 还提供了用于对以早期版本的文件格式创建的数据库进行签名和分发的工具。所使用的数字签名工具必须适合于所使用的数据库文件格式。

4. 一个包中只能添加一个数据库。

5. 该过程将对包含整个数据库的包（而不仅仅是宏或模块）进行签名。

6. 该过程将压缩文件，以便缩短下载时间。

7. 可以从位于 Windows SharePoint Services 3.0 服务器上的包文件中提取数据库。

第3节　数据库加密

Access 2010 中的加密工具合并了两个旧工具（编码和数据库密码），并加以改进。使用数据库密码来加密数据库时，所有其他工具都无法读取数据，并强制用户必须输入密码才能使用数据库。

一、使用数据库密码加密 Access 数据库

1. 通过使用数据库密码进行加密、解密

为工资管理数据库设置用户密码，具体操作步骤如下：

（1）启动 Access 2010。

（2）单击“文件”选项卡，选择“打开”命令，在“打开”的对话框中，在“查找范围”内，通过浏览，找到要设置密码的数据库文件，例如，“工资管理”。

（3）单击“打开”按钮旁边的箭头，然后单击“以独占方式打开”选项，这时就以“独占”的方式打开“工资管理”数据库。

（4）在“文件”选项卡上，单击“信息”，再单击“用密码进行加密”按钮，如图 9-3-1 所示。

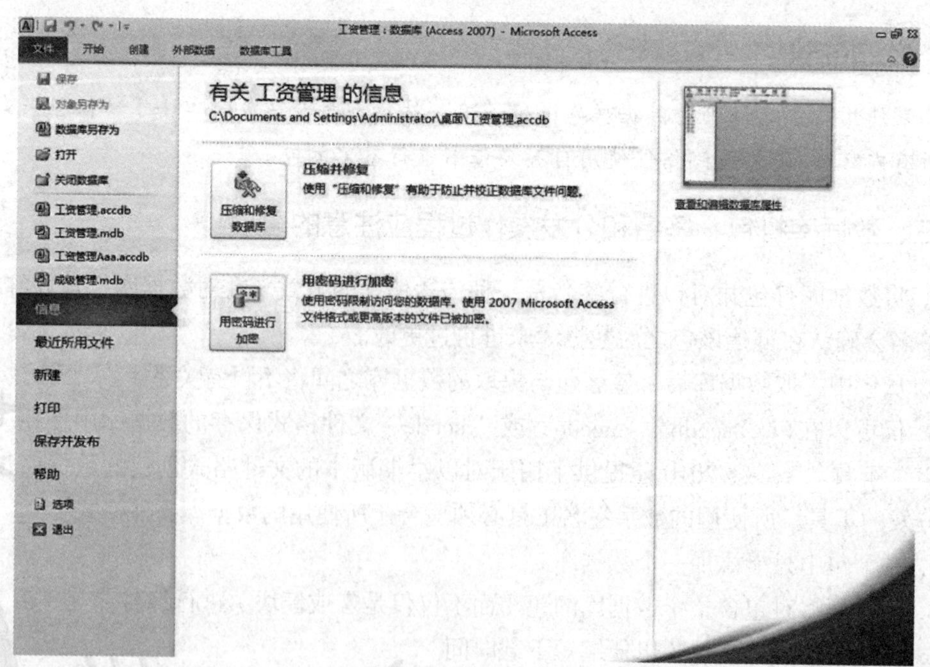

图 9-3-1　信息窗口

（5）打开“设置数据库密码”对话框中，在“密码”框中键入密码，然后在“验证”字段中再次键入该密码，两次密码输入完后单击“确定”按钮，如图 9-3-2 所示。

密码设置完成，以后再打开“工资管理”数据库时，系统随即弹出“要求输入密码”对话框，如图 9-3-3 所示。

图 9-3-2　“设置数据库密码”对话框

图 9-3-3　“要求输入密码”对话框

2. 取消对数据库的加密

在取消数据库加密功能时，同样必须以“独占”方式打开数据库。

（1）打开已加密的“工资管理”数据库。

（2）在“文件”选项卡上，单击“信息”，再单击“解密数据库”将出现“撤消数据库密码”对话框，如图 9-3-4 所示。

（3）在“密码”框中键入先前设置的密码，然后单击“确定”。

图 9-3-4　“撤销数据库密码”对话框

二、旧版本数据库格式的转换

1. Access 2010 数据库默认的文件格式

在创建新的空白数据库时，Access 2010 会要求为数据库文件命名。默认情况下，文件的扩展名为“.accdb”，这种文件是采用 Access 2007–2010 文件格式创建的，但在早期版本的 Access 中无法打开。

在实际应用中，不同的用户安装的 Access 版本也不同，但是要是使用同一个数据库，这时就出现了版本之间兼容性的问题。规则：新版本对旧版本的兼容，高版本向低版本的兼容，是不可逆向兼容的。在 Access 2010 中，可以选择采用 Access 2000 格式或 Access 2002–2003 格式（扩展名均为“.mdb”）创建文件。在成功创建新的数据库文件时，生成的文件将采用早期版本的 Access 格式创建，并且可以与使用该版本 Access 的其他用户共享。

2. 更改默认文件格式

（1）启动 Access 2010。

（2）在“文件”选项卡下，单击“选项”命令，打开“Access 选项”对话框中，如图 9-3-5 所示。

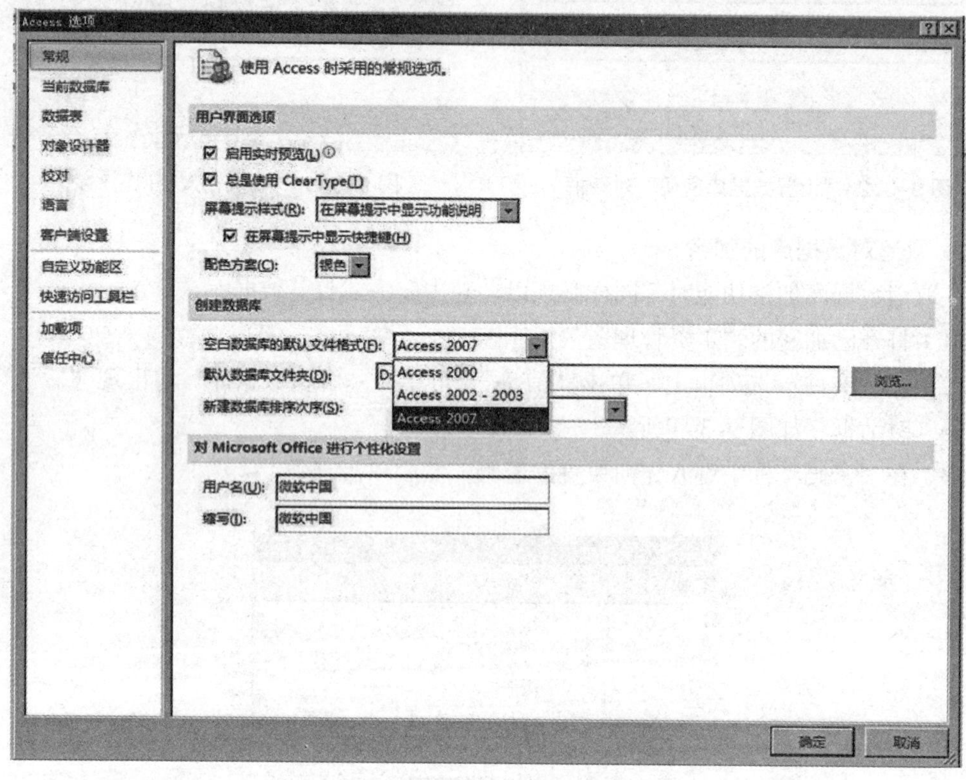

图 9-3-5 “Access 选项”对话框

3. 转换数据库的格式

如果要将现有的“.accdb”数据库转换为其他格式（例如，早期的数据库 2000-2003 版本的“.mdb”格式，或者是模板“.accdt”格式），那么可以在“将数据库另存为”命令下选择格式。

（1）单击“文件 ”选项卡，在对话框左侧窗格中，单击“保存并发布”选项。

（2）在“数据库文件类型”中选择要保存的格式即可，这里选择另存为“2000-2003 版本的 .mdb 格式”，如图 9-3-6 所示。

（3）在另存为的对话框中的“保存类型”中可以看到此时的文件格式为“2000-2003.mdb 格式”，如图 9-3-7 所示。

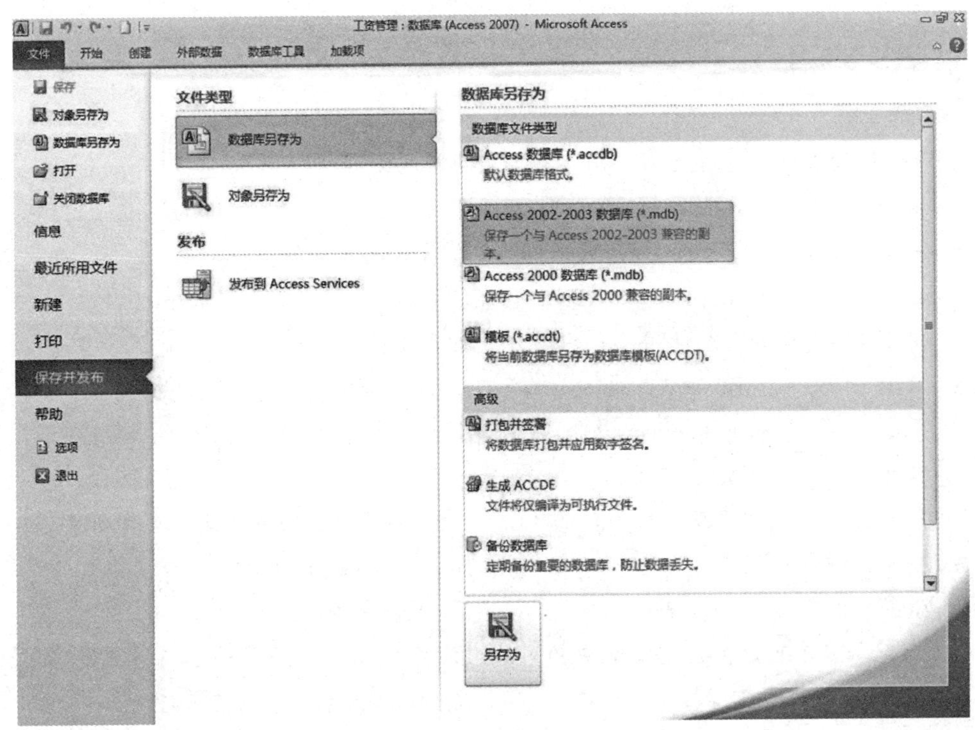

图 9-3-6　数据库另存为

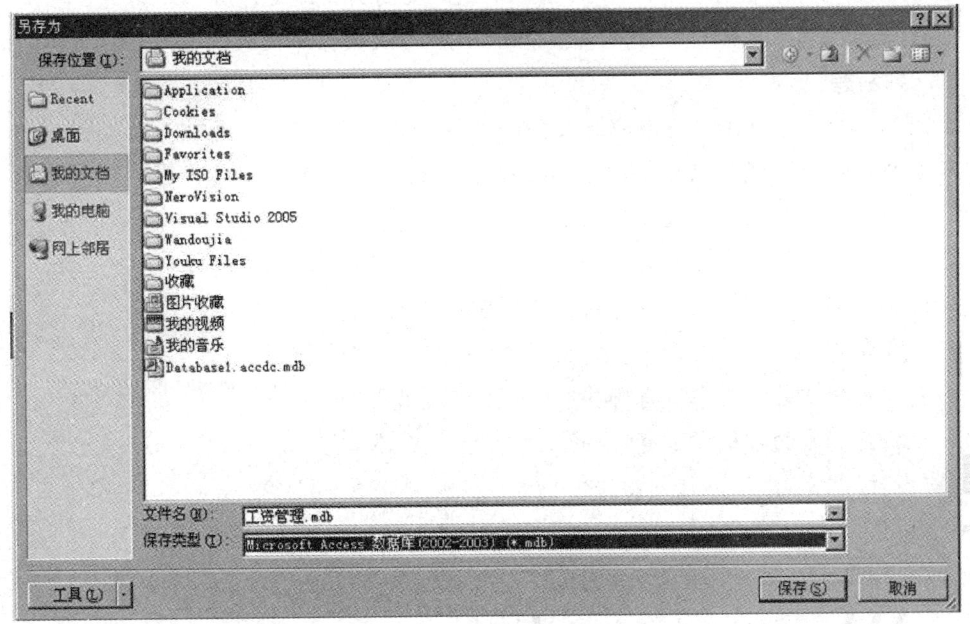

图 9-3-7　“另存为”对话框

此命令除了保留数据库原来的格式之外，还按照用户指定的格式创建一个数据库副本。其他用户就可以将该数据库副本用在所需的 Access 版本中。

思考与练习

一、选择题

1. 对数据库进行打包并签名，用于存储数据库格式是（　　）。

A. .accdc　　B. .accdb　　C. .accdt　　D. .accde

2. 在 Access 2010 中，默认打开数据库对象的文件类型是（　　）。

A. .accdb　　B. .dbf　　C. .accdc　　D. .mdb

3. 对数据库进行加密是使用（　　）方式打开数据库。

A. 只读　　B. 独占　　C. 只读独占　　D. 默认

4. 下列（　　）不属于 Access 2010 数据库的安全机制。

A. 信息中心　　B. 打包签署　　C. 加密　　D. 复制副本

5. 在 Access 2010 常规设置里，下面（　　）不是空白数据库默认的文件格式。

A. Access 2000　　B. Access 2001−2003

C. Access 2007　　D. Access 2010

6.（　　）是不可能被安全策略中禁用的组件类型。

A. 查询　　B. 表　　C. ActiveX 控件　　D. VBA

7. 密码设置后，用户需要在（　　）被要求录入密码。

A. 打开数据库表格时　　B. 关闭数据库文件时

C. 打开数据库文件时　　D. 修改数据库里的数据内容时

二、判断题

1. 数据库的自动压缩仅当数据库关闭时进行。（　　）

2. 数据库修复功能可以修复数据库的所有错误。（　　）

3. 数据库经过压缩后，数据库的性能更加优化。（　　）

4. 数据库文件设置了密码后，如果密码忘记，可通过工具撤销密码。（　　）

5. 添加数据库用户的操作仅有数据库管理员可以进行。（　　）

三、简答题

1. 数据库保护的常用方法有哪些？

2. 数据库加密的常用方法有哪些？